Questões Homéricas

Coleção Estudos
Dirigida por J. Guinsburg
(*in memoriam*)

Coordenação de texto Luiz Henrique Soares e Elen Durando
Preparação Juliana Sergio
Revisão Lia N. Marques
Capa Sergio Kon
Produção Ricardo W. Neves e Sergio Kon.

Gregory Nagy

QUESTÕES HOMÉRICAS

TRADUÇÃO
Rafael Rocca dos Santos

Título do original em inglês:
Homeric Questions
Copyright © 1996 by the University of Texas Press. All rights reserved.

CIP-Brasil. Catalogação-na-Fonte
Sindicato Nacional dos Editores de Livros, RJ

N144Q

Nagy, Gregory, 1942-
    Questões homéricas / Gregory Nagy ; tradução Rafael Rocca dos Santos. - 1. ed. - São Paulo : Perspectiva, 2021.
    192 p. ; 23 cm. (Estudos ; 376)

    Tradução de: Homeric questions
    Inclui bibliografia e índice
    ISBN 978-65-5505-044-8

    1. Homero - Crítica e interpretação. 2. Poesia épica grega - História e crítica. I. Santos, Rafael Rocca dos. II. Título. III. Série.

20-68245
                      CDD: 883.0109
                      CDU: 821.14'02-1.09

Meri Gleice Rodrigues de Souza - Bibliotecária - CRB-7/6439
15/12/2020   16/12/2020

1ª edição

Direitos reservados em língua portuguesa à
EDITORA PERSPECTIVA LTDA.

rua Augusta, 2445 cj. 1
01413-100 São Paulo SP Brasil
Tel.: (011) 3885-8388
www.editoraperspectiva.com.br

2021

Sumário

Prefácio XI
Introdução XIII

1. Homero e as Questões da Poesia Oral 1
2. Um Modelo Evolucionário Para a Criação da Poesia Homérica 15
3. Homero e a Evolução de um Texto Homérico 41
4. O Mito Como "Exemplum" em Homero 81

Epílogo 109

Notas 115
Bibliografia 139
Índice Remissivo 159

À *memória de Albert Bates Lord.*

Prefácio

O núcleo deste livro é uma palestra, o Discurso Presidencial da convenção de 1991 da American Philological Association, que foi posteriormente ampliada para um artigo[1]. Desde o início, pensei nesse artigo como um texto que acompanha dois outros artigos que publiquei em outros lugares[2]. Agora, finalmente reescrevi todos os três artigos para adequá-los à ideia original do livro. A introdução e o epílogo, os quais emolduram os quatro capítulos do livro, são os mais próximos à palestra. A palestra, assim como todo o livro, propõe algumas questões homéricas para uma plateia de filólogos classicistas. Essas questões, penso, são relevantes ao legado "dos clássicos", da filologia em si. Mais do que isso: se estou certo de que a filologia é um ponto focal dos estudos humanísticos, então essas questões podem ser relevantes de uma maneira ou de outra a todos os estudantes das humanas.

Introdução

O título desta obra é marcado pela palavra *Questões*, no plural. Ela toma o lugar do singular esperado, juntamente com um artigo definido, associado com aquela expressão familiar, "a Questão Homérica". Hoje, não há consenso sobre o que a Questão Homérica possa ser. Talvez a mais sucinta de muitas formulações seja esta: "A Questão Homérica está principalmente preocupada com a composição, a autoria e a datação da *Ilíada* e da *Odisseia*."[1] Não que qualquer modo de formular a questão no passado tenha sido realmente suficiente. Quem foi Homero? Quando e onde Homero viveu? Houve um Homero? Há um autor da *Ilíada* e da *Odisseia* ou há muitos autores diferentes para cada uma? Há uma sucessão de autores ou mesmo editores para cada uma? Há, quanto a isso, uma *Ilíada* unitária, uma *Odisseia* unitária?

Escolho *Questões Homéricas* como título deste livro tanto porque estou convencido de que a realidade dos poemas homéricos, a *Ilíada* e a *Odisseia*, não é possível de ser compreendida por meio de uma única questão quanto porque uma pluralidade de questões pode recuperar melhor o espírito da palavra grega *zḗtēma*, significando o tipo de "questão" intelectual que mobiliza pontos de vista opostos. No uso de Platão, *zḗtēma* refere-se a uma questão ou investigação de natureza filosófica. Essa é a palavra usada no título de *Questões Homéricas* de Porfírio, uma obra que segue em uma tradição que pode retroceder até a Aristóteles. Como escreve Rudolf Pfeiffer, "provavelmente por um longo tempo, Aristóteles formulara para suas aulas uma lista de 'dificuldades' [*aporḗmata* ou *problḗmata*] de interpretações de Homero com suas respectivas 'soluções' [*lúseis*]; esse costume de *zētḗmata probállein* pode ter prosperado nos simpósios de círculos intelectuais"[2].

Uma quantidade de citações da obra de Aristóteles está preservada, principalmente na obra *Questões Homéricas* de Porfírio[3]. Em uma dessas, Aristóteles está disputando a asserção, conforme encontrada na *República* de Platão (319b), de que não pode ser verdade que Aquiles arrastara o corpo de Heitor em volta da tumba de Pátroclo; Aristóteles contradiz essa asserção referindo-se a um costume tessalônico, ainda prevalente, diz ele, em sua própria época, de arrastar cadáveres de assassinos em volta da tumba daqueles que ele assassinou (F 166 Rose)[4]. Conforme Pfeiffer continua a dizer, "é um exemplo do modo pelo qual [Aristóteles] utilizou os tesouros estupendos de seu acervo para a correta interpretação do poeta épico contra predecessores menos versados, que haviam levantado argumentos morais subjetivos sem estarem atentos aos fatos históricos"[5]. Entre os fatos históricos usados por Aristóteles está a dicção, *léxis*[6]. De acordo com minha própria abordagem às Questões Homéricas, a dicção é a primeira prova empírica dada.

Retornaremos em breve ao tópico da dicção. Por agora, continuemos com o relato de Pfeiffer:

Apesar de certos círculos do Mouseion alexandrino parecerem ter adotado esse "método" de *zētḗmata*, que entretinha reis ptolemaicos e imperadores romanos, como entreteve membros de simpósios atenienses, os gramáticos famosos e sérios desprezavam-no como mais ou menos um jogo frívolo [...] Foi-lhe dado continuidade principalmente pelas escolas filosóficas, pelos peripatéticos, estoicos, neoplatônicos e por amadores, até que Porfírio (que morreu por volta de 305 [d.C.]) organizou seu acervo final de *Homérika zētḗmata* em grande estilo, no qual ele muito provavelmente ainda usou o trabalho original de Aristóteles.[7]

O título *Questões Homéricas* reafirma a seriedade aristotélica original das *Homḗrika zētḗmata*, evitando as implicações acretivas de frivolidade. Dessa maneira, ele se compara à seriedade da erudição da Renascença em diante no que concerne à Questão Homérica.

Mas meu título também afirma a necessidade de se colocar a questão de uma forma que não pressuponha a necessidade de qualquer resposta ou solução singulares, *lúsis*. E mesmo que uma resposta unificada fosse alcançada mais cedo ou mais tarde, é provável que o resultado fosse uma mistura obtida a partir de uma pluralidade de vozes diferentes e não do esforço singular de um edito monótono emanado por uma inquestionada autoridade de reconhecida erudição, à qual alguns atribuiriam o título de filologia.

Para os fins da minha argumentação, precisamos retroceder aos entendimentos primórdios da ideia mesma de *filologia*. Consideremos, por exemplo, o relato de Suetônio de que Eratóstenes de Cirene, que sucedera ao poeta-literato Apolônio de Rodes como curador da Biblioteca de Alexandria, fora o primeiro literato a formalizar o termo *philólogos* referindo-se à sua identidade como literato e que, assim o fazendo, ele estava chamando atenção para uma *doctrina* que é *multiplex uariaque*, um percurso de estudos multifacetado e composto de muitos elementos diferentes[8].

A era da grande Biblioteca de Alexandria reflete uma ligação entre nosso novo mundo da filologia com o velho mundo das palavras de fato que são estudadas na filologia, como os *ipsissima uerba* creditados a Homero. Aqueles que presidiam sobre as palavras, como textos, eram as musas: o próprio nome da Biblioteca de Alexandria era, afinal, *museum*, o local das musas, e seu curador era oficialmente um sacerdote das musas, nomeado pelo próprio rei[9]. Essas musas do texto haviam sido anteriormente musas da performance.

Os membros do Mouseion, que era parte do complexo real, foram descritos por Pfeiffer: "Eles tinham uma vida despreocupada: refeições gratuitas, altos salários, não pagavam impostos, cercanias muito agradáveis, boas instalações e serventes. Havia oportunidade abundante para discussões entre si".[10] Pode-se dizer que o próprio *museum* era uma formalização da nostalgia dos dias gloriosos quando as Musas supostamente inspiravam a performance competitiva de um poeta. A importância da *performance* como a realização da arte poética tornar-se-á clara à medida que a discussão prosseguir.

Outro curador de Alexandria – e talvez o mais bem-sucedido filólogo da era helenística – foi Aristarco da Samotrácia, descrito por Panécio de Rodes (este uma personalidade líder entre os estoicos) como um *mantis*, "vidente", quando se tratava da compreensão das palavras da poesia (Athenaeus, 634c)[11]. Nesse conceito de vidente, observamos novamente a nostalgia da filologia em relação às musas da performance inspirada.

Os primórdios de uma separação entre *filologia* e *performance* – uma separação que levara a essa nostalgia, corrente até a nossa época – estão evidentes em um relato de Heródoto, que examinei minuciosamente algures, concernente a dois desastres fatídicos que ocorreram na ilha de Quios, local do suposto nascimento de Homero[12]. Na mais antiga menção atestada das escolas na Grécia antiga, em Heródoto 6.27.2, o holofote centra em um incidente ocorrido na ilha de Quios, por volta de 496 a.C., segundo o qual um telhado desabara sobre um grupo de 120 garotos enquanto lhes estavam sendo ensinadas as *grámmata*, "letras"; somente um garoto sobreviveu. Esse desastre é explicitamente descrito por Heródoto como um presságio antevendo o desastre político completo que estava prestes a recair sobre toda a comunidade de Quios no alvorecer da Revolta Jônica contra os persas (6.27.1), nomeadamente o ataque feito por Histieu (6.26.1-2) e, após, as atrocidades resultantes da ocupação da ilha pelos persas (6.31-32).

O desastre que recaiu sobre os jovens alunos de Quios está diretamente pareado pela narrativa de Heródoto sobre outro desastre, pressagiando da mesma forma o desastre político global prestes a recair sobre toda Quios: aproximadamente na mesma época, um *khorós*, "coro", de cem homens jovens de Quios, oficialmente enviados a Delfos para uma performance em um festival, caiu vítima de uma praga que matou 98 deles. Somente dois garotos voltaram vivos a Quios (6.27.2).

Nesse relato de Heródoto, então, vemos dois desastres simétricos recaindo sobre a comunidade como um todo: o primeiro fato a ser mencionado são as tradições orais antiquadas e elitistas do coro, a ser seguidas pelas novas e ainda mais elitistas tradições escritas da escola. A diferenciação entre as tradições mais velhas e as mais novas, como as vemos utilizadas na narrativa de Heródoto, pode ser vista como o início da crise da filologia, corrente em nossa própria época[13].

É como se o infortúnio do povo de Quios tivesse de ser presságio separadamente, em ambos os setores, público e privado. As mortes dos coristas jovens afetaram o público como um todo, visto que os coros estavam nela incluídos e na medida em que eles representavam a comunidade como um todo. Essas mortes, por outro lado, afetaram antes de tudo a elite, visto que as escolas eram mais exclusivas, restritas aos ricos e aos poderosos.

Para nossa própria era, a cena de um desastre em que um telhado cai em cima de alunos aprendendo as letras se torna ainda mais perturbadora, pois as escolas são tudo o que sobrou da divisão entre a educação mais inclusiva do coro e a educação mais exclusiva da escola. Para nós, não é somente uma cena: é uma cena primordial. A crise da filologia, assinalada inicialmente pela divisão entre o coro e a escola, aprofunda-se com o estreitamento conceitual da *paideía* como educação durante o correr do tempo. O estreitamento é assinalado pela exclusão. No *Protágoras* de Platão somos testemunhas de uma proposta em que mulheres musicistas deveriam ser excluídas, no simpósio, da companhia de garotos bons e velhos. Mesmo como garotas-escravas, as mulheres perdem a chance de contribuir, muito menos se beneficiar, à nova *paideía*. Enquanto isso, as tradições da velha *paideía*, na qual garotas aristocráticas haviam, no passado, recebido sua educação na forma de treinamento coral, tornaram-se obsoletas. Obsoleta também, ironicamente, é a velha *paideía* dos garotos, tanto no coro quanto nas escolas. As novas escolas, conforme ridicularizadas em *As Nuvens* de Aristófanes, parecem ter perdido a arte de *performar* os "clássicos", e os clássicos tornaram-se textos escritos para ser estudados e emulados na escrita. Perdidas para sempre, no fim, estão as apresentações de Sófocles. Perdida para sempre está a possibilidade de trazer tais apresentações de volta à vida, mesmo se somente uma única vez, em ocasiões como o simpósio. Perdida para sempre, talvez, está a arte de realmente *performar* uma composição para qualquer ocasião.

Como eu mencionei, a era do *museum* em Alexandria representa um grande esforço humanístico para preservar, mesmo como textos, a *ipsissima uerba*. Quanto a isso, ela representa também uma tentativa de reverter o estreitamento da *paideía*. Nossa própria esperança jaz na capacidade de a filologia, como também das escolas, continuar a reverter tal padrão de estreitamento a fim de recuperar uma *paideía* mais integrada, integral. O sintoma de uma educação reduzida pode ser descrito como o prestígio terminal de um desenvolvimento retardado, em que alunos, ao invés de mortos, crescem para ser os garotos velhos de uma confraria exclusiva que eles chamam de filologia, de *sua* filologia[14]. O humanismo da filologia, que deve certamente combater tal visão estreita e moderna, depende de sua abrangência, de sua diversidade de interesses. Retornamos ao ideal antigo de estudo de uma *doctrina* que é *multiplex uariaque*, um método de estudos que é multifacetado e composto por muitos elementos diferentes. Tal método de estudos, afirmo, é essencial para perseverar nas Questões Homéricas, sem mencionar outras questões clássicas.

Um pequeno, porém incômodo, sinal de estreitamento, a partir de um movimento centrífugo de uma trajetória de estudos que é idealmente multifacetada, é a forma pela qual nós, classicistas contemporâneos – certamente não só homeristas –, tendemos a usar as palavras "certo" e "errado": esse tipo de julgamento de valor parece operar baseado na assunção de que o leitor já aceita o argumento oferecido e rejeita todos os outros. As implicações são desencorajadoras porque uma pluralidade cumulativa de estudiosos, que dizem "eu estou certo" e "a maior parte do que você diz está errada", sugere que a maioria dos que dizem tais frases está errada e somente alguns, se houver algum, estão certos. Proponho escrever, ao invés, aqui e em outros lugares, que eu concordo ou discordo, sem pressupor um julgamento definitivo. Ou melhor, meus argumentos ou convergem ou divergem daqueles de outras pessoas. Não posso pressupor que eu esteja certo, uma vez que mesmo uma formulação "certa" pode precisar ser reformulada no futuro; mas eu, junto com todos os outros classicistas, preciso ser cauteloso com um espécie de crítica que busque reformular nossas formulações com um estilo presunçoso e depreciativo, em que a mais ínfima palavra aspira ser a última[15].

A ideia de *zḗtēma*, ou "questão", no uso daqueles estudiosos mais antigos da poesia homérica, presume um conflito contínuo de estudiosos. É nesse espírito de limite não predeterminado que eu levanto meu próprio grupo de questões, Questões Homéricas, tornando claras minhas discordâncias, bem como minhas concordâncias, com outros estudiosos. Meu objetivo é oferecer uma série de respostas, *sine ira et studio*, que devem, a longo prazo, ser testadas por outras questões. Em minha busca por respostas, estou lutando para encontrar uma formulação definitiva a meu próprio pensamento acerca da poesia homérica da maneira pela qual ele evoluíra desde as minhas primeiras formulações publicadas, que apareceram há mais de vinte anos[16]. Sejam quais forem as respostas que proponho, entretanto, deixam em aberto a necessidade de mais respostas – e de mais questões.

O ideal no discurso acadêmico sobre minhas Questões Homéricas é o *respeito* pelos esforços positivos de outras pessoas. Polêmicas tendem a ser reservadas a ocasiões em que eu rebato algumas críticas que parecem intencionadas a deslocar ou a excluir resultados e visões[17]. Contudo, espero em geral transcender o tipo de guerras intestinas nos estudos clássicos em que a intensidade da controvérsia sobre os certos e os errados da interpretação parece por vezes sintomática de uma corrente especialmente virulenta de *odium philologicum*, propensa a chocar até mesmo o mais cínico especialista em outras áreas das humanidades. Tais níveis marcados de controvérsia entre classicistas podem ser desculpados como um reflexo indireto do agonístico lutando em busca de definição de valor na poética helênica antiga. Essas desculpas não devem evitar, entretanto –um defeito básico que parece resultar de tais brigas –, o surgimento de novos e diferentes métodos, por medo de serem condenados como não ortodoxos. Isso pode levar a abordagens reduzidas, e consequentemente simplificadas demais, de problemas complexos. Meu objetivo é aplicar uma variedade grande o bastante de abordagens indutivas para fazer justiça à complexidade dos problemas considerados.

O fracasso em aplicar um espectro amplo o suficiente de métodos empíricos a uma determinada questão é frequentemente não reconhecido como uma falha pelas próprias pessoas que falharam. Ironicamente, são elas, algumas vezes, que culparão estudiosos mais novos, que podem ter tido sucesso em empregar uma gama maior de abordagens. É como se os neófitos fossem herdeiros rivais de um domínio chamado de filologia. A culpa pode tomar a forma de acusação aos neófitos de não terem provado o que estão buscando provar. O que os acusadores podem estar admitindo com isso, ainda que involuntariamente, é que não sabem como usar métodos descobertos por outros para fazer avançar seus próprios argumentos. Em relação a isso, lembro-me da formulação de Terry Eagleton: "A hostilidade à teoria geralmente significa uma oposição às teorias de outras pessoas e um oblívio às próprias."[18]

Ainda outro problema que pode levar a um estreitamento de recursos ao lidar com as Questões Homéricas tem relação com uma atitude negativa em relação ao estudo dos períodos mais primitivos da literatura grega derivada da inferência de que quanto mais se volta no tempo, menos se pode realmente saber. Essa atitude, como a encontro articulada por alguns classicistas, acompanha perigosamente a marginalização do estudo de evidências mais antigas com a justificativa de que não há informação suficiente para provar coisa alguma. Ao resistir a tal posição, inspiro-me em um filólogo que estuda textos gregos que são ainda mais antigos – enquanto textos.– do que os poemas homéricos. Cito as palavras de John Chadwick quando fala sobre as tabuletas em Linear B do segundo milênio antes de Cristo:

> Alguns de meus colegas irão sem dúvida pensar que em alguns lugares eu fora longe demais no tocante a reconstruir um modelo que explicará os documentos. Aqui posso somente dizer que alguns modelos devem existir, pois eles são fontes autênticas e contemporâneas; e se o modelo que propus for o errado, alegremente adotarei um melhor quando for oferecido. Mas o que rejeito é a atitude derrotista que se recusa até mesmo a desenvolver um modelo porque todos os seus detalhes não podem ser provados. Os documentos existem, portanto as circunstâncias existiram, as quais provocaram sua escrita, e minha experiência tem mostrado que elas não são totalmente impossíveis de se conjecturar.[19]

No caso dos poemas homéricos, pode-se dizer ainda mais vigorosamente: não só o texto existe como também a recepção última dos poemas de Homero é historicamente atestada, pronta para ser estudada empiricamente. Como eu já indiquei, a questão primordial oferecida em meu próprio trabalho é a *léxis*, ou dicção, dos poemas homéricos. Qual, então, é a indagação principal? Para mim, é vital que a evidência oferecida pelas palavras, os *ipsissima uerba*, reflita-se no contexto em que as palavras foram ditas, na própria performance. A essência da performance de canto e poesia, uma essência permanentemente perdida da *paideía* que herdamos dos gregos antigos, é, para mim, a questão principal.

Ao escolher a língua e o texto como meus dados empíricos primários, espero permanecer dentro de um longo *continuum* de filólogos pré-existentes. Ao escolher a *performance*, a ocasião da performance, como minha questão principal, vou além desse *continuum* ao confiar em duas outras disciplinas. Essas disciplinas são a linguística e a antropologia.

Comecemos com a linguística. Aqui, nós podemos fazer uma distinção entre dois tipos, a linguística descritiva e a histórica. No caso da linguística descritiva, a palavra problemática *estruturalismo* tende a se orgulhar de seu lugar no discurso dos classicistas, até mesmo deslocando o próprio uso do termo *linguística*. Muito foi dito sobre o estruturalismo, tanto a favor quanto contra, por aqueles que estão alheios aos rudimentos da linguística descritiva. Para quem foi inicialmente formado como linguista e somente depois como classicista, o ponto é este: a observação de que a língua é uma estrutura não é uma questão de teoria, não é a descoberta brilhante de alguém, mas o resultado cumulativo de experiências indutivas na linguística descritiva[20].

Agora nós nos voltamos à linguística histórica, um método que usei amplamente em meus trabalhos anteriores sobre Homero[21]. Aqui, também, podemos nos confrontar com uma palavra problemática: desta vez, é *etimologia*. Por exemplo, foi dito sobre minha abordagem que ela "leva em consideração etimologias supostas do passado linguístico distante como sendo algum tipo de chave para a épica homérica"[22]. Isso serve para subestimar o valor da linguística histórica no estudo da tradição: o propósito de ligar a etimologia de uma palavra homérica com seu uso corrente nos poemas homéricos serve para estabelecer *um* continuum *de significado dentro da tradição*[23]. Uma etimologia pode ser uma "chave" para a explicação diacrônica de alguma realidade, como no caso de um *continuum* cultural, mas não pode ser igualada a alguma novidade inteligente na crítica literária[24].

Quanto à segunda das duas disciplinas que proponho aplicar, a antropologia, devo apontar simplesmente que essa disciplina manifestou até agora tão pouca influência no campo dos estudos clássicos, com algumas exceções notáveis, que raramente é mencionada até mesmo pelos classicistas que são dados a lançar advertências contra a intrusão de disciplinas supostamente estranhas. Ironicamente, o campo da antropologia tem tanto a se beneficiar do campo dos estudos clássicos atualmente construído quanto vice-versa. Encontramo-nos em uma era em que as evidências etnográficas de tradições vivas estão se tornando rapidamente extintas, em que muitos milhares de anos de experiência humana cumulativa estão se tornando obliterados por menos de um século ou mais de progresso tecnológico moderno, e em que a necessidade de reafirmar o valor humanístico da tradição no mundo moderno frequentemente não consegue atingir os membros de sociedades tradicionais ameaçadas de extinção, que estão, algumas vezes na vanguarda de abarcar o mesmo progresso que ameaça obliterar suas tradições. Os estudos clássicos, que se prestam ao estudo empírico da tradição, parecem idealmente apropriados para articular o valor da tradição em outras sociedades, sejam ou não essas sociedades comparáveis proximamente àquelas da Grécia e da Roma antigas.

Tendo a questão homérica primordial à mão, a da performance, ela não deve somente ser articulada em termos de linguística e de antropologia. Deve também ser ligada com a pesquisa anterior de dois estudiosos cuja formação se originou não diretamente dessas duas disciplinas, mas dos clássicos. É essencial que eu invoque esses dois estudiosos, ambos falecidos, à medida que nos aproximamos do cerne das minhas Questões Homéricas. Seus nomes são Milman Parry e Albert Lord. Na ocasião da apresentação de minha palestra na convenção de 1991 da American Philological Association, eu enfatizei que experiência de humildade fora, para mim, ter sido dada a honra – e a oportunidade – que outros predecessores, que tinham suas próprias Questões Homéricas, teriam merecido muito mais. Em particular, eu tinha em mente esses dois estudiosos, Milman Parry e Albert Lord, a nenhum dos quais fora dada tal honra por parte da American Philological Association. Parry morreu jovem e houve pouca oportunidade para a Associação reconhecer o valor duradouro de suas contribuições ao estudo de Homero e ao campo dos estudos clássicos em geral[25]. No caso de Albert Lord, membro vitalício da American Philological Association, cuja própria e relevante pesquisa continuou o trabalho anterior com seu professor, Milman Parry, espero homenagear suas contribuições à filologia clássica por meio das minhas Questões Homéricas, que servem como extensões de questões que ele havia feito em seu *Singer of Tales*[26] e, logo após sua morte, em seu *Epic Singers and Oral Tradition*[27].

1. Homero e as Questões da Poesia Oral

Parry e Lord estudaram poesia oral, e o trabalho deles fornece a chave à questão homérica primordial da *performance*, conforme estamos prestes a ver. Pode-se até mesmo dizer que o trabalho sobre poesia oral mudou permanentemente a própria natureza de qualquer questão homérica.

O termo *poesia oral* pode não totalmente captar o conceito por detrás dele em vista de dificuldades semânticas conjuradas por ambas as palavras individualmente: *poesia* e *oral*. Ainda assim, o termo composto *poesia oral* tem uma validade histórica que tanto Parry quanto Lord usaram para designar o conceito geral que estavam desenvolvendo. Proponho prosseguir com o uso desse termo, com a percepção de que *oral* não é simplesmente o oposto de *escrito* e de que *poesia*, de *poesia oral*, está aqui disposto no sentido mais amplo da palavra, em que *poesia*, no contexto dessa expressão, não é um termo necessariamente distinto de *canto* ou de *canção*[1]. Se de fato o termo *oral* não deve ser entendido simplesmente como o oposto de *escrito*, é até mesmo possível falar de *literatura oral*, um termo, na verdade, utilizado e defendido por Albert Lord[2]. Traço o limite no uso de "escrever" ao invés de "compor", conforme aplicado a figuras como Homero. Há mais a ser dito sobre esse uso logo a seguir.

Pertinente a essa questão é um trabalho de Ruth Finnegan intitulado "What Is Oral Literature Anyway?"[3]. Podemos notar o tom contencioso nessa pergunta, conforme é enquadrada e desenvolvida por ela. A questão se relaciona com a intenção compreensível de Finnegan, como uma antropóloga especialista em tradições africanas, de ampliar o conceito de poesia oral ou de "literatura" oral, tal como desenvolvido por Parry e por Lord a fim de aplicá-lo para além das ocorrências específicas estudadas por eles, certamente para além de Homero e para além da civilização grega. Podemos também notar um tom inferiorizante e hostil em relação ao trabalho de Parry e de Lord quando o mesmo tipo de questão é invocado por alguns classicistas que procuram não uma aplicação mais ampla do termo *poesia oral*, mas, ao invés, uma descontinuação completa de qualquer aplicação no caso de Homero, e muito menos de qualquer literatura grega posterior. Escrevo isso em uma era em que trabalhos acadêmicos são produzidos com títulos como *Homer: Beyond Oral Poetry* (Homero: Para Além da Poesia Oral)[4].

A questão de formular uma dicotomia entre oral e escrita parece-me, em todo caso, irrelevante para outra questão: se a poesia homérica pode realmente se referir à escrita. Parece-me autoevidente que até mesmo uma tradição oral pode se referir a uma tradição escrita sem necessariamente ser influenciada por ela. Devo acrescentar nesse caso minha própria convicção de que a poesia homérica de fato se refere à tecnologia da escrita e que tais referências de forma alguma exigem assumir que a escrita fora utilizada para a criação da poesia homérica. O exemplo mais evidente é a menção do dístico contendo "sinais ominosos" (*sémata lugrá*) que Belerofonte está levando ao rei da Lícia (*Ilíada*, VI.168, 176 e 178)[5]. Outro exemplo, a ser discutido mais adiante, é uma referência feita pela poesia homérica à redação de um epigrama imaginado comemorando um guerreiro que sucumbira (*Ilíada*, VII.89-90)[6].

Tendo considerado as implicações da *poesia oral*, sigamos a um termo mais preciso: *poesia oral tradicional*. Proponho usar o conceito de *tradição* ou de *tradicional* em conjunção com *poesia oral* de forma a evidenciar a percepção de tradição de uma determinada sociedade na qual uma determinada tradição opera, e não em salientar a percepção de um observador externo que estivesse supostamente examinando essa determinada tradição.

Minha abordagem à *tradição* pretende evitar quaisquer situações em que "o termo é também aparentemente usado (e manipulado?) em um sentido emotivo, não raramente ligado a valores acadêmicos, morais ou políticos poderosos e profundamente sentidos"[7]. Considerando que uma determinada tradição pode ser percebida em termos absolutos dentro de uma determinada sociedade, ela pode ser analisada em termos relativos pelo observador externo usando critérios empíricos: o que pode parecer antigo e imutável aos membros de uma determinada sociedade pode ser, na realidade, contemporâneo e constantemente mutável do ponto de vista da observação empirista[8]. Além disso, reconheço que a tradição não é somente um sistema herdado: como com a própria língua, a tradição volta à vida no aqui e agora das pessoas reais em situações reais[9]. Um exemplo particularmente convincente da mutabilidade da tradição é o caso de genealogias transmitidas oralmente entre o povo tiv da Nigéria:

> Os primeiros governantes ingleses entre os tiv da Nigéria estavam cientes da grande importância ligada a essas genealogias, que eram continuamente discutidas em casos jurídicos nos quais os direitos e os deveres de um homem em relação a outro estavam em disputa. Consequentemente, eles tiveram o trabalho de escrever longas listas de nomes e de preservá-los para a posteridade a fim de que os futuros governantes pudessem se referir a elas em determinados julgamentos. Quarenta anos depois, quando os bohannans realizaram trabalhos de campo antropológicos na área, seus sucessores ainda estavam usando as mesmas genealogias. Entretanto, essas linhagens escritas agora provocavam muitas discordâncias. Os tiv sustentavam que elas eram incorretas, enquanto os funcionários as consideravam exposições de fatos, como registros do que havia realmente acontecido, e não podiam concordar que os nativos iletrados estivessem mais informados acerca do passado do que seus próprios predecessores letrados. O que nenhuma das partes percebeu foi que em qualquer sociedade desse tipo ocorrem mudanças que requerem um reajustamento constante das genealogias caso continuem a desempenhar sua função como mnemônicos de relações sociais.[10]

Em suma, certamente não há necessidade de pensar a tradição como rígida e imutável. Ainda assim, há uma necessidade de desenvolver critérios empíricos para determinar o que é mais antigo e o que é mais novo dentro da tradição; e, durante mais ou menos os últimos vinte anos, venho publicando trabalhos que aplicam abordagens históricas, bem como outras abordagens, com o propósito de chegar a um acordo com a arqueologia, por assim dizer, da tradição. Isso é exatamente o oposto de romantizar a tradição como um conceito[11]. O objetivo, ao invés, é estudar a tradição empiricamente e, dessa forma, determinar objetivamente tanto o que está sendo preservado quanto o que está se alterando. Abordo minhas questões homéricas aplicando o conceito de poesia tradicional oral a Homero. Para tal propósito, creio ser essencial introduzir um inventário de dez outros conceitos. Cada um desses dez conceitos deriva da necessidade de se ter de confrontar a realidade da performance na poesia oral, seja diretamente em tradições orais vivas, seja indiretamente em textos que revelam traços claros de tais tradições. A centralidade da performance ao conceito de poesia oral tornar-se-á aparente à medida que a discussão prosseguir.

Alguns dos termos usados no inventário que se segue serão novos àqueles que não trabalharam com poesia oral. Tomei a maioria desses termos da linguística e da antropologia. Outros conceitos que uso podem ser tradicionais para classicistas, mas ainda requerem alguma reavaliação em termos de poesia oral.

1. TRABALHO DE CAMPO

O dado empírico fundamental para o estudo da poesia oral é o procedimento de coleta de evidências acerca da *performance* das tradições orais vivas conforme registradas, observadas e descritas em sua ambientação nativa. Chamemos esse procedimento de trabalho de campo[12]. "Apesar de muito ser dito sobre isso na crítica negativa", diz Lord em sua introdução à obra *Epic Singers and Oral Tradition*, "a literatura oral-tradicional viva ainda não é muito bem conhecida e tento, repetidas vezes, no decorrer deste livro, familiarizar o leitor com algumas das melhores que tive o privilégio de experienciar, e demonstrar os detalhes de sua excelência."[13] Lord falou a partir experiência e esse pano de fundo da experiência é seu trabalho de campo. É esse pano de fundo que lhe confere uma autoridade que falta totalmente à vasta maioria de seus críticos, que são classicistas. Paradoxalmente, a modéstia de Lord acerca de sua experiência no trabalho de campo, que é uma característica saliente de seu academicismo, é equiparada à arrogância mostrada por alguns de seus críticos que, às vezes, parecem sentir um tipo amargo de orgulho no desconhecimento deles acerca das formas não clássicas de poesia, tais como as tradições orais eslavas meridionais. É como se tais maravilhas do assim chamado mundo ocidental, como os poemas homéricos, devessem ser resgatadas daqueles que verdadeiramente entendem os mecanismos das tradições orais. A obra *Epic Singers and Oral Tradition* reivindica, de uma vez por todas, a legitimidade e a importância de explorar a herança da literatura "ocidental" na literatura de tradição oral.

2. SINCRONIA "VERSUS" DIACRONIA

Os termos *sincronia* e *diacronia* vêm da linguística[14]. O trabalho de campo no estudo da poesia oral tal como ela é performada requer uma perspectiva sincrônica a fim de descrever o sistema verdadeiro perpetuado pela tradição. Quando se trata de se aprofundar nos princípios de organização que subjazem à tradição, isto é, a realidade da continuidade cultural, a perspectiva diacrônica também é necessária. Técnicas de reconstrução linguística podem ajudar a explicar aspectos de outro modo opacos da língua tal como ela ocorre presentemente na tradição: isso significa dizer que a abordagem diacrônica é necessária para suplementar a sincrônica, bem como vice-versa[15].

3. COMPOSIÇÃO-EM-PERFORMANCE

A análise sincrônica das tradições orais vivas revela que a composição e a performance são, em graus variados, aspectos de um processo. O texto homérico, em e por si mesmo, nunca poderia ter revelado tal realidade. A afirmação fundamental é de Lord: "Um poema oral é composto não *para*, mas sim *na* performance"[16].

4. DIFUSÃO

Ambas as perspectivas sincrônica e diacrônica revelam esse aspecto da tradição oral, que interage com os aspectos da composição e da performance. Padrões de difusão podem ser centrífugos ou centrípetos (ver a discussão no capítulo 2)[17].

5. TEMA

Para os propósitos desta conferência, uma definição particular de *tema* é *uma unidade básica de conteúdo*[18].

6. FÓRMULA

Outra definição de trabalho a ser debatida extensivamente na discussão que se segue: a *fórmula é uma frase fixa condicionada pelos temas tradicionais da poesia oral*[19]. A fórmula está para a forma assim como o tema está para o conteúdo[20]. Essa formulação pressupõe que forma e conteúdo se sobrepõem conceitualmente. A definição de Parry é expressa desta maneira: a fórmula é "um grupo de palavras que são regularmente empregadas sob as mesmas condições métricas para expressar uma determinada ideia essencial"[21].

7. ECONOMIA

Conforme argumenta Parry, a linguagem homérica tende a ser "livre de frases que, tendo o mesmo valor métrico e *expressando a mesma ideia*, poderiam ser permutadas"[22]. Esse princípio de *economia* é uma realidade observável em relação à performance[23].

8. TRADIÇÃO "VERSUS" INOVAÇÃO

Para repetir, a tradição oral torna-se viva na performance e o aqui e agora de cada nova performance é uma oportunidade para a inovação, seja ou não qualquer inovação reconhecida explicitamente na tradição[24].

9. UNIDADE E ORGANIZAÇÃO

Em termos de poesia oral, a unidade e a organização dos poemas homéricos são um *resultado* da própria tradição de *performance*, e não uma *causa* desempenhada por um *compositor* que está acima da tradição[25] (conceitos correlatos são unitaristas contra analistas e neoanalistas).

10. AUTOR E TEXTO

Em termos de poesia oral, a autoria é determinada pela autoridade da performance e da textualidade, pelo grau da invariabilidade de uma composição a cada performance. O próprio conceito de texto pode ser derivado metaforicamente do conceito de composição-em-performance[26].

No alvorecer desse inventário de dez conceitos que creio serem essenciais para a abordagem de minhas Questões Homéricas, ofereço também, antes de prosseguir, uma lista de dez exemplos de utilização que encontro comumente sendo aplicadas de formas equivocadas por alguns especialistas contemporâneos em poesia homérica. Meu objetivo não é disputar com qualquer pessoa em particular, mas sim promover um uso mais preciso no tocante à poesia oral em geral. A série dos seguintes dez exemplos do que me parece um uso equivocado corresponde *grosso modo* à sequência do inventário precedente de dez conceitos cruciais relacionados à poesia oral.

1. "Teoria oral"

É um grande mal-entendido, suponho, falar de "a teoria oral" de Milman Parry ou de Albert Lord. Parry e Lord investigaram a *realidade empírica* da poesia oral, conforme verificada a partir das tradições vivas da poesia oral eslava meridional, bem como de outras tradições vivas. A existência da poesia oral é um fato, verificado através de trabalho de campo. A aplicação do que conhecemos indutivamente acerca da poesia oral ao texto da *Ilíada* e da *Odisseia*, ou a qualquer outro texto, não é uma tentativa de provar uma "teoria" sobre poesia oral. Se, de qualquer modo, formos usar a palavra *teoria* em tal contexto, seria mais razoável dizer que Parry e Lord tinham diversas *teorias* sobre a afinidade da poesia homérica com o que conhecemos sobre poesia oral.

2. "O mundo de Homero"

Dizer, na crítica homérica, que o "mundo" ou a "visão de mundo" que emerge da estrutura da *Ilíada* e da *Odisseia* é a construção de um homem em uma época e em um lugar, ou, de qualquer forma, de muitos homens de muitas épocas e em muitos lugares, é arriscar uma horizontalização do processo da criação da poesia oral, que requer uma análise na dimensão tanto da diacronia quanto da sincronia[27]. Essa advertência é relevante à questão de a perspectiva abrangente da poesia oral estar fundada em, digamos, uma era datada antes da metade do terceiro século a.c. ou, alternativamente, no oitavo século a.C.[28].

3. "Homero + [verbo]"

Dizer, na crítica homérica, que "Homero faz isto" ou "o poeta pretende que" pode levar a problemas. Não necessariamente, mas pode. Considerando isso, tal uso corresponde ao espírito das referências gregas convencionais à criação da poesia épica por Homero. Para os gregos antigos, entretanto, Homero não era somente o criador do épico *par excellence*: ele também era o herói cultural do épico em si[29]. As instituições gregas tendem a ser tradicionalmente projetadas no passado pelos próprios gregos, cada uma delas a um protocriador, a um herói cultural a quem se credita a soma total de uma determinada instituição cultural[30]. Era uma prática comum atribuir qualquer grande realização da sociedade, mesmo se essa realização possa ter sido conseguida somente através de um longo período de evolução social, a um feito episódico e pessoal de um herói cultural, que é retratado como tendo feito sua monumental contribuição em uma era anterior da determinada sociedade[31]. Os mitos gregos sobre legisladores, por exemplo, sejam os legisladores figuras históricas ou não, tendem a reconstruir essas figuras como os inventores da soma total da lei consuetudinária conforme ela evoluíra no tempo[32]. Da mesma forma com Homero: ele é projetado no passado como o gênio original do épico[33]. Assim, o uso de se dizer que "Homero faz isso" ou "o poeta pretende que" pode se tornar arriscado para especialistas modernos se eles começarem a pensar "Homero" em termos excessivamente personalizados, sem consideração com a dinâmica tradicional da composição e da performance *e* sem consideração com a sincronia e a diacronia[34]. Dizer que "Homero escreveu" é o risco maior.

É suficiente apontar, por enquanto, que as caracterizações genéricas de Homero e de outros poetas antigos parecem ser uma função tradicional da poesia que os representa. Isso não é dizer que a tradição poética realmente cria o poeta, mas sim que a tradição tem a capacidade de transformar até mesmo figuras históricas em personagens genéricas que representam e são representados pela tradição[35]. Podemos retomar a formulação de Paul Zumthor: "Le poète est situé dans son langage plutôt que son langage en lui" (O poeta está situado em sua linguagem mais do que sua linguagem está situada nele)[36].

4. *"A poesia de Homero é artisticamente superior a todas as outras poesias de seu tempo"*

A preeminência da *Ilíada* e da *Odisseia* como os épicos definitivos dos gregos é um fato histórico, ao menos no século v. Ou, como pode ser arguido, é uma eventualidade histórica. A atribuição de sua preeminência, todavia, à superioridade artística sobre outros épicos é meramente uma suposição. A pouca evidência que temos sobre outros épicos vem de fragmentos e de resumos antigos do chamado Ciclo. Se a poesia do Ciclo estivesse totalmente confirmada, é muito possível que concluiríamos serem a *Ilíada* e a *Odisseia* artisticamente superiores. A pergunta, entretanto, ainda pode restar: por quais padrões? A questão mais básica não é *por que*, mas *como* a *Ilíada* e a *Odisseia* se tornaram preeminentes[37]. Uma resposta disponível, explorada mais demoradamente adiante, está baseada no conceito da maior *difusão* para as tradições épicas da *Ilíada* e da *Odisseia* em comparação a outras tradições épicas.

5. "A fórmula fez o poeta dizer dessa maneira"

Tal requisito da poesia oral é frequentemente presumido, sem justificativa, tanto por proponentes quanto oponentes da ideia de que a poesia homérica é baseada na poesia oral. Discordo. Assumir que qualquer coisa sendo dita na poesia homérica está determinada por tais considerações formais, como fórmulas ou métrica (como quando especialistas dizem que a fórmula e a métrica fez o poeta dizer isto ou aquilo), é não compreender a relação da forma e do conteúdo na poesia oral. Diacronicamente, o conteúdo – chamemo-lo de *tema* – determina a forma, mesmo se a forma afetar o conteúdo sincronicamente[38].

6. "A métrica fez o poeta dizer isso dessa forma"

Sugiro que esse tipo de raciocínio derive de mal-entendidos da definição feita por Parry da fórmula como "um grupo de palavras que é regularmente empregado sob as mesmas condições métricas para exprimir uma determinada ideia", a qual já citei acima. Escrevi demoradamente sobre a relação entre fórmula e métrica, e inicio aqui repetindo meu argumento central de que a fórmula molda a métrica, de um ponto de vista diacrônico, e não o contrário[39].

Uma forma conveniente de examinar quaisquer mal-entendidos possíveis acerca da relação entre fórmula e métrica é considerar a tentativa de refutação do conceito de Parry sobre a fórmula no livro de Ruth Finnegan sobre poesia oral[40]. Ironicamente, o livro de Finnegan parece estar interpretando erroneamente o conceito de Parry no ponto mesmo em que tenta questionar sua validade. Em sua descrição dos epítetos homéricos, Finnegan diz que eles "são frequentemente combinados com outras frases formulares – grupos de palavras repetidos – que têm as qualidades métricas certas para encaixar [uma determinada] parte do verso"[41]. Ela aduz as palavras do próprio Parry: "na composição, [o poeta] nada mais fará do que juntar, para suas necessidades, frases que ele frequentemente ouviu ou usou, as quais, agrupando-as *de acordo com um padrão fixo de pensamento*, ocorrem naturalmente para construir a frase e o verso"[42].

Conforme um crítico notou, "vemos aqui que Parry está dizendo muito mais do que Finnegan"[43]. A fórmula "não é somente uma frase que o poeta está livre para escolher de acordo com suas necessidades métricas, já que as fórmulas são reguladas pelos temas tradicionais da composição do poeta"[44]. Em contrapartida, como esse crítico apontou[45], Finnegan assume que as fórmulas têm uma vida independente dos temas: "*bem como* as frases e as sequências formulares, o bardo tem em seu repertório um número de temas prontos de que ele pode se aproveitar para formar a estrutura de seu poema"[46]. A suposição aqui é a de que fórmulas são meramente frases correntes repetidas simplesmente para preencher necessidades métricas: o poeta oral "pode selecionar o que ele deseja do estoque comum de fórmulas e pode escolher termos levemente diferentes que encaixem em sua métrica [...] e variar os resultados"[47]. Tal definição supervaloriza a forma tradicional e subvaloriza, em oposição às visões de Parry e de Lord, o papel do conteúdo tradicional[48]. Utilizando a premissa de que as fórmulas são simplesmente uma questão de fraseologia repetida que preenche a métrica, Finnegan questiona a abordagem de Parry-Lord à poesia oral:

Ela acrescenta, realmente, algo à nossa compreensão do estilo ou do processo de composição em uma determinada obra denominar certos padrões repetidos de palavras, sons e significados como 'fórmulas'? Ou sugere que a característica do estilo oral é tal que fórmulas são 'generalizadas' (como em Lord [1960]:47)?[49]

Na luz do que pode ser exemplificado a partir dos escritos de Parry e de Lord, entretanto, a crítica de Finnegan parece infundada.

Se pudermos entender a fórmula como "o tijolo de um sistema de expressão da poesia oral tradicional"[50], então parece infundado encontrar defeitos na observação de Lord de que as fórmulas são "generalizadas" na poesia oral[51].

7. "*O poeta tinha somente uma maneira de dizê-lo*"

Novamente, tal requisito da poesia oral é frequentemente suposto, sem justificativa, tanto por proponentes quanto por oponentes. Mas o princípio da economia é uma tendência, não uma constante, conforme discuti em um trabalho anterior[52].

8. "Homero tinha uma nova forma de dizê-lo"

Esse é um caso específico do número 3 acima. Se tal for admitido, na medida que o atuante controla ou "conquista" a performance em conjunção com a plateia, existe a oportunidade para a inovação. Tal inovação, entretanto, ocorre dentro da tradição e não além dela. Dado que a performance em si é um aspecto-chave da tradição oral, e que a tradição vive no contexto da performance e na pessoa do *performer*, discordo daqueles que se concentram tanto na pessoa que esquecem a tradição na qual aquela pessoa está realizando a performance – uma tradição que pode ser indutivamente observada a partir das regras inerentes até mesmo ao conceito de performance[53]. Como no caso do número 3, o risco é tornar "Homero" sobrepersonalizado, sem a observância de observar a dinâmica tradicional da composição e da performance, *e* sem a observância de sincronia e diacronia.

9. "O poema é unificado de maneira tão óbvia que o poeta, de alguma forma, deve ter-se emancipado da tradição oral"

Tal reação tem raízes nas descrições da poesia oral em termos de *improvisação* (ou *sem preparação*) – termos que podem facilmente ser mal compreendidos. Para muitos, por exemplo, tais termos sugerem que "qualquer coisa vale". A resposta mais útil, com crítica vigorosa a uma variedade ampla de mal-entendidos, é o trabalho de D. Gary Miller[54]. Seu argumento-chave é este: "Operações mentais 'geram' muito pouco; elas procuram por expressões armazenadas com graus de adequação variáveis para o objetivo do declamante."[55] Também valiosa é sua refutação das três suposições seguintes acerca de "poetas orais improvisadores":

"Poetas orais não planejam";
"A poesia oral é caracterizada por uma estrutura 'solta' e desorganizada";
"Um poeta oral não poderia enxergar de início toda a sequência épica."[56]

Recusar a considerar a possibilidade de que haja princípios de unidade e de organização em ação em uma tradição oral viva é sintomático de uma falta de apreciação pela tradição oral em si, com ênfase na palavra *tradição*. Há um padrão comum de pensamento que serve para compensar essa lacuna: ele é manifesto na suposição de que o poeta deve ter de alguma forma se libertado da tradição oral. Essa suposição força uma elevação sem objeções de um indivíduo singular reconstruído ao patamar de um gênio, ou ao menos de um autor transcendente, a quem então pode ser dado toda ou a maior parte do crédito por quaisquer princípios observáveis de unidade e de organização[57]. Unidade e coerência podem ser o *efeito* de algo tradicional ao invés de a *causa* de algo não tradicional[58].

10. "Homero escreveu"

Essa é a versão mais extrema da reação descrita no número 9. Essa forma de pensar, como discutirei abaixo, não deriva somente de uma falta de conhecimento de primeira mão acerca da poesia oral. Aqueles que afirmam isso, ou aqueles que simplesmente fazem essa suposição, conceituaram a autoria sem antes pensarem completamente as realidades históricas da era que produzira a poesia homérica.

Tendo chegado ao fim desta lista de dez exemplos do que considero usos equivocados em relação à poesia oral, retornemos à questão primeira de minhas Questões Homéricas relativa à *performance*. Para mim, o elemento-chave na tríade composição, performance e difusão será inteiramente o segundo. Sem a performance, a tradição oral não é oral. Sem a performance, a tradição não mais é a mesma. Sem a performance, a própria ideia de Homero perde sua integridade. Mais do que isso, a própria essência dos clássicos torna-se incompleta.

2. Um Modelo Evolucionário Para a Criação da Poesia Homérica

O enorme acúmulo de novas evidências comparativas, ou novamente apreciadas, acerca da natureza do épico na poesia oral demanda atenção ao estudo em andamento das tradições épicas individuais. Proponho aqui aplicar algumas dessas evidências, conforme coletadas nos anos recentes por uma variedade ampla de especialistas investigando um conjunto de sociedades na Europa Oriental, na Ásia Central, no subcontinente indiano e na África, ao estudo de Homero em geral e da *Ilíada* e da *Odisseia* homéricas em particular. De início, enfatizo a importância das evidências comparativas da tradição eslava meridional do épico na Europa Oriental: apesar de ela ser diferente de muitas maneiras do que vemos nos poemas homéricos, essa tradição, conforme argumenta Richard P. Martin, "ainda se reivindica ser uma das melhores comparações"[1].

Em um trabalho anterior, meu ponto de partida foi o *insight* comparativo central de Milman Parry e de Albert Lord, colhido de seu trabalho de campo sobre as tradições épicas orais eslavas meridionais, de que *composição* e *performance* são aspectos do mesmo processo na criação da poesia homérica[2]. Continuemos chamando esse processo de *composição-em-performance*. Começando com a evidência comparativa acerca da composição-em-performance, acrescentei a evidência interna grega acerca da *difusão* primitiva da *Ilíada* e da *Odisseia* no período grego arcaico, apresentando um modelo para o desenvolvimento da poesia homérica que requer não dois, mas três aspectos atuantes da produção: *composição, performance* e *difusão*[3]. Aqui eu sigo a fim de aplicar evidências comparativas para a interação da composição, da performance e da difusão em tradições orais épicas vivas.

Minhas razões originais para me concentrar no papel da difusão-em-performance no desenvolvimento da poesia homérica se relacionavam à necessidade de reconciliar o *insight* comparativo de Parry e de Lord acerca da composição-em-performance com a realidade histórica de um *texto* homérico integral e unificado herdado do mundo antigo. Como o conceito de difusão ajuda a explicar a textualidade homérica é uma questão que será tratada agora. Mas, primeiramente, consideremos as implicações do "dado" histórico, a sobrevivência do texto homérico.

Para alguns classicistas, a própria natureza desse texto escrito tem sido a fonte do extremo ceticismo concernente à validade de se aplicar *insights* comparativos sobre a poesia oral. É a opinião de não poucos desses céticos que o artístico, a coesão e a completa monumentalidade da *Ilíada* e da *Odisseia* excluem o papel da poesia oral – e, supostamente, provam que tais maravilhas de realização devem ter requerido a tecnologia da escrita[4]. Há outros que chegam até mesmo a argumentar que a escrita alfabética grega foi desenvolvida primariamente para o propósito de reduzir à escrita a poesia homérica[5]. Tais atitudes em relação à poesia homérica tendem a ser associadas com uma visão mais geral, partilhada por alguns antropólogos, de que a escrita é o pré-requisito básico para um grande avanço na capacidade cognitiva humana, fornecendo o ímpeto-chave em direção ao pensamento criativo e ao julgamento crítico[6]. Para tais céticos, então, a poesia oral e o alfabetismo são claramente incompatíveis.

Para outros céticos, a poesia oral pode não ser, apesar de tudo, incompatível com o alfabetismo, contanto que assumamos que a arte da poesia oral se tornou apropriada no geral pela arte da poesia escrita. Dessa forma, podemos permitir uma herança oral na tradição homérica, mas, qualquer coisa que admiremos como alta arte nessa tradição deverá ser ainda atribuída à autoria alfabetizada[7].

De qualquer maneira, suponha-se ou não a compatibilidade da poesia oral com a alfabetização, ambas essas linhas de pensamento cético evitam o *insight* comparativo de Parry e Lord acerca da composição-em-performance, e assumem, implícita ou explicitamente, que a tecnologia da escrita era a chave para a composição do texto homérico real. Minha própria posição é a de que não há prova de que a tecnologia da escrita alfabética foi necessária para a composição ou a performance dos poemas homéricos[8]. Considerando que a poesia da *Ilíada* e da *Odisseia* sobreviveu de fato como textos escritos, Albert Lord ofereceu uma solução para preservar o modelo de composição-em-performance postulando que esses poemas eram ditados[9]. Houve tentativas recentes de estender essa teoria do ditado[10], mas elas encontraram problemas em termos de explicar a difusão primitiva na Grécia arcaica do que agora descrevemos como a *Ilíada* e a *Odisseia* em ambos os lados do Egeu – um processo que alguns afirmam já ter estado em voga tão remotamente quanto no primeiro quarto do século VII antes de nossa era[11]. Qualquer padrão de difusão, se de fato ele deve ser retratado dessa maneira em um estágio tão primitivo, dificilmente pode ser relacionado a uma proliferação hipotética de uma pletora de manuscritos em vista das limitações físicas existentes de materiais disponíveis, para não dizer circulantes, para a escrita de composições com um tamanho monumental tal como o da *Ilíada* ou o da *Odisseia*[12]. Devemos também lidar com o estado rudimentar da escrita como uma tecnologia naquele período da história da Grécia[13].

Uma solução é imaginar uma situação na qual um único texto hipotético ditado se torna a possessão estimada de um grupo especial de *performers*[14]. Apesar de essa teoria do ditado modificada oferecer algumas vantagens ao conservar o fator da performance, há grandes problemas com ela. Em primeiro lugar, ela deixa inexplicada uma questão básica: como exatamente tal texto ditado fora supostamente usado para o processo de performance? Como um texto ditado automaticamente pode se tornar um roteiro, um apoio, para o *performer* que o ditava, para não falar de qualquer outro *performer*? Na verdade, tal solução nem mesmo se coaduna com a experiência real de Albert Lord com o fenômeno do ditado no contexto de tradições orais vivas genuínas, em que a escrita de qualquer determinada composição-em-performance vigente *elimina* a possibilidade de performance daquela composição em particular. Em termos de uma tal teoria do ditado modificada, ademais, a tecnologia da escrita tem de ser invocada não somente para a performance da *Ilíada* e da *Odisseia*, mas até mesmo para a composição final desses poemas, na medida em que se imagina o texto alcançar seu *status* de texto no mesmo momento em que o ditado transforma uma composição-em-performance em um roteiro, supostamente.

A teoria original de Lord sobre o ditado homérico não deixa espaço para o uso do texto ditado como um dispositivo mnemônico para performances futuras pelo cantor que o dita. O próprio Lord coloca desta forma: "Alguém pode sugerir que ela [a escrita] seria um dispositivo mnemônico, mas isso é por demais não realista. O cantor não tem necessidade de um dispositivo mnemônico em uma maneira de cantar que era desenhada para satisfazer suas necessidades sem tais auxílios escritos."[15] Seguindo o raciocínio de Lord, Raphael Sealey argumenta que "os cantores dificilmente sentiriam a menor obrigação em seguir o texto escrito"[16]. Sealey segue, rejeitando a noção de tal texto escrito, ao qual ele refere como um "texto bárdico" hipotético: ele argumenta que, se uma composição como a *Ilíada* foi preservada por meio de "textos bárdicos" no século oitavo, então ela teria sido preservada "por poetas inferiores"[17]. "Mas as plateias certamente prefeririam melhores poetas", ele conclui, "e um poema preservado primeiramente em 'textos bárdicos' estariam propensos a perecer pela vontade da popularidade."[18] Refletindo sobre as observações feitas por Albert Lord acerca de ditados verdadeiros colhidos por trabalho de campo de tradições épicas orais eslavas meridionais[19], Minna Skafte Jensen argumenta em linhas similares:

> Não há motivo para pensar que performances mais tardias das "mesmas" canções [submeteram-se a uma influência] do ditado de forma alguma que diferisse da influência exercida por outras performances anteriores dos poemas. A ideia de que o poeta oral antigo sentiu a versão escrita ser uma coisa especialmente importante, a fim de ser mantida para a posteridade, parece-me ser culturalmente anacrônica, expressiva da superestimação pela pessoa alfabetizada da importância da escrita.[20]

Concordo com essa linha de raciocínio, ao menos até o ponto em que ela se aplica aos séculos VIII ou VII, o período do ditado homérico de acordo com a teoria do ditado, conforme a temos visto ser formulada até o momento. Como veremos, entretanto, que atitudes em relação à tecnologia da escrita em períodos posteriores podem muito bem terem mudado, então uma versão escrita, apesar de não necessariamente ditada, pode de fato, no curso do tempo, ter vindo a ser percebida como "uma coisa especialmente importante".

Não é que o uso do texto como um roteiro para a performance seja inimaginável, *contanto que tal texto exista*[21]. Mas uma questão ainda mais básica é: como tal texto hipotético seria concebido na Grécia dos séculos VIII ou VII, isto é, nos estágios mais primitivos da história dessa nova tecnologia de escrita alfabética? Também, como poderíamos imaginar que tal texto alcançou alguma vez seu *status* de texto, começando do momento em que o ditado supostamente transformou uma composição-em-performance em uma transcrição, supostamente? Apresento essas questões porque, em termos de algumas formulações atuais de uma teoria da dicção, a tecnologia da escrita alfabética tem de ser invocada não somente para a performance da *Ilíada* e da *Odisseia*, mas até mesmo para a composição final desses poemas, na medida em que o ditado supostamente cria um texto básico[22].

Há também problemas com o próprio conceito de transcrição, ou de roteiro, ou de um texto-guia supostamente passando a existir nos séculos VIII ou VII a.C. Consideremos os usos mais primitivos da escrita alfabética atestados na Grécia durante o primeiro milênio antes de Cristo. Começando com o século VIII, vemos pequenas expressões poéticas sendo inscritas em pedra. Baseando-se nessas inscrições poéticas primitivas, pode-se defender que a escrita não era usada para a verdadeira composição das expressões sendo inscritas: "Parece que os mecanismos internos da composição, que podem ser verificados a partir da dicção de vários epigramas atestados, não correspondem necessariamente aos vários padrões locais de ortografia refletidos por esses epigramas."[23] Em outras palavras, pode-se defender que a escrita era necessária para a fixação, mas não para a composição das inscrições poéticas primitivas.

Podemos perguntar novamente: a escrita era necessária para a *performance* da poesia? Conforme irei defender, a linguagem das expressões primitivas inscritas deixa claro que a escrita estava sendo usada como um *equivalente* da performance, não como um *meio* para a performance. É evidente, a partir da linguagem das inscrições primitivas do século VIII em diante, e o padrão é mantido até mesmo por volta do ano 550 a.c., que o ato-fala da performance era pensado como inerente em si em uma determinada inscrição, que normalmente aparece em primeira pessoa, como se a pedra fosse um objeto falante[24]. Nessa fase mais primordial atestada da escrita alfabética, a inscrição não é uma transcrição, mas sim uma performance figurativa, um ato-fala que comunica sua própria mensagem na primeira pessoa[25]. É somente após cerca de 550 a.C. que a linguagem das inscrições começa a revelar lapsos em um modo de fala que não é estritamente inerente ao objeto inscrito, de forma que a inscrição genérica agora está na iminência de se tornar uma *transcrição* de uma enunciação, poética ou não, em vez de ser o equivalente à enunciação em si[26]. Por *transcrição* entendo a escrita de uma composição-em-performance, não como uma performance *per se*, mas como uma ajuda poética à performance. E é somente nesse período mais tardio, depois de cerca de 550 a.c., que começamos a ver exemplos do uso da escrita para os propósitos de transcrever qualquer composição e de controlar as circunstâncias de qualquer composição dada[27].

Retornemos ao assunto das fases mais anteriores das inscrições poéticas gregas, começando com século VIII a.C. Um leitor da Antiguidade lendo tais inscrições em voz alta significava participar passivamente desse *fait accompli*, visto que a voz do leitor era emprestada ao ato-fala, que é, nesse caso, o próprio ato da escrita da enunciação poética[28]. Para repetir, a inscrição poética em seu período mais inicial, antes de 550 a.C., não é concebida como uma transcrição da performance de um poema curto; mais propriamente, é concebida como um poema, porque é escrita, e porque esse escrever é concebido como um equivalente confiável da performance[29]. Ler a inscrição em voz alta é tornar-se parte da performance que é a escrita: é escutar a própria escrita, não qualquer performance ao vivo. As palavras das inscrições escritas podem, portanto, ser até mesmo citadas em performances ao vivo reais, como parece ser o caso na passagem da *Ilíada* em que Heitor é descrito imaginando as palavras que implicitamente evocam a partir do que *soam* como um epigrama imaginário (VII.89-90)[30].

Se de fato a escrita alfabética fora percebida como um equivalente à performance ao vivo já nos estágios mais iniciais dessa tecnologia na Grécia antiga, e se de fato ela continuou a ser percebida dessa maneira até cerca de 550 a.c., então é justificável duvidar da hipótese de que a escrita foi usada, *em suas fases mais antigas*, como um meio para registrar a performance ao vivo. Eu desejaria, portanto, modificar sutilmente a redação da sugestão de que "o alfabeto desenvolvido especificamente ou largamente a fim de registrar a poesia hexamétrica"[31]. Para registrar a poesia epigráfica: sim, talvez; mas não necessariamente para registrar a poesia épica. Olhando para o período anterior a 550 a.c., podemos perguntar: antes de tudo, por que a poesia épica ao vivo teria de ser registrada? O fato de que a poesia homérica fora feita para ser performada ao vivo, e que ela continuou a ser performada ao vivo pelo período clássico em diante, permanece o dado histórico principal[32]. Então ainda restamos, mantenho, sem qualquer evidência grega interna para provar que a tecnologia da escrita alfabética, conforme existira durante sua fase mais antiga no período grego arcaico, era necessária para a performance dos poemas homéricos não mais do que era necessária para a sua composição[33].

É nessa luz que ofereci, em meu trabalho anterior, uma solução diferente ao problema histórico do texto homérico. Minha solução combinou as evidências comparativas acerca da composição e da performance em tradições orais poéticas comprovadas com a evidência interna dos testemunhos gregos acerca da difusão da poesia homérica no período arcaico da Grécia. A evidência comparativa de tradições épicas orais vivas, como estamos prestes a ver, ajuda a corroborar a evidência interna acerca das circunstâncias da difusão na Grécia antiga.

Antes de prosseguirmos a comparar outras tradições épicas com aquelas da Grécia antiga, entretanto, algumas palavras de fundamento acerca da evidência grega interna em si são apropriadas. Ofereço aqui uma formulação minimalista de dois conceitos básicos: *épico* e *Homero*. Para classicistas, a ideia de *épico* é clara em sua aplicação, ou mesmo em sua definição. Seguindo o uso de autoridades como Aristóteles, helenistas podem facilmente distinguir a forma artística poética da *epopoiía*, "criação do épico" (como no início da *Poética* de Aristóteles, 1447a13), de outras formas artísticas poéticas como *tragōidías poiēsis*, "construção da tragédia". A aplicação do nome de Homero à autoria da *Ilíada* e da *Odisseia*, os principais exemplos da épica grega, também está claro. Realmente, as primeiras referências comprovadas a *Hómēros* atribuem a ele não somente a *Ilíada* e a *Odisseia*, mas também os épicos do chamado Ciclo, tais como a *Cípria* e a *Pequena Ilíada*[34]. Na verdade, o próprio conceito de *kýklos*, normalmente traduzido como "círculo" ou "Ciclo", deriva da tradição antiga pré-aristotélica de se aplicar a metáfora do ciclo à soma total da poesia épica, como se toda ela tivesse sido composta por Homero[35]. Na época de Aristóteles, entretanto, os épicos do Ciclo são convencionalmente atribuídos a autores distintos (*Poética*, 23.1459b1-7)[36]. Tal rompimento eventual na semântica do próprio conceito de *Ciclo* não é uma questão de conhecimento comum entre os especialistas contemporâneos em Homero.

O que tornou decisiva a diferenciação da *Ilíada* e da *Odisseia* de todos os outros poemas épicos foi a influência exercida pelos estudiosos da Biblioteca de Alexandria, particularmente de Zenódoto de Éfeso: "Foi de suma importância para todo o futuro que [Zenódoto] [...] aceitara a diferenciação entre esses dois poemas homéricos e o resto da poesia épica narrativa como não homérica."[37] Apesar de ter havido tentativas para afunilar ainda mais o *corpus* homérico, como quando os estudiosos conhecidos como "separatistas", ou *khōrízontes*, tentaram separar a autoria da *Odisseia* daquela da *Ilíada* (Proclo, p. 102.2-3 Allen), o veredito alexandrino sobre Homero como o autor da *Ilíada* e da *Odisseia* permaneceu firme no mundo antigo. A "questão homérica", conforme reformulada da Renascença em diante, deve ser vista contra esse pano de fundo, assim como os *insights* comparativos pioneiros de Parry e de Lord.

A restrição progressiva do que exatamente na épica grega deve ser atribuído a Homero pode ser ligada com o processo histórico que acabei de ressaltar, a saber, a difusão antiga e relativa da *Ilíada* e da *Odisseia* por todo o mundo helenófono. Em meu trabalho anterior, forneci como provas evidências arqueológicas, conforme reunidas por Anthony Snodgrass, apontando a uma corrente de pan-helenismo que se torna especialmente considerável na Grécia arcaica, do oitavo século antes de nossa era em diante[38]. A tradição épica de Homero, conforme Snodgrass inferiu da proliferação primitiva da *Ilíada* e da *Odisseia*, foi um reflexo dessa corrente de pan-helenismo[39]. Estendi o conceito de Snodgrass de pan-helenismo, estabelecendo-o "como um modelo hermenêutico para auxiliar a explicação da natureza da poesia homérica, visto que se pode considerar como aspectos de um único processo a recomposição e a difusão progressivas da *Ilíada* e da *Odisseia*"[40]. Eu havia chamado esse modelo para a fixação textual da tradição homérica de "evolucionário", sem pretender quaisquer implicações darwinianas acerca da superioridade progressiva[41]. De acordo com esse modelo evolucionário, conforme eu formulei em meu trabalho anterior, do processo de composição-em-performance, que é uma questão de *recomposição* em cada performance, espera-se que ele possa ser diretamente afetado pelo grau de difusão, isto é, pela extensão segundo a qual uma determinada tradição de composição tem uma chance de ser performada em um espectro variável de molduras mais estreitas ou mais amplas[42]. Quanto mais ampla a difusão, argumentei, menos oportunidades para a recomposição, de forma que a recepção mais ampla possível transmite, de maneira teleológica, o menor grau possível de aderência a uma versão normativa e unificada[43].

Continuo a descrever como *fixação textual* ou *textualização* o processo pelo qual cada composição-em-performance se torna progressivamente menos mutável no decurso da difusão – com a condição de que entendamos aqui *texto* em um sentido metafórico[44]. A fixidez de tal "texto", claro, não necessariamente significa que o processo de composição-em-performance – continuemos a chamá-lo de recomposição – chegou completamente a uma interrupção. Conquanto a tradição oral esteja viva, algum grau de recomposição em andamento é ainda possível em cada performance, mesmo se a própria tradição proclame sua própria fixidez absoluta. Um caso apropriado é a chamada "Invocação de Bagre", um "hino" cantado entre os LoDagaa do norte de Gana[45]. Está claro que a expectativa tanto da plateia quanto dos recitadores do "Bagre" é a de que cada performance seja exatamente como qualquer outra performance, mas a observação empírica mostra que não o é. Alcançando um tamanho de até doze mil versos, o "Bagre" de fato existe em uma variedade de versões e as diferenças entre as versões podem ser consideráveis[46]. Em suma, a taxa de retardamento ou de aceleração da mudança no processo da composição-em-performance depende do estágio da evolução na qual encontramos ao acaso qualquer tradição oral viva[47].

Na argumentação da noção de uma única tradição pan-helênica do épico – chamemo-lo de Homero, – enquanto oposta à pletora de tradições locais, enfatizei a relatividade do termo *pan-helênico* de um ponto de vista empírico:

Deve restar claro que essa noção de *pan-helênico* é absoluta apenas do ponto de vista dos indivíduos pertencentes à tradição em um determinado tempo e em um determinado lugar, e que ela é relativa do ponto de vista dos indivíduos externos, tal como nós, que apenas estão olhando para dentro de uma tradição. Cada nova performance pode afirmar ser a tradição *pan-helênica* definitiva. Além disso, o grau da síntese pan-helênica no conteúdo de uma composição corresponde ao grau de difusão na performance dessa composição. Porque estamos lidando com um conceito relativo, podemos falar da poesia da *Ilíada* e da *Odisseia*, por exemplo, como mais pan-helênica do que a poesia do Ciclo Épico.[48]

Em outras palavras, estou argumentando que o conceito de pan-helenismo não é de forma alguma incompatível com o fator de mudança. Eu discordo, portanto, das implicações da seguinte avaliação:

Apesar de alguns poemas poderem ser designados para ser infinitamente repetíveis e tão não locais e não ocasionais quanto possível (pan[-]helênicos, até mesmo literários?) – i.e., eles podem aspirar a dizer a "palavra final" sobre seus assuntos, e considerar todas as tentativas passadas e futuras como fúteis[49] –, o impulso mais comum é deixar fendas para possíveis exceções, pregas às quais pendurar possíveis acréscimos, pontas abertas para acomodar codas ou modificações desejadas por plateias particulares à luz de outras tradições de canções ou de cultos existentes.[50]

Para repetir, o modelo do pan-helenismo é, por definição, não rígido, nem mesmo para Homero.

Em termos de tal modelo, que podemos continuar a descrever como evolucionário, postulo ao menos cinco períodos distintos e consecutivos da transmissão homérica – "Cinco Eras de Homero", por assim dizer –, com cada período mostrando progressivamente menos fluidez e mais rigidez[51]:

1. um período relativamente mais fluido, sem textos escritos, estendendo-se do início do segundo milênio ao meio do século VIII no primeiro milênio[52];
2. um período mais formativo ou "pan-helênico", ainda sem textos escritos, do meio do século VIII ao meio do século VI[53];

3. um período definitivo, centralizado em Atenas, com textos potenciais no sentido de transcrições, de qualquer ou de vários pontos do meio do século VI até a segunda metade do século IV[54];

4. um período padronizador, da segunda metade do século IV à metade do século II; esse período se inicia com a reforma das tradições da performance homérica em Atenas durante o regime de Demétrio de Falero, que durou de 317 a 307 a.C.[55];

5. um período relativamente mais rígido, da metade do século II em diante; esse período se inicia com a finalização do trabalho editorial dos textos homéricos por Aristarco, não muito após de cerca de 150 a.C.[56].

Um contexto para o período definitivo em meu modelo evolucionário é um festival pan-helênico como a Panatenaia em Atenas, que serviu como ambiente formal, estabelecido por lei, de performances recorrentes e sazonais da *Ilíada* e da *Odisseia* homéricas (ver Licurgo, *Contra Leokrates*, 102)[57]. No próximo capítulo, considerarei em mais detalhes a questão da identificação de a quem deve ser dado o crédito por moldar, ou melhor, re-moldar não somente essa instituição da Panatenaia, mas também, em particular, a instituição das performances homéricas, que se tornaram um evento especial desse festival. Nesse ponto é suficiente salientar o envolvimento dos Pisistrátidas – isto é, de Pisístrato e de seus filhos –, que têm seu rastro desde a era heroica de Pisístrato, filho de Nestor (conforme retratado na *Odisseia*, canto III) e que governara Atenas como tiranos durante a segunda metade do século VI a.C.[58]. Mais importante agora é arguir o seguinte: o festival da Panatenaia é um exemplo considerável de um padrão distinto de difusão nas tradições orais.

Espero mostrar, a partir da evidência comparativa de várias tradições épicas orais, que há mais de uma forma de visualizar o verdadeiro processo de difusão. Além do padrão de raio de proliferação sempre em ampliação, há também um padrão mais especializado que pode ser predicado a um ponto central funcional, um contexto centralizado tanto para a reunião de diversas plateias quanto para a expansão para fora de tradições mais unificadas. Em outras palavras, um centro fixo de difusão pode fazer resultar tanto forças centrípetas quanto centrífugas. Tal ponto central, conforme veremos, é o festival sazonal e recorrente da Panatenaia em Atenas.

Em geral, bem como nos detalhes, um modelo evolucionário para a fixação textual ou a textualização da tradição homérica é corroborado pela evidência comparativa de tradições orais épicas vivas. Podemos notar em particular os resultados de trabalhos de campo recentes nas tradições orais épicas do subcontinente indiano[59]. No que se segue, citarei extensivamente a partir de descrições das evidências indianas que foram formuladas por observadores que não estavam de forma alguma preocupados com as evidências gregas antigas às quais eu as estou agora aplicando[60]. Os graus de similaridade entre as observações empíricas das evidências indianas, conforme as cito *uerbatim*, e algumas de minhas construções derivadas das evidências gregas são, a meu ver, tão evidentes que uma leitura casual poderia levar à errônea impressão de que a redação dos indólogos foi influenciada por essas construções.

Por exemplo, pesquisadores como Stuart Blackburn, que se especializaram nas tradições épicas orais populares da Índia contemporânea desenvolveram, independentemente de suas contrapartes que se especializaram na Grécia antiga, o termo descritivo *pan-indiano*, o qual eles correlacionam com padrões observáveis do que eles chamam de *difusão* geográfica em tradições épicas[61]. Adequando-se ao modelo grego, o termo descritivo *pan-* é utilizado em um sentido relativo, conforme podemos ver na seguinte reformulação explícita da posição de Blackburn na introdução do livro que ele coeditou:

Traçando um padrão narrativo que se move de um herói local em direção a uma identidade mais ampla, mais pan-indiana, para o herói/deus, [Blackburn] conclui que essa mudança é uma resposta aos grupos sociais divergentes e a contextos encontrados à medida que um épico se espalha geograficamente.[62]

Na prática, então, Blackburn está postulando um processo em andamento de recomposição na criação da épica indiana que é análogo a um modelo evolucionário para a criação do épico antigo grego.

Um modelo evolucionário é aplicável também aos dois grandes épicos canônicos sânscritos do subcontinente indiano[63]. Eles são o *Mahābhārata*, um épico de dimensões verdadeiramente monumentais que, em sua forma final, é aproximadamente oito vezes o tamanho da *Ilíada* e da *Odisseia* homéricas combinadas, e o relativamente menor *Rāmāyana*. As tradições de performance que culminaram nesses dois "épicos primordiais" sânscritos se estenderam à segunda metade do primeiro milênio de nossa era[64]. Foi preciso "vários séculos" para que ambos os poemas "chegassem às suas formas finais"[65], sendo o "período formativo" do *Mahābhārata* estimado por volta de 400 a.C. a 400 d.C. e o do *Rāmāyana* por volta de 200 a.C. a 200 d.C.[66].

A relativa demora na fixação do texto no caso desses dois épicos sânscritos canônicos é ilustrada pelo fato de que até mesmo o primeiro deles, o *Mahābhārata*, "começou a tomar forma" em uma época em que os Vedas, a "literatura sacerdotal" da casta brâmane que já havia formalizado a tecnologia da escrita, alcançaram um estado avançado de desenvolvimento[67]. "Visto contra esse pano de fundo, o *Mahābhārata* representa, de certo modo, um retorno ao início. Era uma composição oral; era puramente heroico em suas características e lidara com pessoas e eventos, os quais a literatura anterior [brâmane] não havia praticamente notado."[68]

Essa dicotomia entre o védico e o épico pode ser explicada em algum grau em termos de distinções de castas: "Como os vedas e sua literatura de apoio eram 'propriedade' dos brâmanes, da mesma forma a épica era 'propriedade' dos xátrias, a casta de guerreiros e de príncipes."[69] Apesar de os xátrias terem sido "donos" do épico, ele não era composto/performado por eles, mas por uma casta especializada chamada de Sūta-s, apresentando-se com o acompanhamento de uma forma primitiva de instrumento de corda chamado de *vīṇā*[70]. A relação desses Sūta-s e os xátrias é análoga àquela dos poetas de corte medievais *cāraṇ* e seus patronos Rājpūt[71].

O pano de fundo xátria da tradição épica sânscrita se transforma gradativamente deslocado e coberto, no decurso do tempo, por uma superestrutura brâmane; o próprio processo desse deslocamento pode ser interpretado como um sinal de fluidez em uma tradição épica oral. O padrão do deslocamento é tão difuso que a própria autoria do *Mahābhārata* é tradicionalmente atribuída a um Kṛṣṇa Dvaipāyana, um vidente brâmane que é também uma personagem importante no enredo do *Mahābhārata*[72]. De maneira similar, no *Rāmāyana*, o herói xátria Rāma torna-se gradualmente identificado com o deus brâmane Viṣṇu.

Na verdade, os especialistas ainda não determinaram até que extensão tais padrões de ampliação gradativa de deslocamento ocorreram no nível da transmissão oral nos dois épicos sânscritos principais[73]. Porém, de forma mais importante, o fato é que as tradições épicas orais vivas atualmente na Índia, dispõem, como elas o fazem, de uma riqueza de evidências para vários padrões de difusão, fornecendo evidências comparativas para um modelo evolucionário que auxilia a explicar o verdadeiro processo de ampliação gradativa[74].

Ao prosseguirmos para considerar em algum detalhe as evidências de tradições orais épicas vivas na Índia contemporânea, é importante ressaltar o papel explícito da religião na própria função da épica. Para fins desta apresentação, uma definição minimalista de *religião* será suficiente: consideremo-la por um momento como simplesmente a interação do mito com o ritual[75]. Proponho, mais adiante, especificar "religião" em termos de *culto*, que eu defino, por ora, como *um conjunto de práticas combinando elementos de ritual bem como de mito*[76]. Como uma das ilustrações mais poderosas do papel da religião na performance da épica indiana, aponto as situações em que o *performer* pressupõe a presença de uma plateia de deuses "verificando erros na performance"[77].

Para o primeiro exemplo específico do tipo de evidência empírica que fora coletada por pesquisadores contemporâneos relacionada ao papel do culto nas tradições vivas da épica na Índia, consideremos a redação de um estudioso especialista na épica Rajasthani, que oferece a seguinte formulação para o papel do épico no *éthos* cultural Rajasthani: "A preocupação em propiciar os espíritos poderosos daqueles que tiveram mortes *extemporâneas* continuamente alimenta as tradições épicas da área."[78] Citando essa descrição de heróis nas tradições épicas Rajasthani, saliento a palavra *extemporâneas* devido à sua relevância para a comparação com o conceito de herói nas tradições épicas da Grécia antiga. No caso do mito de Héracles, conforme aduzido pela própria épica grega em sua retomada na *Ilíada*, canto xix, v. 95-133, o tema da *extemporaneidade* de Héracles vai ao cerne da essência do herói e estende-se à extemporaneidade do herói protagonista da *Ilíada*, Aquiles, que, ao final, descreve-se como "o mais extemporâneo de todos", *pan-a-ṓrios* (XXIV, 540)[79]. Esse tema da extemporaneidade na tradição grega antiga não está restrito à épica: ele se estende ao conceito de heróis no contexto específico de sua veneração em culto, conforme argumentei amplamente em outro lugar[80]. Como também discuti, o culto aos heróis é um subtexto, de certo modo, para o desenvolvimento das tradições épicas acerca de heróis na Grécia antiga[81]. Além disso, a relação entre o culto aos heróis localmente e a épica de heróis em um nível pan-helênico é crucial para chegar a um acordo com o fator da difusão na tradição homérica[82]. Como veremos, há analogias evidentes com as tradições vivas da Índia.

A extemporaneidade do herói da Grécia antiga no mito deve ser contrastada com sua temporaneidade em ritual, já que o culto aos heróis é predicado no fato central da recorrência sazonal, controlada pela própria deusa do temporaneidade, Hera[83]. Os cultos dos heróis/ancestrais na Índia também parecem operar segundo um princípio cíclico. Apesar de "o ciclo anual das performances épicas populares ainda ter de ser delineado conclusivamente para diferentes regiões e diferentes grupos dentro dessas regiões"[84], há casos isolados em que temos de fato informações específicas: um exemplo notável é o festival de Caitrī, no qual as performances da épica parecem estar ligadas à memória de ancestrais[85].

Seguindo a questão da relação entre tradições épicas e o culto de ancestrais ou heróis, consideremos em algum detalhe as evidências de Rajasthan, começando com o seguinte sumário:

Os dois maiores épicos Rajasthani, Pābūjī e Devnārāyaṇ, parecem ter se desenvolvido a partir de uma tradição de honra aos espíritos poderosos dos mortos. Uma preocupação contínua acerca de espíritos poderosos fornece a estrutura na qual esses épicos retêm seu significado e sua vitalidade.[86]

No caso da tradição épica regional Pābūjī, foi arguido que ela se desenvolveu de um culto *bhomiyā* local[87]. Os *bhomiyā* foram descritos como "heróis locais que morreram enquanto se defendiam de assaltos a gados, eram comemorados com um pilar talhado (mostrando um cavaleiro em um cavalo) e, por fim, tornaram-se deuses no centro de um culto"[88]. O próprio Pābūjī é geralmente venerado como um deus[89].

Conforme veremos, a mudança semântica do herói a deus é um fenômeno peculiar à Índia, característico daqueles estágios da tradição épica que passaram pelos padrões mais amplos de difusão e que, dessa forma, obtiveram os níveis os mais normativos possíveis da visão de mundo "hindu". Para fins de comparação com as evidências gregas antigas, em que a distinção entre *herói* e *deus* é, na maior parte, claramente mantida, é preferível começar com padrões indianos de culto nos níveis mais locais, nos quais encontramos as evidências mais diretas do culto aos heróis distinto do culto aos deuses. Antes de começarmos, entretanto, é importante notar que a distinção grega antiga entre *ancestral* e *herói*, diferentemente da distinção entre *herói* e *deus*, torna-se gradativamente mais indistinta à medida que nos afastamos no tempo[90].

Feita essa ressalva, retornemos à cultura popular do Rajastão, que foi selecionada por suas diferenças notáveis da "norma" hindu de alta casta[91]. Proponho seguir nossa consideração dos *bhomiyā* do Rajastão, que são, literalmente, espíritos de guerreiros mortos[92]. No templo dos *bhomiyā*,

o espírito manifesta-se por meio de um médium, normalmente um *bhopā*. O templo [marcando o local em que o *bhomiyā* morrera] torna-se ativo por meio desse médium e o espírito começa a resolver problemas do povo local. Uma disposição efetiva e verdadeira por parte do médium possuído dos *bhomiyā* atrairá pessoas de uma área ampla e o templo pode se tornar um importante local de ritual no qual a história do herói é cantada[93].

Quanto à verdadeira performance do épico, "a crença central é a de que, ao cantar a história do herói, ele é convocado como um deus, cujo poder está então presente para proteger a comunidade"[94]. O que dá ao herói seu poder supremo é o fato real de sua morte: "O evento da morte opera como o 'ponto gerativo' para histórias em tradições locais. Ele leva à deificação, à veneração, a um culto e, por fim, a uma narrativa que é ritualmente performada para invocar os espíritos dos mortos."[95]

Pode ser dito em geral acerca das tradições épicas da Índia que sua função é uma questão de ritual explícito bem como de mito: "As performances épicas ritualmente protegem e curam, enquanto narrativas épicas expressam ideologias locais e formam caminhos entre as mitologias regionais e pan-indianas."[96]

Por ora, noto simplesmente, agora pela segunda vez, o uso do termo *pan-indiano* nessa descrição – um assunto ao qual em breve retornaremos. Também noto um ponto que pode não ser óbvio àqueles não familiarizados com as perspectivas da antropologia social, segundo o qual o elemento do ritual em tais descrições não deve ser entendido tão limitadamente a ponto de excluir o que podemos ordinariamente pensar como entretenimento: "A épica oral indiana tende a ter contextos de performance que são ou ritualísticos ou orientados ao entretenimento. Esses dois contextos de performance existem em um *continuum* porque o ritual e o entretenimento não são mutuamente exclusivos."[97]

A relação da épica local com a comunidade é de suma importância nas tradições indianas: "A épica oral na Índia tem aquela habilidade especial de contar a própria história de uma comunidade e, assim, ajuda a criar e a manter a autoidentidade daquela comunidade."[98] Assim que a história local se estende para além da comunidade, entretanto, ocorre uma mudança no conteúdo bem como na forma. Consideremos a seguinte descrição do que ocorre ao tema da morte e da deificação de heróis locais no contexto da difusão[99]:

Quando uma história se espalha para além de sua base local atraindo um novo patronato para fora do grupo pequeno que originalmente cultuara um herói morto, a predominância do motivo da morte (mas não da deificação) enfraquece. Em seu lugar, novos elementos são adicionados em cada um dos dois sucessivos e maiores alcances geográficos seguintes: um nascimento supernatural ao nível sub-regional e uma identificação com a figura *pan-indiana* no nível regional. O efeito total desse desenvolvimento é obscurecer as origens humanas do herói/deus com uma existência prévia divina, um processo que é completado quando o herói/deus é identificado com uma figura *pan-indiana*.[100]

Pela terceira vez, notamos o uso da palavra *pan-indiano* na descrição dos estágios finais da difusão épica na Índia. Podemos também notar que a aplicação desse termo é reservada ao nível *regional* de difusão e além dele. As categorias de *regional* e *sub-regional* são parte de uma taxonomia geral desenvolvida por Stuart Blackburn com o propósito de classificar os alcances relativos da difusão para quinze exemplos de tradições épicas vivas na Índia. Os alcances da difusão para essas quinze tradições épicas, precedidas por categorias de descrição para esses alcances, são os seguintes:

- local (10 a 100 milhas);
- sub-regional (100 a 200 milhas);
- regional (200 a 300 milhas);
- suprarregional (400 ou mais milhas).[101]

Podemos notar, em particular, a observação de que a penetração de um épico de um *status* local a um sub-regional é promovida por um culto em que um grande festival ocorre anualmente em um único templo[102]. Uma analogia da Grécia antiga que imediatamente vem à mente é um festival pan-helênico como a Panatenaia em Atenas, que, como já notamos, serviu como ambiente formal, estabelecido por lei, de performances recorrentes e sazonais da *Ilíada* e da *Odisseia* homéricas (Licurgo, *Contra Leokrates*, 102). Conforme mostram as evidências comparativas de tradições épicas orais na Índia, a instituição das performances homéricas na Panatenaia pode ser vista como um processo de difusão. Em outras palavras, a difusão não está restrita ao padrão de um raio de proliferação que cada vez mais se amplia, sem um centro definido de difusão. Conforme as evidências comparativas indianas mostram, há também um padrão mais especializado que pode ser predicado em um ponto central funcional, fazendo atuar tanto forças centrípetas quanto centrífugas. Tal ponto central, para repetir, pode tomar a forma de um contexto centralizado tanto para a reunião de diversas plateias quanto para o espalhamento externo de tradições mais unificadas.

Para fins de maiores comparações, podemos observar que, quanto mais pan-indiano é o épico, mais divergente das evidências gregas antigas ele parece. Os verdadeiros fenômenos do pan-indianismo e do pan-helenismo são comparáveis, mas não tanto os resultados dos respectivos fenômenos de síntese e de difusão. O ponto mais divergente de comparação é a tendência de o herói ser elevado ao estado de divindade nas tradições pan-indianas. Tenho em mente tais fenômenos das evidências indianas como a apropriação dos épicos apresentando um contexto ritual por tendências tais como a veneração Vaiṣṇava[103]. Decerto, mesmo em locais nos quais o herói é divinizado, podem sobreviver traços de distinções herói-deus: nas tradições de Tulu, por exemplo, há uma distinção feita entre os *bhūta*, mortos deificados, e os *dēvaru*, isto é, deidades de origens divinas[104]. Claramente, o morto deificado representa a fase nova e maior do herói, retraído somente um passo do estado exato de deidade. Igualmente clara, há confirmações do próximo passo lógico: "Novos grupos sociais aceitam o herói como um deus e não simplesmente como morto deificado porque eles não têm ligação próxima a ele por sangue ou local."[105] Tudo isso não é dizer que a elevação do herói ao estado de divindade não possa ocorrer no nível mais local[106]. Ao contrário, no caso do épico Lorik-Candã, que se encaixa na categoria de Blackburn como épico suprarregional[107], seu herói e sua heroína, Lorik e Candã, "não são deificados e, assim, a difusão [desse épico] não está associada àquela de um culto religioso"[108]. Há exceções ainda mais importantes: "Os heróis do *Mahābhārata*, como os heróis do Ālhā, não morrem em combate, não são deificados e não são amplamente venerados. Eles, também, não têm as condições nem a necessidade de deificação."[109] Ainda assim, a tendência geral das tradições épicas orais pan-indianas é salientar a imortalização do herói e ocultar sua mortalidade:

À medida que essas histórias *se difundem* (até mesmo em uma extensão limitada dentro do alcance local), elas *mudam* [grifo nosso]. A morte do herói permanece o evento narrativo central, evocando respostas emocionais nos ouvintes e explicando o novo estado de deus do herói, mas ele se torna menos história local e mais convenção narrativa.[110]

Há até mesmo uma tendência nas tradições indianas de evitar descrever a morte em si do herói[111]. Nas tradições pan-helênicas da *Ilíada* e da *Odisseia*, ao contrário, o tópico da imortalização do herói tende a ser ocultado, enquanto sua mortalidade e as circunstâncias de sua morte são salientadas como o cerne do humanismo homérico[112].

De qualquer maneira, seja qual for a direção das mudanças na ênfase, tanto as tradições gregas quanto as indianas parecem se tornar progressivamente menos ocasionais ou *ad hoc* no processo de difusão. Descobrir as aplicações ocasionais ou *ad hoc* da épica grega antiga, decerto, é, em grande medida, uma questão de reconstrução, ou ao menos de inferência nos textos que sobreviveram. No caso da épica indiana, por outro lado, há um grande número de evidências diretas acerca do ocasional nas tradições vivas; tal testemunho, conforme veremos, fornece valorosos *insights* comparativos que nos ajudam a entender melhor o testemunho disponível das tradições gregas antigas.

Comecemos com a evidência indiana acerca das circunstâncias da performance e da interação *performer*-plateia. Há dois tipos básicos de performance: *récita de canção* e *dança-drama*[113]; a dança-drama tem sido descrita como "uma forma secundária pois que existe somente onde há também récita de canção"[114]. Os *performers* do épico – cantores, instrumentistas, dançarinos e especialistas em ritual – provêm predominantemente das castas média e baixa; em contraste, tradições clássicas de performance dos épicos sânscritos eram "controladas por castas altas, frequentemente brâmanes"[115]. A possibilidade de um *performer* viajar pelos diferentes distritos parece estar ligada ao grau de seu profissionalismo[116]. Esse fenômeno da profissionalização, que parece ser uma chave no fato da difusão, é análogo ao estado do *aoidós*, "aedo", como *dēmiourgós* na Grécia antiga, ou seja, um artesão itinerante (*Odisseia*, XVII, 381-385)[117].

Nas tradições indianas, a noção de *plateia* é, na verdade, mais apropriada no caso das performances dos cantores profissionais, enquanto alguns termos mais neutros, como *grupo*, são apropriados ao tipo de situação em que "grupos gerais e não profissionais de castas cantam para o grupo em si"[118]. Para fins de comparação, a distinção corrente entre *plateia* e *grupo* nessas descrições das tradições indianas é pertinente às cenas de interação pessoa-a-pessoa ou pessoa-a-grupo na narrativa homérica que parecem espelhar as convenções da interação *performer*-plateia no "mundo real" que enquadra a performance da narrativa[119]. É também pertinente às questões suscitadas por Wolfgang Rösler em *Dichter und Gruppe*, uma obra que investiga a recepção da lírica grega arcaica no contexto social específico da Lesbos arcaica[120]. Podemos perguntar, por exemplo, com base nas evidências comparativas, se a interação de Alceu com seu grupo em uma instância simplesmente espelha a performance da *persona* de Alceu com a plateia em outra instância[121].

No caso da performance do épico, feita por um grupo "não profissional" da casta geral, nas tradições indianas, até mesmo essa categoria ampla do aspecto dos *performers* tem sua própria estrutura. Deve haver um líder que geralmente tivera mais experiência em performance do que outros, incluindo o domínio de um instrumento musical[122]. Líderes potenciais, que são em certo sentido especialistas, têm de competir um com o outro; e infiro que a crescente especialização na performance do épico é um correlato funcional da competição paulatinamente formalizada entre *performers*[123]. Uma correlação comparável da profissionalização e da competição é discernível nas tradições compositoras de canções na Grécia arcaica[124].

No curso desta breve análise da casualidade nas tradições épicas vivas da Índia, podemos notar de passagem que o épico, como uma forma de atividade pública, é performado quase exclusivamente por cantores homens[125]. As exceções raramente encontradas, entretanto, são particularmente reveladoras. Para o pano de fundo do caso prestes a ser citado, podemos notar que a casta Ahir de Uttar Pradesh apropria-se do épico Lorik--Candā[126]; esse épico "auxilia a manter a imagem dos próprios Ahirs como uma casta guerreira"[127]. "Primordialmente, são os Ahir que patrocinam performances em ocasiões tais como casamentos e o nascimento de uma criança. O épico Lorik-Candā é também cantado em vários festivais, durante a época da colheita e em feiras de vilarejos ou vilas."[128] Em Chhattisgarh, o épico correspondente é chamado de Candainī, e é com o histórico de referência a essa tradição que nos voltamos a um caso excepcional de performance por mulheres. O pesquisador relata o seguinte: "Uma noite, enquanto eu estava gravando uma velha mulher Gond (tribal) cantando uma variedade de canções narrativas, ela começou a cantar acerca do casamento da heroína épica com seu primeiro marido. Mas a mulher não considerou essa ser uma canção Candainī."[129] O conteúdo narrativo de fato corresponde ao Candainī, mas a forma é diferente: uma *rāg* (melodia) e estilo distintos[130]. Nesse caso, encontramos um paralelo grego antigo notável no fragmento 44 de Safo, o "Casamento de Heitor e Andrômaca": essa canção, composta em um metro que é cognato com, porém distinto do hexâmetro datílico épico, lida de maneira não épica com temas que são, de resto, característicos da épica[131]. Temos aqui um exemplo particularmente impressionante dos efeitos de uma dada ocasião acerca da própria natureza da composição épica. Tanto quanto a canção de Safo sobre o casamento de Heitor e Andrômaca é excepcional na história da literatura grega, também a canção da velha Gond provou-se ser excepcional em uma análise particular de um pesquisador acerca das tradições épicas orais vivas indianas. Pode bem ser relevante perguntar se essa descoberta acerca das tradições das mulheres na Índia teria sido possível se o pesquisador nesse caso, Joyce Flueckiger, não fosse por acaso uma mulher. A questão é se uma pesquisadora mulher seria considerada por suas informantes mulheres mais apropriada para a recepção de tradições claramente femininas[132].

Nas muitas tradições épicas da Índia, há exemplos notáveis de seletividade na escolha não somente de quais tópicos ressaltar ou ocultar em uma dada sequência, mas também de quais *variantes* de um dado tópico serem usadas dentro dessa sequência. Tais escolhas estão sintonizadas à estreiteza ou à largura da recepção da plateia. Consideremos duas situações, uma em que os aspectos locais de uma tradição épica têm de ser ressaltados e outra em que os mesmos aspectos são ocultados. Começamos com a tradição épica Kordabbu da área falante de Tutu em Karnataka, uma tradição em que partes da narrativa são recitadas pelo sacerdote possuído "com uma voz característica dos espíritos"; esse alcance da narrativa é marcado por uma alternância da terceira à primeira pessoa e é conhecida como Palavras do Herói[133]. "Em sua performance, o sacerdote possuído deve não apenas recitar a história de Kordabbu, mas também assumir sua personagem e dramaticamente retratar suas proezas durante várias horas."[134] Essa descrição aplica-se à casta Mundala. No entanto, há também outra tradição de performance, chamada de *kōla*, mantida pela casta Nalke, que é "uma casta profissional de bardos"[135]. Foi relatado acerca desses *performers*:

> Junto com suas récitas, eles performam uma dança-drama fantasiada, fazendo atuações dos maiores incidentes da vida do espírito enquanto em um estado de possessão. Os Nalkes performam os *kōlas* para muitas deidades além de Kordabbu e, dessa maneira, conhecem um repertório de tamanho considerável de diferentes *pāḍḍanas* [um termo genérico para tradições de muitas histórias]. Os Nalke não têm laços mais profundos à Mundala ou a Kordabbu do que com qualquer outra casta ou qualquer herói de outra casta.[136]

Guardei o detalhe mais importante para o final: os Nalke "não são propensos a elaborar detalhes específicos que possam ofender a sensibilidade de um grupo particular em uma vila e dar início a disputas. Os Nalke deixam os detalhes da vida do herói e de seu relacionamento com outras castas aos aldeões interessados"[137].

Uma analogia que imediatamente vem à mente é a diferenciação de tradições locais do repertório dos *aoidoí*, "cantores" como artesãos itinerantes na Grécia arcaica, com o resultado de que o assunto controlado por tais *performers* se torna um tipo de menor denominador comum apropriado ao tipo mais geral de plateia[138]. Em contraste com a distinta não casualidade da épica grega comprovada, vimos até aqui um bom número de evidências comparativas para a casualidade ao nível da performance local nas tradições épicas orais vivas da Índia. Há grande evidência também nas tradições épicas da Ásia Central[139]. Será suficiente aqui citar uma descrição particularmente reveladora da casualidade nas tradições épicas do Quirguistão constantes em um relatório publicado em 1885 por um pioneiro no estudo de tradições épicas orais, Wilhelm Radloff:

A competência do cantor [*innere Disposition*] depende do número de temas [*Bildteile*] que ele conhece, todavia só isso é insuficiente para o canto, como eu dissera anteriormente; o encorajamento do exterior é necessário. Tal encorajamento vem naturalmente do público de ouvintes cercando o cantor. Visto que o cantor deseja ganhar o aplauso do público, e visto que ele não está preocupado somente com a fama, mas também com benefícios materiais, ele sempre tenta ajustar sua canção à plateia ao seu redor. Se ele não é diretamente requisitado para cantar um episódio específico, ele inicia sua canção com um prelúdio que supostamente apresentará à plateia as ideias de sua canção. Por meio da ligação dos versos de uma forma a mais habilidosa, e ao fazer alusões às pessoas mais prestigiosas presentes, ele sabe como entreter sua plateia antes que continue com a canção em si. Quando ele puder dizer, a partir da aprovação vocal da plateia, que ganhou sua total atenção, ele ou segue diretamente ao enredo ou dá um panorama breve de eventos específicos que precedem o episódio que ele está prestes a cantar, e, então, inicia o enredo[140]. A canção não segue em um ritmo regular. O aplauso entusiasmado da plateia estimula continuamente o cantor a novos esforços e ele sabe como ajustar sua canção às circunstâncias da plateia. Se os ricos e os nobres do Quirguistão estão presentes, ele sabe como, habilidosamente, tecer elogios a suas dinastias e canta acerca daqueles episódios que espera fomentar o aplauso da nobreza em particular.[141]

Tal testemunho é pertinente à informação comparativa acerca das tradições orais épicas vivas na África, na qual vemos uma correlação similar de casualidade e contextos locais. Consideremos as tradições épicas da sociedade Manding, marcada por "uma tradição pancultural vigorosa e uma inclinação constante em direção à diversidade", cruzando, como ela o faz, várias barreiras modernas linguísticas e políticas[142]. "Os povos Manding acreditam que suas histórias orais recontam as experiências de seu passado comum, ainda que a diversidade de suas formas múltiplas mostre a habilidade de essas histórias se adaptarem a mudanças de tempo e de localidade."[143] O centro da poesia oral Manding é uma tradição épica acerca de uma figura histórica chamada de Sunjata, um líder poderoso cuja vida é historicamente datada no século XIII d.C. e que é reconhecido como o fundador do império Manding[144]. Versões registradas da narrativa *Sunjata* alcançam, em tamanho, desde uma performance de uma única noite até o período de trinta horas[145]. Em algumas dessas versões registradas, podemos encontrar documentação explícita do uso seletivo do cantor das versões da narrativa disponíveis que são ligadas com detalhes tais como a genealogia dos membros de sua plateia[146]. O grau de casualidade na performance das tradições épicas *Sunjata* justifica uma formulação tal como esta: "O épico é mais do que uma narração de suas personagens; é, ao mesmo tempo, acerca de sua plateia."[147]

À informação comparativa existente acerca da épica na África podemos acrescentar ainda mais informações do reino da poesia laudatória. Quando olhamos em geral para a evidência coletada na África, parece que a poesia laudatória, no processo de difusão do local em direção a contextos mais regionais de performance, toma progressivamente as características do que podemos chamar, em outros contextos, de épico. Essa tendência é marcadamente notável, por exemplo, nas tradições de poesia laudatória da sociedade xhosa[148]. Aqui podemos alegar a evidência interna da civilização grega concernente à relação do épico com a poesia laudatória. Seguindo a formulação da *Poética* de Aristóteles (1448b27, 32-34), que deriva o épico da poesia laudatória, argui em outro trabalho que a forma e o conteúdo de uma tradição poética grega, que chama a si mesma de *aînos*, ou "laudatória", conforme representada pelas odes de vitória de Píndaro, podem ser reconstruídos como uma base para o desenvolvimento do que conhecemos como épico[149]. Alinhado com minha intenção de evitar teorias monogenéticas para as origens da épica grega[150], é importante ressaltar que a poesia laudatória pode ser reconstruída como *uma* base, não como *a* base, para o desenvolvimento da épica[151]. Ainda assim, o testemunho interno da épica grega antiga implica, por si, a derivação clara da épica a partir do louvor. Podemos notar referências feitas pela épica grega a cenas primordiais de poesia laudatória e de culpa, conforme vemos na breve recontagem da cena do Julgamento de Páris na *Ilíada*, XXIV, 29-30, em que a própria tradição homérica representa a gênese da épica em termos de uma oposição primordial da poesia laudatória à poesia de culpa[152].

À medida que olhamos mais atentamente a evidência comparativa concernente à relação da poesia laudatória e a épica, podemos encontrar mais justificativa para a derivação da épica grega, pelo menos em parte, a partir da poesia laudatória. Em meu trabalho anterior, estudei em grande detalhe a natureza *ocasional* do poema-louvor, ou *aînos*, grego antigo[153]. Aqui eu simplesmente comparo essa característica da casualidade na poesia laudatória grega antiga com a casualidade da épica nas tradições orais da Índia, especialmente nos níveis mais locais. Na Índia, encontramos exemplos claros em que a variação de enredo é radicalmente condicionada pela natureza da audiência[154]. Tal condicionamento revela a dependência dos *performers* a suas audiências. Tomemos um exemplo de tais *performers*, os Nayaks, uma casta de cantores hereditários da tradição épica Pābūjī, encontrada primeiramente no Rajastão central e sul, que "circula de vila em vila anualmente procurando patronos"[155]. Os instrumentos musicais dos *performers* profissionais tendem a ser de corda, requerendo treino rigoroso[156]. Na preparação a uma performance Nayak do épico Pābūjī, "a devoção do patrono é a medida mais importante da performance"[157]. O patrocínio pode ocorrer no âmbito dos festivais, porém mais frequentemente ocorre no âmbito da vila; "patronos podem patrocinar uma performance por uma noite ou uma série de noites"[158]. Uma motivação para a realização do patrocínio é cumprir um voto[159]. Tal relacionamento entre o patrono e o poeta oferece um espectro amplo de *insights* comparativos na sociologia, por assim dizer, da poesia laudatória na Grécia antiga.

A orientação *ad hoc* do poema laudatório da Grécia antiga, ou *aînos*, com suas persistentes referências internas à sua performance e às expectativas da audiência, põe-se em contraste acentuado com a posição tomada na tradição homérica da épica, que, de maneira programática, matiza qualquer referência ou qualquer ocasião específica e, assim, implica que é digna de aceitação universal, ou seja, de recepção incondicional[160]. É como se o épico de Homero houvesse se livrado da necessidade da casualidade da performance. Similarmente, na poesia laudatória dos xhosa, o fenômeno de difusão acarreta a ampliação da perspectiva no conteúdo do louvor:

> O elíptico *isibongo* [canção laudatória] xhosa consiste em alusões abreviadas que normalmente são entendidas pela audiência local do poeta, pois ela está muito familiar com os temas da poesia e o contexto das narrativas histórica e anedótica correntes na comunidade. Mas se o poeta tem consciência de que sua audiência se torna repentinamente maior, expandida para além dos limites locais de suas performances habituais, então talvez ele queira comentar as alusões potencialmente enigmáticas, como se incorporando as notas de rodapé a seu texto.[161]

A redação, aqui com ênfase no *texto* como uma metáfora para *composição* na poesia oral, é apropriada, no sentido de que a autoridade de tal composição é feita analogamente à autoridade potencial de um texto escrito. E, dessa maneira, voltamos exatamente ao nosso ponto de partida, que é a realidade histórica do texto homérico. Ainda temos de considerar o texto como texto, mas, neste ponto, podemos ver, ao menos em suas linhas mais gerais, o processo de evolução que levou a essa realidade.

3. Homero e a Evolução de um Texto Homérico

Ao procurar por um contexto histórico para o estabelecimento do texto homérico, a estratégia mais óbvia é procurar por um estágio na história da Grécia antiga, no qual a tecnologia da escrita pudesse produzir um texto, *em forma manuscrita*, que conferisse um nível de autoridade distinto, mas equivalente à autoridade conferida por uma performance real. Como vimos no capítulo anterior, a oportunidade para um texto se tornar o equivalente da performance já existe no caso das primeiras inscrições poéticas do século VIII a.C. em diante. Mas manuscritos, diferentemente de inscrições, são outro assunto. É somente em um período mais tardio, depois de cerca de 550 a.C., que começamos a ver exemplos reais do uso da escrita na forma de manuscritos. Como veremos agora, alguns desses exemplos envolvem o uso de um manuscrito para propósito de transcrição, isto é, de forma a registrar qualquer *composição* e controlar as circunstâncias de qualquer *performance*[1].

Um desses exemplos vem da era de Pisístrato e de seus filhos, tiranos em Atenas na segunda metade do século VI a.C.: a partir de vários relatos, vemos que tal dinastia dos pisistrátidas manteve o poder político, ao menos em parte, por meio do controle da poesia[2]. Um relato em particular é digno de menção aqui: de acordo com Heródoto, os pisistrátidas possuíam manuscritos de poesia oracular que eles armazenavam na acrópole de Atenas (5.90.2)[3]. Chamo atenção para uma palavra usada por Heródoto nesse contexto, *kéktēmai*, "possuir", em referência à posse da poesia pelos tiranos. Conforme já argumentei algures, "A posse da poesia era um sinal principal da riqueza, do poder e do prestígio do tirano"[4]. Podemos lembrar nesse contexto a alegação, em Ateneu 3a, de que os primeiros helenos a possuir "bibliotecas" foram os tiranos Polícrates de Samos e Pisístrato de Atenas.

Para Heródoto, o controle da poesia pelos tiranos era uma questão de posse *privada*, uma perversão do que deveria ser a posse *pública* pela cidade-Estado ou pela pólis[5]. Um exemplo da posse pública está evidente na descrição feita por Heródoto de uma consulta ao Oráculo, em Delfos, que ocorreu *após* a era dos tiranos, em uma época na qual o estado ateniense já era uma democracia. Vemos a partir do relato de Heródoto que havia um procedimento convencional para o uso da poesia oracular e esse procedimento pode ser dividido em três estágios: (1) a poesia poderia ser transcrita por delegados que haviam sido enviados a Delfos a fim de escutar a elocução real da mensagem poética oracular; (2) esses delegados deveriam levar para casa a transcrição: de Delfos ao povo da pólis ateniense; e (3) esses mesmos delegados proclamariam ao povo, com base na transcrição, a mensagem poética do oráculo (*apéngellon es tòn dêmon*, 7.142.1)[6]. Descrito por Heródoto como se fosse uma prática regular em Atenas durante a era que se seguiu à queda dos tiranos, esse procedimento está em marcado contraste em relação à prática anterior dos pisistrátidas, relatado como se fosse uma usurpação da posse pública da poesia: ter a posse privada da poesia como texto é controlar a ocasião de sua performance e o conteúdo de sua composição[7].

É, então, nessa era dos tiranos, dos pisistrátidas, que podemos imaginar uma ocasião histórica plausível para a transcrição dos poemas homéricos em forma manuscrita. Como veremos mais adiante, a plausibilidade parece aumentada por vários relatos do mundo antigo acerca de um evento que alguns classicistas descreveram como a "recensão pisistrática" dos poemas homéricos. Antes de nos ocuparmos com toda a questão de tal "recensão", entretanto, precisamos primeiramente examinar de maneira mais detida o que exatamente significa falar de uma *transcrição* na era dos pisistrátidas e dali adiante.

A maneira mais fácil é começar com uma consideração negativa: uma transcrição não é o equivalente de uma performance, apesar de poder ser um auxílio para a performance. Em outras palavras, uma transcrição não precisa ser um ato de fala. À parte do testemunho que já considerei de fontes como Heródoto, há também evidências de pinturas, em vasos, representando o uso de manuscritos. Ao examinar as representações de pessoas usando manuscritos – isto é, livros ou rolos de papiro nessas pinturas em vasos –, podemos ver que "livros parecem ter tido principalmente um papel mnemônico suplementando a récita oral"[8].

Por volta do século v, entretanto, há casos em que algo que foi escrito em um manuscrito podia, de fato, tornar-se equivalente a uma performance. Em outras palavras, agora começamos a ver traços claros de um impulso para reencenar a dimensão performativa por meio da palavra escrita do manuscrito. Por exemplo, no caso da composição em larga escala do próprio Heródoto, as *Histórias*, é claro que o *reduzir a termo* dessa composição em forma manuscrita tinha o propósito de ser o equivalente de uma performance, um ato de fala genuíno[9]. Para Heródoto, dizer "escrevo algo" é tornado deliberadamente equivalente a dizer "eu digo algo" em situações públicas e solenes (*e.g.*, 2.123.3, 4.195.2, 6.14.1, 7.214.3); porque, independentemente do que ele estiver dizendo nessa maneira solene, no momento em que o leitor lê *aquilo já foi reduzido a termo*[10]. Em outras palavras, independentemente do que é encenado como tendo sido dito pelo orador das *Histórias* de Heródoto, tal está baseado no fato de que aquilo já fora enquadrado por meio da escrita, como se a própria encenação fosse uma criação da escrita[11]. "Estou dizendo isto agora no que eu escrevi, portanto estou escrevendo isto agora".

A diferença principal entre esse tipo de postura na literatura mais antiga e efeitos similares na literatura moderna é a de que, para alguém como Heródoto, as situações no texto em que está escrito "escrevo isto agora" ao invés de "digo isto agora" ainda corresponde a situações convencionais na vida pública em que alguém normalmente diria "digo isto agora". Assim, mesmo tão tardiamente quanto a segunda metade do século v, a era de Heródoto, o verdadeiro reduzir a termo de qualquer texto podia ainda ser visto como equivalente à produção de ainda uma outra performance, na medida em que a tecnologia da escrita podia produzir um texto que conferia um nível de autoridade paralelo àquele conferido por uma performance verdadeira[12]. Nas *Histórias* de Heródoto, o texto escrito não é apenas um equivalente da performance: é considerado o equivalente *oficial*.

Por contraste, uma transcrição não é um equivalente da performance, mas meramente um meio potencial para alcançar a performance. Nesse âmbito, uma transcrição na era dos pisistrátidas pode ser vista como um "roteiro" prototípico. No que se segue, argumentarei que, seja qual for a poesia que possa ter sido transcrita nessa era, ela ainda deve ser definida em termos de poesia oral, isto é, ela deve ser vista como resultado de uma ação recíproca fundamental entre as dimensões da composição e da performance. Mais além, devo continuar a argumentar que não há evidência para assumir que a *Ilíada* e a *Odisseia*, enquanto composições, *resultaram* da redução a termo de um texto. O ponto permanece o de que a redução a termo de uma composição a um texto não significa que a escrita seja um pré-requisito para a composição do texto – *desde que a tradição oral que o produziu tenha continuado viva*. Além disso, a redução a termo de qualquer tipo de composição que poderia, de outra forma, ser produzida na performance não necessariamente congelará o processo de recomposição-na-performance[13]. Há numerosos paralelos na literatura medieval europeia, como vemos, por exemplo, na seguinte descrição, com referência à produção inglesa de manuscritos do século XV: "Os manuscritos restantes de um poema como *Beves of Hamptoun* tornam claro que cada ato de copiar era, em larga medida, um ato de recomposição e não um episódio em um processo de decomposição a partir de uma forma ideal."[14] Paul Zumthor descreve como *mouvance* o processo pelo qual o ato da composição, conquanto que tal composição pertença a uma tradição viva de composição-em-performance, é regenerado em cada ato de cópia[15].

Então a questão é: se de fato uma transcrição poderia ter sido feita de poemas homéricos na era dos pisistrátidas, como exatamente devemos imaginar o uso de tal transcrição? Como um paralelo ao padrão que vimos refletido no relato de Heródoto, no qual ele descreve os pisistrátidas estabelecendo o controle sobre a poesia oracular, podemos supor que essa dinastia procurava controlar também a poesia épica. Retornaremos a esse aspecto do paralelismo. Por enquanto, o problema é o paralelismo não poder ser estendido a outras considerações. A poesia oracular é visivelmente eventual, responsiva aos requisitos *ad hoc* de tempo e de lugar[16]. A poesia épica da *Ilíada* e da *Odisseia*, por outro lado, é distintamente não eventual e, ao menos, *nocionalmente* invariável, a ser performada repetidamente em uma base sazonal e recorrente em ocasiões formais tais como o Festival Panatenaico. Como já sugeri, os poemas homéricos revelam um alto grau de fixação textual ou textualização, e novamente estou usando o conceito de *texto* sem a implicação de que a escrita seja um pré-requisito[17]. Então a questão permanece: qual é a utilidade de uma transcrição de tal texto?

Outra maneira de abordar a questão é considerar a textualidade dos poemas homéricos. Apesar de eu continuar a argumentar que nenhuma escrita foi necessária para produzir essa textualidade, proponho agora repensar a questão em termos de uma era posterior na qual os textos escritos eram, de fato, a regra. Mesmo nessa era posterior, eu insisto, qualquer texto escrito que derive de uma tradição oral pode continuar a desfrutar do *status* de uma recomposição-em-performance – conquanto que a tradição oral retenha sua autoridade performativa[18]. Em tal era posterior, na qual textos escritos e tradição oral coexistem, a ideia de um texto escrito pode até mesmo se tornar uma metáfora principal para a autoridade da recomposição-em-performance. Como irei agora argumentar, o próprio conceito de "recensão pisistrática" pode ser derivada de tal metáfora.

A aplicabilidade intrínseca do *texto* como metáfora para a *recomposição-em-performance* ajuda a explicar um tipo de mito, atestado em uma ampla variedade de contextos culturais, em que a evolução de uma tradição poética, movendo-se adiante lentamente no tempo até que alcance uma fase relativamente estática, é reinterpretada pelo mito como se resultasse de um incidente único, figurado como a recuperação instantânea ou mesmo a regeneração de um texto perdido, um arquétipo. Em outras palavras, o mito pode fazer sua própria teoria do "big-bang" para as origens do épico e pode, até mesmo, apresentar em seu cenário o conceito de escrita.

Um exemplo particularmente notável é um mito acerca da criação do Livro dos Reis na tradição épica clássica persa: De acordo com o *Shāhnāma* I 21.126-136 de Ferdowsi, um vizir nobre reúne, provenientes de todo o Império, *mōbad*-s, homens sábios que são especialistas na lei de Zoroastro, e cada um desses mōbad-s traz consigo um "fragmento" de um Livro dos Reis há muito perdido que fora dispersado pelos ventos; cada um dos especialistas é convocado para recitar, um por um, seu respectivo "fragmento", e o vizir compõe um livro a partir dessas récitas. [...] O vizir reúne o velho livro que fora desmontado, que por sua vez se torna o modelo para o *Shāhnāma*, "Livro dos Reis", de Ferdowsi (*Shāhnāma* I 21.156-161). Vemos aqui paradoxalmente um mito sobre a síntese de tradições orais que está articulado em termos de tradições escritas.[19]

Há um mito comparável em tradições antigas irlandesas referentes à recuperação de um *Cattle Raid Cúailnge* "perdido"[20]. Há também temas similares em tradições francesas antigas. A obra conhecida como *Guiron le courtois*, por exemplo, composta por volta de 1235 d.C., estabelece o fundamento de sua autoridade ao contar acerca dos muitos livros franceses que foram produzidos a partir do que é retratado como uma tradução arquetípica de um livro mítico latino sobre o Santo Graal[21].

Podemos encontrar mais exemplos nas tradições orais vivas da Índia. Na sociedade Telugu há um mito etiológico explicando por que o épico Palnāḍu é agora cantado por Malas intocáveis: "O épico, diz-se, foi escrito primeiramente por um poeta brâmane, cortado em retalhos, descartado e então recolhido pelos *performers* atuais."[22] Outro exemplo vem da tradição épica oral Pābūjī do Rajastão: "Um *bhopo* [*bhopā*, ou médium, sacerdote popular] de Pābūjī como Parbū insistirá que o épico que ele performa 'realmente' deriva de um grande livro composto por poetas Cāraṇ de alta casta, guardado na vila nativa de Pābūjī, Koḷū: para ele, é a palavra *escrita* que carrega autoridade."[23]

Guardei até agora dois exemplos da Grécia antiga. Ambos envolvem mitos, mas, no segundo caso, o mito em questão parece, à primeira vista, ser um relato baseado em eventos históricos. Este não é o lugar para explorar exaustivamente o papel do mito como um reflexo da história institucional na Grécia antiga[24]. Pelo momento, é suficiente dizer que ambos os mitos prestes a examinarmos concernem às instituições de comunidades às quais eles pertencem e que as duas comunidades em questão são Esparta e Atenas. Uma vez que os mitos podem não parecer mitos à primeira vista, irei, por enquanto, referir-me a ambos por meio do termo mais neutro "história".

A primeira história é de Esparta, centrando no tópico de um texto desmontado, espalhado aqui e ali por todo o mundo helenófono e depois reunido em um único incidente, em um tempo e em um espaço particulares, por um sábio investido da estrutura jurídica de sua sociedade, Licurgo, o legislador. De acordo com essa história, conforme relatada por Plutarco (*Vida de Licurgo* 4.4), Licurgo trouxe os poemas homéricos a Esparta, os quais ele adquirira de uma linhagem de *performers* épicos chamados creófidas, descendentes de Creófilo de Samos[25]. Na Esparta arcaica, parece que os creófidas de Samos tinham mais autoridade do que os *performers* épicos de outros lugares confiados com a transmissão da poesia homérica, os homéridas de Quios: como relata Aristóteles (F 611.10 Rose), os poemas homéricos foram introduzidos em Esparta por Licurgo, que os conseguiu dos creófidas quando ele visitou Samos[26]. Com referência aos poemas homéricos, Plutarco relata que Licurgo, tendo-os recebido dos creófidas, "mandou reduzir a termo", *egrápsato*, e que ele então os "reuniu" (*Vida de Licurgo* 4.4). O que se segue no relato de Plutarco é digno de ser citado *uerbatim*:

ἦν γάρ τις ἤδη δόξα τῶν ἐτῶν ἀμαυρὰ παρὰ τοῖς Ἕλλησιν, ἐκέκτηντο δὲ οὐ πολλοὶ μέρη τινά, σποράδην τῆς ποιήσεως, ὡς ἔτυχε, διαφερομένης. γνωρίμην δὲ αὐτὴν καὶ μάλιστα πρῶτος ἐποίησε Λυκοῦργος.

Pois já havia uma fama não muito brilhante ligada a esses épicos entre os gregos, e alguns deles estavam em posse [verbo *kéktēmai*] de algumas partes, já que a poesia havia sido espalhada, carregada aqui e ali pelo acaso, e foi Licurgo o primeiro a torná-la [a poesia] conhecida.

Nessa passagem, ressaltei a palavra *kéktēmai*, "possuir", com referência à "posse" da poesia homérica. A mesma palavra é usada por Heródoto em referência à "posse" da poesia oracular por parte dos pisistrátidas, a dinastia de tiranos em Atenas (5.90.2)[27]. Em outro lugar, Heródoto se refere à manipulação da poesia oracular pelos pisistrátidas com a ajuda de um tal de Onomácrito, descrito nesse contexto como um *diathétēs*, "arranjador", dessa poesia (7.6.3)[28].

Esse detalhe sobre um *diathétēs*, "arranjador", de poesia nos leva ao segundo dos exemplos da Grécia antiga do tipo de mito que estamos considerando no momento. Essa segunda história é de Atenas. Mais do que a primeira história, parece primeiramente não ser um mito, mas sim um relato claro de um *evento* histórico. Conforme argumentarei agora, entretanto, ela pode ser explicada como um mito que relata por coincidência um *processo* histórico. Esse mito, como outros que já examinamos, reinterpreta a evolução de uma tradição poética como se ela resultasse de um único evento, retratada como a recuperação dramática de um texto perdido. Novamente, o mito está oferecendo uma teoria "big-bang" para as origens do épico. Conforme argumentarei, o que torna a versão ateniense desse tipo de mito mais distinta do que outras versões é o fato de sabermos mais acerca das circunstâncias históricas de sua derradeira apropriação política.

Por enquanto, um resumo da história ateniense será suficiente. De acordo com Tzetzes (*Anecdota graeca*, 1.6, ed. Cramer), um certo Onomácrito, a mesma pessoa que vimos há pouco descrita por Heródoto como um *diathétēs*, "arranjador", de poesia oracular (7.6.3), era o membro de um grupo de quatro homens comissionados no reino de Pisístrato para supervisar o "arranjo" dos poemas homéricos, que estavam, até então, "espalhados": διέθηκαν οὑτωσὶ σποράδην οὔσας τὸ πρίν[29]. Há um relato convergente no *Varia historia* (13.14) de Eliano, em que a introdução da poesia homérica em Esparta por Licurgo, o legislador, é explicitamente comparada a uma subsequente introdução da *Ilíada* e da *Odisseia* em Atenas por Pisístrato. A versão mais explícita da história pode ser encontrada no *De oratore* de Cícero 3.137: Pisístrato, como um dos Sete Sábios (*septem fuisse dicuntur uno tempore, qui sapientes et haberentur et uocarentur*)[30], era supostamente tão instruído e eloquente que "diz-se que ele é a primeira pessoa a arranjar os livros de Homero, anteriormente *espalhados*, na ordem que temos hoje": *qui primus Homeri libros confusos antea sic disposuisse dicitur, ut nunc habemus*[31]. Nesses relatos sobre a recepção ateniense supostamente original da poesia homérica, reforçados pela história no *Hiparco* de "Platão" 228b, afirmando que fora Hiparco, filho de Pisístrato, quem introduzira os poemas homéricos em Atenas, confrontamos os germes da construção que veio a ser conhecida entre os classicistas como a "recensão pisistrática"[32].

Sobre o fundamento de outras tradições narrativas que examinamos relacionadas ao tópico de um texto arquetípico que se desintegra no passado distante somente para ser reintegrado em um ponto posterior por um sábio que, então, dá-lo como um presente à sua comunidade, a história de uma "recensão pisistrática" pode ser explicada como um mito que traz sinais claros de apropriação política pelos pisistrátidas. Particularmente notável é o paralelismo nos relatos de Plutarco e de Cícero entre Licurgo, legislador de Esparta que dá à sua comunidade os poemas homéricos, e Pisístrato, descrito como um dos Sete Sábios, que, da mesma forma, dá à sua comunidade de Atenas os poemas homéricos. Repito uma observação feita anteriormente: os mitos gregos sobre legisladores, sejam figuras históricas ou não, tendem a reconstruir essas figuras como criadoras da soma total da lei consuetudinária[33]. Tradições sobre os Sete Sábios, o mais proeminente dos quais é Sólon, o legislador de Atenas, são ligadas estreitamente àquelas sobre legisladores em geral[34].

A distinção entre tiranos históricos, por um lado, e legisladores míticos ou sábios, por outro, é muitas vezes nebulosa[35]. No relato de Eliano, o paralelismo entre o legislador *par excellence* e o tirano Pisístrato é explícito: assim como Licurgo dá os poemas homéricos a Esparta, assim também Pisístrato dá os poemas homéricos a Atenas. O paralelismo pode ser possivelmente estendido: assim como se considera Licurgo como tendo levado Homero performado pelos creófidas de Samos a Esparta (Plutarco, *Vida de Licurgo* 4), assim também os pisistrátidas parecem ter levado o crédito por levar Homero performado pelos homéridas de Quios a Atenas[36].

Os poemas homéricos tomaram forma, de acordo com versões atenienses da história, no contexto do que é agora chamado de "regra panatenaica", na qual a performance da *Ilíada* e da *Odisseia* por *rhapsōidoí*, "rapsodos", não podia permitir que algumas partes da narrativa épica fossem favorecidas em detrimento de outras, já que a narrativa tinha de ser performada por um rapsodo atrás do outro *em sequência* ("Platão", *Hiparco* 228b e Diógenes Laércio 1.57)[37]. Terei mais a dizer, mais adiante, acerca dessa história e sobre sua pertinência à questão dos rapsodos. Por enquanto, simplesmente chamarei atenção ao fato de que essa "regra panatenaica" é atribuída por fontes *ou* aos pisistrátidas

("Platão", *Hiparco* 228b) *ou* ao próprio Sólon (Diógenes Laércio 1.57). O paralelismo ligando os pisistrátidas a Sólon, legislador de Atenas, pode ser comparado ao paralelismo ligando Pisístrato a Licurgo, legislador de Esparta. Novamente, vemos indicações da apropriação de um mito pelos pisistrátidas. A política envolvida na atribuição dessa instituição aos pisistrátidas deve ser esperada. Também a ser esperada, sugiro, é que essa atribuição aos tiranos seria, com o tempo, expulsa por uma atribuição a Sólon, uma vez que os próprios tiranos foram expulsos: faz sentido para a credibilidade que eles uma vez pudessem clamar como pretensos legisladores a ser jogados a uma figura anterior, Sólon, cujo *status* como herói principal da cultura do Estado, criador de uma ampla variedade de instituições, faz dele um receptor ideal de qualquer crédito retirado de outros que vieram após ele.

Essas histórias sobre a fixação das tradições de performance homéricas ajudarão a fornecer uma resposta a uma questão básica acerca das dimensões da composição homérica: como, apesar de tudo, devemos considerar a mera extensão desses épicos? Como foi possível para a *Ilíada* e a *Odisseia* alcançar as proporções monumentais acima de, respectivamente, quinze mil e doze mil versos?[38]

A fim de avaliar a resposta mitológica a tais questões, consideremos primeiramente uma característica comum das tradições poéticas orais, ou seja, o potencial para expansão ou redução de um determinado tópico. A análise desse fenômeno nas tradições épicas orais vivas torna claro que as versões nem relativamente mais expandidas nem relativamente mais reduzidas precisam necessariamente ser consideradas básicas de um ponto de vista interno da tradição considerada[39]. Tal ausência de padronização na extensão é de grande importância para chegar a um acordo com a tradição homérica, na qual encontramos uma grande variedade de redução bem como de expansão dos temas. Dessas duas características, expansão e redução, a mais notável é, claramente, a expansão, na medida em que o impacto de uma composição abrangente pode continuar a ser aumentada com a expansão do tamanho, enquanto que quaisquer ocorrências de redução, mesmo se elas forem façanhas em miniatura de habilidades artísticas, terão de ser contidas dentro de uma composição em expansão. Na estética da poesia homérica, múltiplos prodígios de redução estão destinados a ser contidos pelo prodígio singular da expansão final, tal como a monumental composição da *Ilíada*[40]. É muito mais difícil para nós avaliarmos a redução confinada como de fato está dentro da monumentalidade expansiva de toda a *Ilíada*, de toda a *Odisseia*. À parte de ocorrências de virtuosidade na redução e na expansão, entretanto, também devemos esperar encontrar em tradições orais vivas os níveis mais comuns desses fenômenos, nos quais o contexto de uma dada ocasião leva espontaneamente ao encurtamento ou ao alongamento. Mesmo em tais situações espontâneas, entretanto, parece que versões relativamente mais longas de uma dada performance épica têm mais a dizer acerca de sua determinada ocasião do que versões mais curtas. Temos evidências consideráveis acerca da monumentalidade potencial da performance épica na Índia, tanto em tamanho quanto em dimensão, e de como essa monumentalidade é gerida em termos de performances reais. Um elemento-chave é a subdivisão da performance épica monumental em segmentos de performance – o que pode ser chamado de "episódios":

> Histórias épicas imensamente longas, que tomariam centenas de horas para cantar se performadas de uma única vez, são comumente divididas em segmentos mais manejáveis. O épico Palnāḍu, por exemplo, contém trinta *kathalu* (histórias), cada uma das quais pode levar uma ou mais noites para ser performada. O épico Pābūjī é, de maneira similar, dividido em doze *parvāṛo* (episódios) e o Ālhā em vários *laṛāī* (batalhas) que organizam a performance desses épicos. Esses segmentos de performance não são, entretanto, ponderados de maneira equilibrada, como em capítulos. Certos episódios são mais populares do que outros e são performados repetidamente; outros raramente são ouvidos e podem até ser desconhecidos a certos cantores. Além disso, mesmo quando uma história épica é bem conhecida da plateia, a história completa, do começo ao fim, raramente é apresentada na performance – ou mesmo em uma série de performances. A história completa é por vezes encontrada em textos escritos e publicados, no entanto preferimos falar de uma tradição épica que abarca não apenas o texto e a performance, mas também o que está não escrito e não performado.[41]

Chamando atenção para o princípio de *episódios ponderados de maneira desequilibrada* nessa descrição, proponho que a evolução do épico grego antigo envolveu uma progressão da *ponderação desequilibrada* em direção à *ponderação equilibrada*. Tomemos como nosso ponto de partida o exemplo de ponderação desequilibrada que há pouco consideramos nas evidências indianas. Encontramos uma analogia notável na seguinte descrição da poesia homérica em um estágio inicial, no qual supostamente ela era dividida em porções narrativas separadas, que foram, de fato, descritas por um comentador como "episódios"[42]:

ὅτι τὰ Ὁμήρου ἔπη πρότερον διῃρημένα ᾖδον οἱ παλαιοί. οἷον ἔλεγον Τὴν ἐπὶ ναυσὶ μάχην καὶ Δολώνειάν τινα καὶ Ἀριστείαν Ἀγαμέμνονος καὶ Νεῶν κατάλογον καὶ Πατρόκλειαν καὶ Λύτρα καὶ Ἐπὶ Πατρόκλῳ ἆθλα καὶ Ὁρκίων ἀφάνισιν. ταυτα ὑπὲρ τῆς Ἰλιάδος. ὑπὲρ δὲ τῆς ἑτέρας Τὰ ἐν Πύλῳ καὶ Τὰ ἐν Λακεδαίμονι καὶ Καλυψοῦς ἄντρον καὶ Τὰ περὶ τὴν σχεδίαν καὶ Ἀλκίνου ἀπολόγους καὶ Κυκλώπειαν καὶ Νέκυιαν καὶ Τὰ τῆς Κίρκης καὶ Νίπτρα καὶ Μνηστήρων φόνον καὶ Τὰ ἐν ἀργῷ καὶ Τὰ ἐν Λαέρτον. ὀψὲ δὲ Λυκούργος ὁ Λακεδαιμόνιος ἀθρόαν πρῶτος ἐς τὴν Ἑλλάδα ἐκόμισε τὴν Ὁμήρου ποίησιν· τὸ δὲ ἀγώγιμον ἐξ Ἰωνίας, ἡνίκα ἀπεδήμησεν, ἤγαγεν. ὕστερον δὲ Πεισίστρατος συναγαγὼν ἀπέφηνε τὴν Ἰλιάδα καὶ Ὁδύσσειαν (Eliano, *Varia historia* 13.14).

Que os antigos costumavam cantar enunciações poéticas de Homero em partes separadas: por exemplo, eles falavam de "A Batalha dos Navios", "Uma História de Dólon", "Os Maiores Momentos Heroicos (*aristeía*) de Agamêmnon", "O Catálogo dos Navios", "A História de Pátroclo", "O Resgate", "Os Jogos Funerais a Pátroclo" e "A Quebra de Juramentos". Esses ocorriam no lugar da *Ilíada*. No lugar do out-ro poema, havia "Os Acontecimentos em Pilos", "Os Acontecimentos em Esparta", "A Caverna de Calipso", "A História da Jangada", "As Histórias Contadas a Alcínoo", "A História do Ciclope", "Os Espíritos dos Mortos", "A História de Circe", "O Banho", "A Matança dos Pretendentes", "Os Acontecimentos no Campo" e "Os Acontecimentos na Casa de Laertes". Em uma data posterior, Licurgo de Esparta foi o primeiro a levar a poesia coligida de Homero à Grécia. Ele trouxe essa carga para a Jônia, quando para lá ele viajou. Depois, Pisístrato a reuniu e a catalogou como a *Ilíada* e a *Odisseia*.[43]

Para os estágios mais iniciais da poesia homérica, podemos ligar o princípio de ponderação desequilibrada à predominância, digamos, do tema de Aquiles nas tradições narrativas acerca da Guerra de Troia – em detrimento de temas amplificando os feitos épicos de outros heróis na mesma ocasião. Essa preeminência ou mesmo a popularidade de Aquiles ainda é certamente refletida pela *Ilíada* de que nós dispomos. Quanto a estágios mais tardios da poesia homérica, entretanto, vemos uma integração de temas épicos que haviam sido deixados de lado, supostamente pelo tema direcionado de Aquiles, de modo que a *Ilíada*, por fim, tem algo a dizer acerca de praticamente todos os temas épicos ligados à Guerra de Troia: ele remonta, no ano derradeiro da guerra, ao Catálogo dos Navios – que seria mais apropriado, como o catálogo em *Cípria*, ao início da Guerra de Troia; ele reintroduz Helena de Troia – como se pela primeira vez, instaurando nova disputa entre Menelau e Páris por ela como se ela tivesse sido sequestrada há pouco tempo; ele até mesmo reconta, em direção ao fim de sua própria narrativa, o Julgamento de Páris – o qual, em última análise, começara a história toda[44]. Tais façanhas de integração narrativa, sugiro, exemplificam um impulso ou mesmo uma ponderação.

Proponho agora refinar essa noção de ponderação equilibrada considerando a sequência real bem como o conteúdo do que está sendo performado. Comecemos com um exemplo comparativo, tomado da descrição feita por Keith H. Basso de um ritual de puberdade de uma menina ou *na ih es* conforme performado por um grupo de apaches vivendo em Cibecue no Fort Apache Indian Reservation, no Arizona[45]. O ritual é composto de oito partes distintas ou "fases": "cada fase tem um significado, nome e conjunto de rituais únicos; cada uma é iniciada, perpetuada e encerrada por um grupo de canções, ou 'conjunto de canções'. Os apaches não concebem *na ih es* como um *continuum* ininterrupto, mas sim tendem a enfatizar e acentuar suas diferentes partes."[46]

Chamo atenção ao posicionamento das canções dentro de uma sequência pré-ordenada. Há um conjunto de cerca de 32 canções que são entoadas no *na ih es* e crê-se que todo o conjunto, coletivamente chamado de *goh jon sin'* ("canções cheias de grande alegria"), era "originalmente" entoado por uma mulher arquetípica conhecida como a Mulher em Transformação[47]. A totalidade, que é realizada toda vez que suas "partes" são performadas em canção, é meramente nocional. Além disso, há uma correlação aqui entre o significado e a sequência, em que parte do significado *é* a sequência:

Cada pajé arranja as 32 ou mais canções *goh jon sin'* que perfazem o *na ih es* para se enquadrar em seu próprio esquema estilístico. Isso produz uma grande variação quanto ao número de canções em uma determinada fase. Mas a sequência de fases é um padrão estável do qual raramente há

algum desvio. Por exemplo, um pajé pode cantar doze canções na fase
I, enquanto outro pode cantar oito ou dezesseis. Não obstante, a fase I
sempre precede a fase II. Em resumo, independentemente do número de
canções em uma fase, a ordem das fases nunca muda.[48]

Nesse caso, a opção da variação livre, uma função de significado, é subordinada à não opção da ordem fixa, que é também uma função de significado. Tal padrão de subordinação, sugiro, é uma característica de ponderação equilibrada.

À luz dessas considerações, reconsideremos os estágios finais e decisivos da poesia homérica, marcadas por um enrijecimento das convenções épicas. Meu foco é em uma história (*Hiparco* de "Platão" 228b-c) que explica a instituição, em Atenas, de uma lei consuetudinária aplicada ao festival da Panatenaia, no qual a performance da *Ilíada* e da *Odisseia* por *rhapsōidoí* ("rapsodos") não podia favorecer certas partes da narrativa épica em detrimento de outras, já que a narrativa devia ser performada por um rapsodo atrás do outro *em sequência:*

Ἱππάρχῳ, [...] ὅς ἄλλα τε πολλὰ καὶ καλλὰ σοφίας ἀπεδείξατο, καὶ τὰ
Ὁμήρου ἔπη πρῶτος ἐκόμισεν εἰς τὴν γην ταυτηνί, καὶ ἠνάγκασε τοὺς
ῥαψῳδοὺς Παναθηναίοις ἐξ ὑπολήψεως ἐφεξῆς αὐτὰ διιέναι, ὥσπερ νυν
ἔτι οἵδε ποιουσιν.

Hiparco, [...] que publicamente ordenou muitas e belas coisas para manifestar seu conhecimento (*sophía*)[49], especialmente sendo o primeiro a trazer (*komízō*) a esta terra [Atenas] as enunciações poéticas (*épē*) de Homero[50], e ele forçou os rapsodos (*rhapsōidoí*) na Panatenaia a percorrer (*diiénai*) essas enunciações em sequência (ephexês), em turnos (*ex hypolēpseōs*), igualmente como eles [os rapsodos] fazem hoje em dia.

De acordo com outra versão, essa lei sobre a sequência narrativa fixa na performance homérica foi introduzida não por Hiparco, dos pisistrátidas, mas sim pelo próprio legislador de Atenas, Sólon: τά τε Ὁμήρου ἐξ ὑποβολῆς γέγραφε ῥαψῳδεῖσθαι, οἷον ὅπου ὁ πρῶτος ἔληξεν ἄρχεσθαι τὸν ἐχόμενον, "ele [Sólon, o legislador] escreveu uma lei segundo a qual as obras de Homero devem ser performadas rapsodicamente (*rhapsōidéō*), em turnos (*ex hypololês*), para que sempre que a primeira pessoa saia, daquele ponto a próxima pessoa começaria" (Diógenes Laércio 1.57)[51]. Já observamos que a história é apropriada a Sólon ou a Pisístrato no papel – merecido ou não – de legislador. Mais importante, por agora, em qualquer caso, é o fato de essas histórias tentarem explicar a unidade da composição homérica como um resultado do sequenciamento da performance. Conforme já observamos, os classicistas convencionalmente se referem a essa lei consuetudinária acerca da performance homérica como "regra panatenaica"[52]. Sugiro que essa "regra" é, na verdade, um reflexo grego de um princípio de ponderação equilibrada, indicativa de uma comunização do repertório. Também sugiro que um termo ainda mais apropriado poderia ser *ponderação equalizada*.

Uma vez que o sequenciamento dos "episódios" homéricos se torna uma tradição por si mesma, é razoável que qualquer processo de referência cruzada de um episódio da sequência a outro também se tornará uma tradição. É a partir de uma perspectiva diacrônica que creio ser útil considerar o fenômeno das referências cruzadas homéricas, especialmente aquelas longínquas, que por acaso alcançam centenas ou mesmo milhares de versos. É importante ter em mente que quaisquer de tais referências cruzadas, as quais admiramos em nossos textos bidimensionais, não somente ocorrem uma única vez em uma performance – mas, presumivelmente, incontáveis vezes em incontáveis re-performances dentro do *continuum* tridimensional de uma tradição oral especializada. As ressonâncias das referências cruzadas homéricas devem ser apreciadas dentro do contexto mais amplo de uma longa história de performances repetidas[53].

É também a partir de uma perspectiva diacrônica que podemos avaliar a instituição e até mesmo o conceito de *rhapsōidoí* ("rapsodos"), que são aqueles que realizam a performance, associados ao padrão de ponderação equalizada ou ponderada na tradição narrativa homérica. Em meu trabalho anterior acerca dos rapsodos, concluí: "É simplista e até mesmo equivocado contrastar, como muitos o fizeram, o *aoidós* ["aedo"] 'criativo' com o *rhapsōidós* 'reduplicativo.'"[54] Em termos de meu modelo evolucionário para a criação da poesia homérica, a figura do rapsodo é a própria encarnação de um meio que continua, no curso do tempo, a colocar mais e mais limitações ao processo de recomposição-em-performance. A sucessão de rapsodos ligando um Homero no passado remoto com performances homéricas no "presente" do período histórico – conforme extrapolado de relatos tais como os do *Íon* de Platão – é uma realidade *diacrônica*. Essa realidade somente pode ser distorcida por qualquer tentativa de chegar a uma definição *sincrônica* dos rapsodos, considerados como algum tipo de realce para uma definição idealizada de Homero.

A realidade diacrônica dos *rhapsōidoí* ("rapsodos") é expressa indiretamente pelos vários mitos que ligam a fixidez da composição homérica com a fixação da performance rapsódica. De acordo com os mitos que até agora consideramos, a reintegração de um texto prototípico causa tanto a fixidez da composição homérica quanto a fixação da performance rapsódica. Mas há outros padrões de mitos que são ainda mais radicais, tornando o conceito de uma *sequência de rapsodos* mais básico do que o conceito de um *texto prototípico*. Como vimos, a evolução de uma tradição poética, movendo-se adiante no tempo até alcançar uma fase estática, pode ser retratada pelo mito como o resultado de um único incidente, um "big-bang", representado como a recuperação ou mesmo a regeneração de um texto perdido, um arquétipo. Como agora veremos, o "big-bang" pode também ser retratado como o sequenciamento real de rapsodos.

Entre as explicações dadas pela *scholia* à *Nemeia* 2.1d de Píndaro para o conceito de *rhapsōidós*, uma versão trata de uma reintegração da poesia homérica por meio da performance rapsódica, que é equacionada com um processo de um novo *cerzimento* de partes desintegradas:

οἱ δέ τῆς Ὁμήρου ποιήσεως μὴ ὑφ' ἓν συνηγμένης, σποράδης δὲ ἄλλως καὶ κατὰ μέρη διῃρημένης, ὁπότε ῥαψῳδοιεν αὐτήν, εἱρμῷ τινι καὶ ῥαφῇ παραπλήσιον ποιειν, εἰς ἓν αὐτὴν ἄγοντες.

Mas alguns dizem que – já que a poesia de Homero não foi reunida sob uma unidade, mas sim fora espalhada e dividida em partes – quando eles a performavam rapsodicamente (*rhapsōidéō*), eles estariam fazendo algo que é similar ao sequenciamento ou cerzimento, pois a produziam em uma unidade.

Na *scholia* a Dionísio Trácio, *Codex Venetus* 489, relata-se que os poemas homéricos foram "cerzidos" (συνερράφησαν) pelo próprio Pisístrato[55].

A *scholia* à *Nemeia* 2.1d de Píndaro segue oferecendo ainda outra versão, que explicitamente liga o termo *rhapsōidós* à inovação de uma distribuição equalizada de "partes" designadas aos *performers* da poesia homérica:

οἱ δέ, ὅτι κατὰ μέρος πρότερον τῆς ποιήσεως διαδεδομένης τῶν ἀγωνιστῶν ἕκαστος ὅ τι βούλοιτο μέρος ᾖδε, τοῦ δὲ ἄθλου τοῖς νικῶσιν ἀρνὸς ἀποδεδειγμένου προσαγορευθῆναι τότε μὲν ἀρνῳδούς δὲ ἑκατέρας τὴν ποιήσεως εἰσενεχθείσης τούς ἀγωνιστὰς οἷον ἀκουμένους πρὸς ἄλληλα τὰ μέρη καὶ τὴν σύμπασαν ποίησιν ἐπιόντας, ῥαψῳδοὺς προσαγορευθῆναι, ταυτά φησι Διονύσιος ὁ Ἀργεῖος.

Outros dizem que, anteriormente – já que a poesia havia sido dividida parte por parte, com cada um dos competidores cantando qualquer parte que ele quisesse, e já que o prêmio designado para os ganhadores tinha sido um carneiro – [esses competidores] eram chamados naqueles dias de *arnōidoí* [cantores do carneiro] – mas então, mais tarde – já que os competidores, sempre que cada um dos dois poemas[56] era introduzido, estavam juntando as partes um ao outro, supostamente, estavam movendo em direção da composição inteira – eles foram chamados de *rhapsōidoí*. Essas coisas foram ditas por Dionísio de Argos [entre o quarto e o terceiro séculos a.C.; FGH 308 F 2].

A metáfora inerente à palavra *rhapsōidós* em si é pertinente a esses mitos. O substantivo composto *rhapsōidós* significa, etimologicamente, "aquele que cerze (*rháptō*) a(s) canção(ões) (*aoidē*)"[57]. Essa metáfora está, de fato, atestada na sintaxe de uma canção composta por Píndaro, referindo-se ao início de uma performance homérica pelos *Homērídai*, "Filhos de Homero": ὅθεν περ καὶ Ὁμηρίδαι ῥαπτῶν ἐπέων τὰ πόλλ' ἀοιδοὶ ἄρχονται, Διὸς ἐκ προοιμίου, "começando do ponto em que (*hóthen*) os *Homērídai*, cantores (*aoidoí*) das enunciações (*épē*) cerzidas (*rhaptá*), mais frequentemente tomam seu início (verbo *árkhomai*), do prelúdio (*prooímion*) de Zeus" (Píndaro, *Nemeia* 2.1-3).

O ponto de todas as partidas, como afirma essa canção, é o *prooímion*, "prelúdio", do deus maior, Zeus[58]. Como tal, Zeus é designado como o deus das canções fundamentais, as canções de Homero. É precisamente dentro da estrutura dessa forma, o *prooímion* ("prelúdio") (plural: *prooímia*), que o autor de uma dada canção convencionalmente se identifica[59]. No *Hino Homérico a Apolo*, ao qual Tucídides explicitamente se refere como um *prooímion* (3.104.4-5), o narrador em primeira pessoa se identifica como o cantor cego de Quios, cujas canções terão aprovação universal no futuro (*Hino a Apolo*, 172-173); o cantor desse hino *alega* ser ninguém mais que Homero, "autor" dos poemas homéricos de aprovação universal[60]. De acordo com esse *prooímion* em particular, o *performer* que fala essas palavras na primeira pessoa está não apenas *representando* Homero: ele *é* Homero[61].

Os *prooímia*, ou "prelúdios", são representados na canção de Píndaro como performances dos *Homērídai*, "filhos de Homero"; esse nome se aplica a uma linhagem de rapsodos em Quios que remontam a um ancestral chamado de *Hómēros* ou Homero[62]. A representação de Píndaro do *prooímion* homérico é pertinente à etimologia da palavra, que eu tenho até o momento traduzido convencionalmente como "prelúdio" de uma canção. Ela deriva de *oíme*, "canção", de modo que o *pro-oímion* é literalmente *antes*, ou melhor, o *término do início* da canção[63]. Ademais, *pro-oímion* é o término do início do *fio* da canção, se de fato o substantivo *oímē* derivar de uma raiz verbal significando "coser"[64]. A metáfora implícita nessa etimologia de *oímē*, em que fazer canções é equacionado com o processo de reunir, coser, ou de tecer canções, é explícita na referência de Píndaro aos rapsodos homéricos no início da *Nemeia* 2, em que *rhaptá*, "reunir, coser", é aplicado a *épē* no sentido de "enunciações" poéticas. A mesma metáfora está implícita, como vimos, na etimologia da palavra vigente para rapsodo, *rhapsōidós*, "aquele que coze (*rháptō*) a(s) canção(ões) (*aoidḗ*)"[65].

Essa metáfora de *coser a(s) canção(ões)* deve ser contrastada com uma metáfora relacionada nas tradições gregas arcaicas, aquela do *tecer a(s) canção(ões)*, que, na verdade, é tão velha a ponto de ser de proveniência indo-europeia[66]. Um exemplo é esta frase de Píndaro (F 179): ὑφαίνω δ' Ἀμυθαονίδαισιν ποικίλον ἄνδημα, "eu teço (*huphaínō*) uma imitação (*poikílos*) de faixa [isto é, de canção] para os Amythaonidai"[67]. Como vemos por tais passagens, a canção está sendo visualizada como uma rede, uma trama, um tecido (do latim *textilis*, de *texō*, "teço"), ou – para usar neste momento uma palavra em português que não mais contém sua herança metafórica – até mesmo um texto (do latim *textus*, novamente de *texō*)[68].

Quando justapomos essas duas metáforas para a composição de canções nas tradições gregas arcaicas, tecer e coser, descobrimos que a segunda delas é mais complexa do que a primeira[69]. A ideia transmitida por *rhapsōidós*, "aquele que coze (*rháptō*) a(s) canção(ões) (*aoidḗ*)", corresponde a uma ideia transmitida pelos mitos: muitas e várias tramas de canções, cada uma já feita (isto é, cada uma já tecida), tornam-se refeitas em uma unidade, uma nova e contínua trama, ao serem tecidas. O paradoxo da metáfora é o de que os muitos e variados se tornam o único e o uniforme – e, no entanto, não há, supostamente, perda na multiplicidade e na variedade das partes constituintes. Na verdade, essa metáfora transmitida pelo conceito de *rhapsōidós* remonta a um princípio estético abrangente, princípio que pode até mesmo resolver a controvérsia permanente entre os defensores das abordagens unitaristas e analíticas de Homero. Eustácio de Tessalônica, em seu *Comentário à Ilíada* (v. 1, p. 10), cita a descrição pindárica (*Nemeia* 2.1-3) dos *Homērídai*, "filhos de Homero", como ῥαπτῶν ἐπέων [...] ἀοιδοί, "cantores (*aoidoí*) de enunciações (*épē*) cosidas (*rhaptá*)", interpretando essas palavras como uma perífrase do conceito inerente à palavra *rhapsōidoí*, "rapsodos". Eustácio continua a oferecer o que ele considera uma segunda interpretação (novamente 1.10), alegando que esse conceito de *coser* pode ser tomado no sentido que vimos explícito na redação de Píndaro ou em um sentido mais complexo – um sentido que penso estar na verdade implícito na mesma redação de Píndaro – que enfatiza a unidade característica da *Ilíada* e da *Odisseia*:

ῥάπτειν δὲ ἢ ἁπλῶς, ὡς εἴρηται, τὸ συντιθέναι ἢ κατὰ εἱρμόν τινα ῥαφῇ ὁμοίως εἰς ἓν ἄγειν τὰ διεστῶτα. σποράδην γάρ, φασί κειμένης καὶ κατὰ μέρος διῃρημένης τῆς Ὁμηρικῆς ποιήσεως, οἱ ᾄδοντες αὐτὴν συνέρραπτον οἷον τὰ εἰς ἓν ὕφος ἀδόμενα.

Cosendo (*rháptō*), seja no sentido simples, como mencionado há pouco, de reunir ou, alternativamente, no sentido de trazer coisas diferentes, de acordo com algum tipo de sequenciamento (*heirmós*) em coser, uniformemente, em uma coisa; pois dizem que a poesia homérica, depois de ter sido espalhada e dividida em partes, foi cosida por aqueles que cantaram, como canções cantadas em um único tecido (*húphos*).

Acompanhando o que ele considera como duas interpretações diferentes da *Nemeia* 2.1-3 de Píndaro, Eustácio (novamente, p. 10) oferece também uma terceira: o conceito de coser canções é paralelo ao conceito de *rhapsōidía*, uma palavra que ele usa para designar qualquer um dos vinte e quatro cantos da *Ilíada* e da *Odisseia*. Apesar de essa interpretação ainda evocar o princípio estético de coser canções em um todo unificado, as canções são agora *textualmente* visualizadas como *rhapsōidíai*, ou "cantos", de Homero separados. Eustácio contrasta esse uso de *rhapsōidíai* como "cantos" de Homero com o que ele descreve, no mesmo contexto, como convenções "dos antigos", a maioria dos quais havia se referido à totalidade da poesia homérica como *rhapsōidía* ("rapsódia") e àqueles que a cantaram como *rhapsōidoí*, "rapsodos" (p. 10): οἱ δὲ πλείους τῶν παλαιων τήν τε ὅλην Ὁμηρικὴν ποίησιν ῥαψῳδίαν λέγουσι καὶ ῥαψῳδοὺς τοὺς αὐτὴν ᾄδοντας, "mas a maioria dos antigos se referem à totalidade da poesia homérica como *rhapsōidía*, e àqueles que a cantam como *rhapsōidoí*".

Há, para não ter dúvida, um debate corrente sobre as origens da eventual divisão da *Ilíada* e da *Odisseia* em vinte e quatro cantos cada. Alguns argumentariam que essas divisões em cantos são derivadas de padrões mais antigos de segmentação de performance[70], enquanto outros pensam que elas são meramente superimposições editoriais derivadas da era dos estudos alexandrinos[71]. O que é necessário para suplementar esse debate, sugiro, é uma perspectiva diacrônica. O que pode ser uma quebra na performance em um estágio da tradição de performance pode não ser em outro[72]. Em outras palavras, mantenho aberta a possibilidade de que a divisão eventual da *Ilíada* e da *Odisseia* cada uma em vinte e quatro cantos resulta da formação cumulativa de episódios no processo de ponderação equalizado ou mesmo equilibrado. É de um ponto de vista diacrônico que enfatizo a formação *cumulativa* de episódios no *processo* de ponderação equilibrada. O ponto permanece, de qualquer forma: o de que os conceitos de *rhapsōidós* e de *rhapsōidía* são compatíveis com mitos sobre as origens homéricas.

Na verdade, o conceito de *rhapsōidós* pode ser aplicado pelo mito tanto ao próprio Homero como o poeta prototípico e também à sua contraparte, Hesíodo. Por exemplo, a *scholia* à *Nemeia* 2.1 de Píndaro (a fonte é Filocoro FGH 328 F 212) cita os seguintes versos atribuídos a Hesíodo (F 357), que falam da realização da performance, em competição com Homero, dos hinos a Apolo:

ἐν Δήλωι τότε πρῶτον ἐγὼ καὶ Ὅμηρος ἀοιδοὶ
μέλπομεν, ἐν νεαροις ὕμνοις ῥάψαντες ἀοιδήν,
Φοιβον Ἀπόλλωνα.

Então foi, em Delos, que Homero e eu, cantores (*aoidoí*), pela primeira vez
Cantamos, em novos hinos, cosendo (*rháptō*) a canção (*aoidé*),
[Cantamos] sobre Febo Apolo.

Assim, Homero e Hesíodo são modelos de rapsodos por performarem como rapsodos[73]. Até mesmo para Platão (*República* 600d), Homero e Hesíodo podem ser vistos como performando como rapsodos (*rhapsōidéō*). Para Platão, uma figura como Fêmio, representada como um poeta prototípico na *Odisseia*, é, da mesma forma, um *rhapsōidós* (*Íon* 533c).

A visão mítica do poeta como um rapsodo não apenas implica que ele é um *performer*. A metáfora do coser, conforme transmitida pela palavra *rhapsōidós*, refere-se também aos poderes do poeta como um compositor. Além disso, essa metáfora do coser está intimamente relacionada com outra metáfora, a da carpintaria, que se refere ao processo de composição poética de uma maneira notavelmente análoga.

A palavra-chave nesse mundo metafórico da carpintaria é o próprio nome de Homero, *Hómēros*. A fim de entender a força tradicional da metáfora em uso, comecemos reconsiderando o *status* tradicional de Homero como um autor prototípico[74]. Quanto mais distante no tempo reconstruímos essa figura, maior o repertório atribuído a ela: no período pré-clássico, parece que se credita a ele todo o chamado Ciclo, todos os épicos tebanos, assim por diante[75]. Como já notamos, o próprio conceito de "Ciclo" – isto é, *kýklos* – já serviu uma vez como uma metáfora para toda a poesia de Homero[76]. Mas agora descobrimos que essa mesma palavra *kýklos*, usada como uma metáfora para a soma total da poesia homérica, está atestada no significado de "roda" na dicção homérica (*Ilíada* XXIII, 340; plural *kýkla* em v, 722). Esse significado ajudará a explicar o nome do próprio Homero.

Nas tradições poéticas de línguas indo-europeias, encontramos um testemunho de uma metáfora que compara uma canção bem composta a uma roda bem fabricada: nas tradições poéticas índicas mais antigas, vemos o verbo *takṣ-*, "unir, encaixar", usado regularmente para designar o trabalho artesanal de um carpinteiro, combinado em uma passagem (*Rig-Veda* 1.130.6) com o objeto direto *vāc-*, "voz poética" (cognato do latim *uōx*); na mesma passagem, essa combinação é então tornada explicitamente paralela àquela de *takṣ-* mais o objeto direto *rátha-*, "roda" (no sentido metonímico de "carruagem"; ver o cognato latino *rota*, "roda")[77]. A raiz índica *takṣ-*, "unir, encaixar", designando a arte da carpintaria é cognata com a raiz grega de *téktōn* significando "carpinteiro", que é aplicada na *Pítica* 3.112-114 de Píndaro como uma metáfora para o poeta como o mestre carpinteiro ou "ligador" de palavras (*épos*, plural; ver o cognato *vácas-*, objeto direto de *takṣ-* em

Rig-Veda 6.32.1)[78]. Nas tradições poéticas gregas, a imagem específica de produzir uma roda é implícita: a raiz *ar-* de *aranískō*, "unir, encaixar" (o verbo refere-se à atividade do carpinteiro na expressão ἤραρε τέκτον, "o artífice [*téktōn*] uniu [*ar-*]" na *Ilíada* IV.110 e XXIII.712) é compartilhada pela palavra que significa "roda" nos textos em Linear B, *harmo* (tabuletas de Cnossos, Sg 1811, So 0437 etc.); em outra forma dialetal, *hárma* (ἅρμα) torna-se, metonimicamente, a palavra para "carruagem" (*Ilíada*, v.231 etc.). Eu sugiro que essa mesma raiz *ar-* é compartilhada pelo nome de Homero, *Hómēros*, cuja etimologia pode ser explicada como "aquele que une" (*homo-* mais *ar-*)[79]. Se essa etimologia estiver correta, então a criação do Ciclo, a soma total da épica, pelo poeta-mestre Homero é uma metáfora que retrata a fabricação da roda definitiva pelo carpinteiro definitivo, ou "aquele que une".

Para ter certeza, o paralelismo entre *aoidós*, "aedo", e *téktōn*, "carpinteiro, ligador", existe para além do nível de metáfora. Ambas as profissões pertencem à categoria de *dēmiourgós*, ou "artista itinerante", conforme vemos a partir da *Odisseia* XVII.381-385[80]. Além disso, o carpinteiro é não o único artesão comparável ao poeta nas tradições poéticas de línguas indo-europeias. Para prosseguir nesse ponto, consideremos a raiz **tek(s)-* presente no substantivo grego *téktōn*, "carpinteiro, ligador", também atestada em *tékhnē*, "técnica, arte". Essa raiz, que já víramos no *takṣ-* índico, "unir, encaixar", não sobrevive como um verbo em grego, mas a encontramos no latim, no qual *texō* é atestado com o sentido de "unir, carpintejar" (como na *Eneida*, XI.326, de Virgílio)[81]. De forma geral, entretanto, *texō* em latim significa "tecer" (como nas *Metamorfoses* VI.62 de Ovídio). O paralelismo entre o carpinteiro e o tecelão no artesanato, implícito na semântica do verbo latino *texō*, é ainda mais universal: nas línguas indo-europeias, a metáfora da carpintaria como composição de canções é, na verdade, paralela à metáfora do tecer[82].

Retornemos à imagem de *Hómēros* como um *rhapsōidós* primordial. Agora vemos que o paralelismo entre o carpinteiro e o tecelão como metáforas para o poeta corresponde à associação de *Hómēros* e *rhapsōidós*.

A chave para esse paralelismo, sugiro, é a ideia de um especialista. No caso da carpintaria, podemos dizer que somente um carpinteiro mestre terá as habilidades requeridas para montar, digamos, uma roda de carruagem. Vamos doravante nos referir sistematicamente a tal especialista como um "ligador", alguém que monta as peças que outros carpinteiros já talharam. No caso de materiais têxteis, por outro lado, já vimos que a palavra *rhapsōidós* implica um especialista. Implica uma habilidade de coser, em um todo artístico, pedaços que outros tecelões já teceram. Em outras palavras, proponho uma proporcionalidade de metáforas: o *carpinteiro* da canção está para o *ligador* da canção assim como alguém que *tece* a canção está para quem *cose* ou *costura* a canção, isto é, ao *rhapsōidós*[83]. Bem como um montador é um artesão mestre, capaz de façanhas especiais como fabricar uma roda de pedaços de madeira já talhados por ele mesmo ou por outros carpinteiros, também o costureiro, aquele que cose pedaços de tecido já tecidos, é por si um artesão mestre, criando algo totalmente "novo", feito sob medida para se adaptar a uma forma determinada. Assim, a metáfora de um montador ou de um costureiro, distintas da de um carpinteiro ou de um tecelão, transmite a ideia de um cantor mestre[84].

De qualquer forma que o mito figurar na criação da poesia homérica, seja por uma roda de um marceneiro ou pelo ajuste perfeito do costureiro, a real criação é vista como ocorrendo em um ponto remoto no tempo, não durante um período de tempo. Do ponto de vista do mito, é como se tivesse havido um "big-bang" que produziu um padrão fixo de composição, que levou a um padrão fixo de performance, ou a ambos[85].

Além disso, como já argumentei no capítulo 1, Homero não é somente o criador da canção heroica: ele é também o herói cultural dessa canção. Para repetir a essência do que eu mencionei anteriormente: as instituições gregas antigas tendem a ser projetadas para o passado, pelos próprios gregos, cada uma a um protocriador, um herói cultural a quem se credita a soma total de uma determinada instituição cultural; e foi prática comum atribuir qualquer grande empreendimento da sociedade, mesmo que essa realização possa ter sido concretizada somente através de um longo período de evolução social, à realização episódica e pessoal de um herói cultural, o qual é retratado como tendo dado sua contribuição monumental em uma era anterior de determinada sociedade[86]. Da mesma forma com Homero: ele é projetado no passado como o gênio original da canção heroica, o protopoeta cuja poesia é reproduzida por uma sucessão contínua de *performers*. Inversamente, cada *performer* sucessivo de Homero está um pouco mais longe de seu gênio original: em *Íon* de Platão, por exemplo, Sócrates contempla o rapsodo Íon como o último em uma corrente de anéis de metal magnetizados ligados pela força de Homero, o poeta original (533d-536d). Na imagem mítica de Homero e seus sucessores feita por Platão, a força magnética da composição poética enfraquece a cada *performer* sucessivo. Retratado como o último, ou ao menos o mais tardio replicante de Homero, Íon se torna o mais fraco de todos os replicantes[87].

Do ponto de vista de um modelo evolucionário para a fixação da poesia homérica, em contraste, a realidade é completamente diferente do mito:

Mesmo que o tamanho, seja da *Ilíada* seja da *Odisseia*, desafiam, em última análise, a performance por qualquer pessoa em um único fôlego, as proporções monumentais dessas composições poderiam *evoluir* em um contexto social em que a sequência da performance, *e com isso a sequência narrativa*, poderia ser regulada, tal como no caso da Panatenaia.[88]

Ao citar essa formulação, destaquei a ideia de que uma fixidez evolutiva nos padrões de performance leva a uma fixidez evolutiva correspondente nos padrões de composição, dado que a performance e a composição – ou, melhor, a recomposição – são aspectos do mesmo processo nesse meio.

Até agora, vimos uma variedade de mitos oferecendo explicações "big-bang" para a criação da poesia homérica e notamos em cada caso uma variedade de metáforas que articulam esses mitos[89]. Primeiramente, há o mito da criação dos poemas homéricos pelo próprio Homero. Uma metáfora associada a esse mito é aquela do artesão-mestre que produz uma obra-prima do artesanato. Em seguida, há os mitos de uma recriação pós-homérica dos poemas. Entre as metáforas utilizadas nesses mitos está aquela de um tecido íntegro produzido pelo coser de diferentes partes de tecido, correspondendo a uma canção total que os rapsodos reúnem ao cantar partes de canções em sequência. Mas talvez a metáfora mais considerável venha de histórias mais tardias acerca de um texto escrito prototípico, desintegrado em partes separadas que são então reintegradas de uma única vez mediante a iniciativa de um herói cultural. Conforme argumentei, essa metáfora é o germe do conceito que agora conhecemos como "recensão pisistrática". Não vejo necessidade, em suma, de defender o conceito de uma "recensão pisistrática" como um evento histórico. O conceito de uma "recensão pisistrática" foi em geral atacado ou ignorado por unitaristas e apoiado por analistas[90]. Posto que tal evento – e o conceito de uma recensão certamente requer que ela seja vista como um evento – supostamente ocorreu algum tempo após a metade do século VI a.C., ela está quase dois séculos distante da era designada a Homero por muitos especialistas. O conceito não é, portanto, compatível com aqueles que veem uma necessidade de recuperar a presença de um "texto" composto por Homero, o qual viveu no século VIII a.C. – refiro-me a eles por enquanto sob o título mais geral de "unitaristas" –, já que não há meios de unir o espaço entre esse "Homero" e um texto escrito que supostamente só passou a existir cerca de duzentos anos depois. Em contraste, os "analistas", que não se importam com autoria única, podem se permitir a ficar menos preocupados com a possibilidade de mover a data da composição homérica dois séculos adiante. Apesar de tudo, poderíamos esperar que eles vissem essa composição como uma questão de retalhos – no sentido negativo da palavra. Em seu *Homerische Untersuchungen*, por exemplo, Wilamowitz descreve a *Odisseia* como o produto final de "um poeta de retalhos modestamente dotado" (*ein gering begabter Flickpoet*)[91].

Particularmente influente ao questionar o conceito de uma "recensão pisistrática" foi um artigo de J.A. Davison[92], cujas visões negativas estão reafirmadas em um capítulo amplamente lido, que trata da transmissão do texto homérico, em *A Companion to Homer*[93]. Apesar de Davison explicitamente rejeitar o conceito de uma "recensão pisistrática"[94], ele fala de um "texto panatenaico"[95], com referência a evidências indicando que o "texto" da *Ilíada* e da *Odisseia* era regularmente performado, como já vimos, no festival ateniense da Panatenaia (Licurgo, *Contra Leocrates* 102; "Platão", *Hiparco* 228b; Diógenes Laércio 1.57)[96]. Desse ponto de vista, tal "texto" é um roteiro, supostamente, para a performance recorrente e sazonal da *Ilíada* e da *Odisseia* na Panatenaia.

Presumivelmente, tal "texto panatenaico" se tornou, por fim, disponível para posse privada por meio do comércio de livros em Atenas, que vemos florescendo no final do século V a.C.[97]. Davison segue oferecendo este aviso:

Qualquer tentativa de falar de *uma única* "vulgata pré-alexandrina", e ainda mais de criar a partir dela uma versão do texto panatenaico voltando à Atenas do século VI ou V a partir das condições que existiam no Egito após o estabelecimento da biblioteca de Alexandria, está fadada ao fracasso desde o início.[98]

Mesmo nesse contexto, entretanto, notamos que ele fala do "texto panatenaico" como se fosse deveras algo certo. Apesar de eu concordar com Davison em que qualquer reconstrução empreendida de tal texto panatenaico apresente enormes dificuldades, discordo de seu argumento segundo o qual a história que sugere uma "recensão pisistrática", conforme ponderada pelo testemunho de *Hiparco* 228 de "Platão" e pela *De oratore* 3.137 de Cícero, foi inventada por um estudioso de Pérgamo, talvez Asclepíades de Mirleia (por volta de 100 a.C.), a fim de arruinar estudiosos rivais de Alexandria[99]. Conforme Davison sinaliza, tal estudioso teria pretendido descreditar "o texto 'autêntico' com que seus rivais alexandrinos obtiveram tanto sucesso 'impondo-o' ao público leitor"[100]. Ao discordar aqui de Davison, sigo, em parte, o raciocínio de Raphael Sealey, que argumenta não termos bases para supor a produção com sucesso de um texto padronizado alexandrino dos poemas homéricos[101]. Referindo-se à obra anterior de T.W. Allen[102], que antecede aquela de Davison, Sealey ressalta que os acordos editoriais alexandrinos feitos acerca dos poemas homéricos, conforme podemos asseverar especialmente a partir da *scholia* à *Ilíada*, tiveram "especialmente pouco efeito" sobre o texto homérico conforme preservado na tradição medieval de versões "vulgatas" de manuscritos[103]. Sealey vai ainda mais além, parafraseando Allen: "Ou [...] não havia edição alexandrina alguma ou, se estudiosos alexandrinos realmente publicaram edições de Homero, [...] estas não se tornaram populares junto ao público leitor."[104]

Sealey também objeta a formulação de Davison acerca dos motivos por trás da alegada "invenção" por estudiosos de Pérgamo da história acerca de uma "recensão pisistrática"[105]. Davison havia dito desta forma: "Sem desafiar a origem ateniense do *novo texto*", a história "inventada" supostamente retira a autoridade desse "novo texto" editado por estudiosos alexandrinos porque ele diminui a data da criação do texto homérico de cerca de 1050 a.C., conforme presumida por Aristarco de Alexandria (Proclo F a 58-62 Severyns), para cerca de 550, a era dos pisistrátidas[106]. Debatendo com a noção de que uma edição alexandrina de Homero poderia afirmar tal autoridade sobre a produção textual, Sealey conclui: "Ninguém jamais impôs com sucesso um texto alexandrino ao público leitor."[107] Há outros especialistas que param um pouco antes de tal conclusão. Comecemos com o que bem poderia ser, ao mesmo tempo em que escrevo estas linhas, o relato mais amplamente lido da tradição textual homérica, um capítulo de Stephanie West intitulado "A transmissão do texto", encontrado nas páginas iniciais de um novo comentário à *Odisseia*[108]. Apesar de ela admitir que o trabalho editorial dos estudiosos alexandrinos Zenódoto e Aristófanes "teve pouco, se tanto, efeito no comércio de livros", West traça uma linha do próximo passo da sucessão de estudiosos alexandrinos, a era de Aristarco, cuja atividade de estudioso é datada em cerca da metade do século II a.C.:

A partir de cerca de 150 [a.C.], uma mudança é observável quando textos "selvagens", caracterizados por uma alta proporção de variantes e acréscimos, desaparecem; mais tarde, os papiros oferecem um texto que difere pouco daquele dos manuscritos medievais. Considerando a data desse desenvolvimento, ele certamente deve estar ligado, direta ou indiretamente, à atividade de Aristarco.[109]

Mesmo se papiros datando de depois da era de Aristarco "oferecem um texto que difere pouco daquele dos manuscritos medievais", não necessariamente precisamos ligar esse fato à atividade de Aristarco. Ninguém, em minha opinião, ainda foi capaz de refutar com sucesso a observação de T.W. Allen de que as prescrições editoriais de Aristarco praticamente não exerceram um efeito no texto homérico conforme preservado na tradição medieval da "vulgata"[110]. O que West chamara de "padronização" eventual do texto homérico a partir de cerca de 150 a.C. pode ser explicado de outras maneiras, sem recorrer à autoridade editorial de Aristarco. Um fator, parece, é a natureza do comércio de livros durante o período em questão.

A própria West destaca o papel do comércio de livros e "um aumento geral nos padrões da produção livreira desse período"[111]. Admitindo que os julgamentos editoriais de Aristarco foram ignorados pelos livreiros e proprietários de *scriptoria*, West, não obstante, abre uma exceção no caso de versos homéricos não serem considerados homéricos por Aristarco, argumentando que tais versos foram nivelados no processo de cópia comercial graças ao entendimento de um texto de Aristarco que apresenta notações especiais para versos supostamente não homéricos:

Mas era improvável ao leitor comum que ele se interessasse por minúcias da crítica textual, particularmente desde que a escolha de uma leitura em detrimento da outra muito raramente afetaria o sentido. Livreiros e proprietários de *scriptoria* podiam, assim, facilmente estar concordando com a demanda popular ao eliminar versos omitidos por Aristarco, sem precisar alterar extensivamente a redação de seus textos. Cópias assim corrigidas se tornariam comercialmente de bom-tom, enquanto qualquer alternativa iria naturalmente desaparecer.[112]

No fim, então, o modelo de West não difere muito do de Allen, que rejeita completamente a ideia de uma edição padrão alexandrina. Nas próprias palavras de West, "Os estudiosos alexandrinos não impuseram uma versão, feita por um único especialista, sobre a tradição, mas levaram a termo uma limpeza geral de material estranho e um aumento em conhecimento que possibilitou alguma proteção permanente."[113]

Ainda assim, nem mesmo vislumbro uma razão convincente para inferir, como o faz West, que tal "limpeza" dependesse da autoridade de uma determinada edição promulgada por Aristarco. A própria tecnologia do *scriptorium*, sugiro, poderia facilmente promover o tipo de processo de nivelamento em que versos adicionais encontrados apenas em alguns manuscritos, mas não em outros, tendessem a ser omitidos. O minimalismo editorial sustentado por Aristarco, cuja prática era questionar a autenticidade dos versos que estavam faltando naqueles manuscritos aos quais ele especificamente dava valor, poderia ser comparado a um minimalismo pragmático do *scriptorium*. Conforme admite West, até mesmo os papiros datando de depois de 150 a.C. "oferecem um espectro amplo demais de variantes para permitir a hipótese de que eles todos poderiam ser cópias de uma única edição"[114].

Parece-me, então, que o novo grau de "padronização" textual na era após 150 a.C. reflete não a autoridade dos estudiosos de Alexandria, mas sim outros fatores – incluindo os avanços sendo feitos no tipo de técnicas minimalistas de *quasi*-edição que seriam necessárias para a cópia comercial em larga escala de manuscritos[115].

Em relação a isso, podemos notar a observação de Sealey de que "se podia alcançar a produção múltipla em pequena escala colocando um escravo para ler em voz alta um texto enquanto muitos escravos se sentavam em torno dele e escreviam o que ouviam"[116]. De um editor de sucesso na era romana, Tito Pompônio Ático, diz-se que tinha empregado homens descritos como *anagnostae optimi et plurimi librarii*, "os melhores leitores e o maior número de escribas" (Nepos, *Vida de Ático* 13.3)[117]. Esse modo de produção de manuscritos pode ser apreciavelmente diferente daquele de tempos anteriores, se aceitarmos a seguinte descrição de produção de manuscritos na era antes de cerca de 150 a.C.:

> Um escriba, copiando Homero inteiro, tendo sido ensinado em uma escola a ler e a escrever a partir do texto de Homero, *vivendo em uma era em que recitais rapsódicos ainda eram comuns*, deve ter tido sua mente repleta de versos ou meio-versos épicos. Se ele se visse introduzindo um verso extra, dificilmente iria [se preocupar com isso]; acréscimos propositais também não podem ser excluídos. E o próximo escriba a copiar esse exemplar não teria chance de notar algo fora do comum.[118]

Permanece o ponto de que, mesmo para West, a "padronização" textual dos poemas homéricos após 150 a.C. se deve a desenvolvimentos no comércio de livros, e o texto homérico dessa era em diante não pode ser suficientemente descrito, mesmo nos termos da argumentação dela, como um texto de Aristarco, e menos ainda de um alexandrino. Ao contrário, devemos inferir que o maior grau de variação nos papiros estabelecidos antes de 150 a.C. se deve não aos caprichos de um tipo mais antiquado de comércio de livros, mas sim à ausência até de um tipo limitado de padronização textual que vemos ocorrendo após essa data.

West usa o termo "segunda padronização" ao se referir à era da história textual homérica após 150 a.C.[119]. Para ela, a primeira padronização ocorre na era de Pisístrato quando fala "dessa padronização do texto do século VI"[120]. Ela também menciona "essa recensão do século VI", que "deve ser considerada como o arquétipo de todos os nossos manuscritos de Homero e da tradição indireta representada por citações e alusões antigas"[121]. West, dessa forma, basicamente aceita o conceito de uma "recensão pisistrática", citando, para sua sustentação, os argumentos desenvolvidos a favor desse conceito por Reinhold Merkelbach e Minna Skafte Jensen[122]. Ela está, de fato, também aceitando o conceito de um "texto panatenaico".

O modelo de Jensen de uma "recensão pisistrática" requer uma dicção clara que foi supostamente comissionada na era os pisistrátidas[123], o que, por sua vez, leva a um "texto panatenaico" padrão[124]. O modelo dela difere daquele desenvolvido aqui principalmente no fato de que ela pensa o texto hipoteticamente ditado não como uma transcrição, mas como um novo arquétipo. Posso concordar com a noção geral de um "texto panatenaico" como a principal fonte dos papiros homéricos na era alexandrina e da tradição tardia da "vulgata" homérica em geral[125]. Entretanto não vou tão longe a ponto de postular um único texto escrito arquetípico, preferindo, ao invés, um modelo evolucionário que permita a textualização eventual dos poemas homéricos no processo de performance recorrente e sazonal na Panatenaia[126]. Como já discuti, essa *textualização* pode ter ocorrido sem a intervenção da escrita, mas ela poderia, de fato, produzir uma transcrição, ou uma variedade de transcrições, em vários estágios possíveis da tradição da performance de Homero na Panatenaia, começando a partir de cerca de 550 a.C. e continuando em direção à metade ou até mesmo ao final do século v[127].

Já vimos que Davison também admite um "texto panatenaico", apesar de ele não ir tão longe a ponto de aceitar o conceito de uma "recensão pisistrática"[128]. Quanto a Sealey, sua descrença em uma edição padrão alexandrina de Homero é equiparada por uma descrença em uma edição padrão panatenaica: ele avança até o ponto de dizer que uma versão panatenaica da *Ilíada* e da *Odisseia* somente poderia ter sido escrita em alguma época entre 550 a.C. e 450 a.C.[129]. Ele liga a possibilidade de uma datação mais precisa para qualquer escrita do texto à necessidade de se aproximar de uma datação mais precisa do crescimento do comércio de livros em Atenas[130]. Por implicação, portanto, não há para ele um arquétipo padrão panatenaico no qual os manuscritos do incipiente comércio de livros estão baseados. Em termos do modelo de Sealey, infiro que qualquer escrita da *Ilíada* e da *Odisseia* nesse período entre 550 a.C. e 450 a.C. resumir-se-ia em uma mera transcrição, não em algum padrão de referência para performances futuras[131].

Creio que minha posição é mais próxima à de Sealey na medida em que eu também não vejo provas para a existência de um manuscrito arquetípico panatenaico mais do que parece haver qualquer prova para um manuscrito arquetípico alexandrino. Há, entretanto, espaço para postular uma *forma* arquetípica panatenaica para a realização da *performance* da *Ilíada* e da *Odisseia* conforme encarnada em um desenvolvimento grego, o qual já comparamos com desenvolvimentos similares atestados em tradições orais vivas. Conforme vimos, esse desenvolvimento é a "regra panatenaica", atribuída ou aos pisistrátidas ou ao próprio Sólon ("Platão", *Hiparco* 228b, e Diógenes Laércio 1.57, respectivamente)[132]. É instrutivo considerar a seguinte formulação de Sealey:

> Agora, o trabalho de Pisístrato e de seus filhos resume-se a isto: os *episódios* da narração homérica de histórias foram arranjados em uma ordem constante para os rapsodos que vieram depois. Esse trabalho pouco seria necessário se os poemas já tivessem sido reduzidos a termo e, assim, ele fornece mais um argumento contra a hipótese de uma redução a termos dos poemas.[133]

Discordo da formulação de Sealey na medida em que o arranjo da narração é visto aqui como um *evento* histórico, correspondendo a um evento na história a qual discorreu sobre os pisistrátidas e como eles produziram um texto padrão dos poemas homéricos. Proponho, ao invés, um modelo evolucionário para ambos os "eventos", isto é, para o arranjo da narração e a textualização dos poemas.

Devo enfatizar novamente que meu objetivo não é reacender a contenda para postular uma "recensão pisistrática", em que *recensão* deve obviamente ser entendida no sentido convencional de revisão crítica que leva em consideração as fontes básicas disponíveis de um texto. De outra maneira, abordei o problema de um modo diferente, destacando que os detalhes de relatos levando à própria ideia de uma "recensão pisistrática", por coincidência, correspondem aos mitos explicando a composição, a performance e a difusão do épico. O destaque desses mitos da unidade total ou da integridade de qualquer épico determinado, conforme vemos mais dramaticamente ilustrado no exemplo persa clássico, corresponde à realidade de um texto unificado e integrado tal como a *Ilíada* e a *Odisseia* homéricas. Também corresponde às narrativas, já analisadas acima, concernentes à lei consuetudinária em vigor no festival ateniense da Panatenaia, em que era decretado que a performance da *Ilíada* e da *Odisseia* por *rhapsōidoí*, "rapsodos", deveria seguir a *sequência* da composição e que a composição inteira tinha de ser performada por um rapsodo atrás do outro, da mesma maneira, *em sua própria sequência*. Nossas duas referências claras a essa lei consuetudinária, *Hiparco* 228b de "Platão" e Diógenes Laércio 1.57, discordam acerca da identidade do iniciador dessa prática, a primeira fonte indicando os pisistrátidas e a segunda Sólon, o legislador. Para nossos propósitos, a questão de determinar o originador desse costume é irrelevante à questão mais básica da significância do próprio costume[134]. As narrativas acerca dessa lei consuetudinária, sugiro, servem como uma indicação clara de que a unidade ou a integridade da composição era em si uma tradição e era venerada enquanto tal.

Se, então, a "recensão pisistrática" é um mito, é um mito de quem? A resposta é certamente: os pisistrátidas eram seus proprietários, ou, melhor, eles o apropriaram como um instrumento de propaganda para sua dinastia. Podemos notar que o relato de Cícero, que é o mais explícito acerca da recensão, retrata o tirano Pisístrato como um dos Sete Sábios canônicos ao creditá-lo o arranjo dos poemas homéricos. Outras narrativas, como também vimos, traçam um paralelo explícito entre Pisístrato e um legislador respeitável como Licurgo de Esparta[135]. Em resumo, a historicidade da "recensão pisistrática" deve ser encontrada não na história real da recensão, mas sim na apropriação da história, do mito, como uma fonte de propaganda para os pisistrátidas.

Reinhold Merkelbach argumenta que a "recensão pisistrática" foi um evento histórico genuíno, apesar de tratar a própria histórica como uma invenção extrapolada, provavelmente a ser datada no século IV[136]. O ponto central para ele é que havia um texto homérico, em forma manuscrita, que tomou forma no século VI, a era de Pisístrato. Ele também pensa que a história de Licurgo está baseada na história de Pisístrato. A evidência comparativa que já aduzi sugere o contrário, de que fora, na verdade, a história de Pisístrato que foi baseada em uma apropriação de padrões narrativos anteriores concernentes aos sábios e aos legisladores. Também discordo de Merkelbach quando ele argumenta que os poemas homéricos teriam se desintegrado por meio de performances repetidas de rapsodos "que improvisavam" se não fosse pela primazia de um manuscrito escrito[137]. Ao postular uma desintegração através da performance, Merkelbach está recorrendo ao conceito geralmente conhecido como *zersingen*, que foi contestado com sucesso por folcloristas[138]. Merkelbach também argumenta que a estabilidade relativa da transmissão textual homérica, em comparação com as variações de manuscritos mais evidentes de outros épicos como a *Canção de Rolando*, prova a existência arquetípica de um texto homérico escrito[139]. Mas eu já argumentei algures, ao reaplicar as perspectivas comparativas aplicadas por Merkelbach, que o modelo alternativo de uma fase relativamente estática na evolução dos poemas homéricos pode explicar tal estabilidade textual. Enquanto isso, Merkelbach parece deixar fora de consideração o fato de que os poemas homéricos eram *performados*. Repito o que eu disse anteriormente: o fato de que a poesia homérica era feita para ser performada ao vivo, e que ela continuou a ser performada ao vivo por todo o período clássico e além, permanece sendo o dado histórico primordial[140]. Um *texto* panatenaico escrito não pode ser o instrumento primeiro para os poemas homéricos. Creio ser ainda menos plausível a tese suplementar de Merkelbach acerca de um "público leitor" para esses poemas[141]. Nesse aspecto, também creio ser difícil reconciliar a aceitação por Stephanie West da tese geral de Merkelbach[142] com sua própria ênfase especial nas tradições de performance dos rapsodos homéricos[143].

Essas objeções não têm a intenção de menosprezar a importância das contribuições de Merkelbach, especialmente quando se trata da datação real das tradições narrativas acerca da chamada recensão pisistrática[144]. De acordo com Merkelbach, nossas fontes retrocedem ao menos até o século IV a.C., a era de Diêuquidas de Megara, que afirmava ser Sólon, e não Pisístrato, quem "interpolou" na *Ilíada* versos favoráveis aos atenienses (FGH 485 F 6, via Diógenes Laércio 1.57): se Diêuquidas teve de desviar de seu caminho para afirmar que o "interpolador" fora Sólon, e não Pisístrato, então deve ter havido uma versão pré-existente atribuída Pisístrato[145].

Claramente, o ato de "interpolação" é visto com uma fraude, conforme vemos em uma história sobre Onomácrito, que é apanhado em flagrante no ato de inserir seus próprios versos em um corpo de poesia oracular (Heródoto 7.6.3)[146]. Esse é o mesmo

Onomácrito que já vimos descrito como um *diathétēs*, "arranjador" da poesia oracular em posse dos pisistrátidas (7.6.3)[147], e que vimos descrito algures como realmente performando poemas oraculares em nome dos pisistrátidas (Heródoto 7.6.5)[148]. Esse é também o mesmo Onomácrito que é supostamente um dos quatro "arranjadores" dos poemas homéricos (Tzetzes em *Anecdota graeca* 1.6, ed. Cramer)[149]. Já sugeri que, uma vez excluídos os pisistrátidas, as histórias reais acerca de sua "recensão" do texto homérico poderiam ser reformadas transferindo dos pisistrátidas para Sólon, o Legislador, o crédito de realizar uma versão ateniense de Homero[150]. Enquanto isso, o intuito de Diêuquidas de Megara é minar *qualquer* versão padrão ateniense de Homero, já que os atenienses tinham uma longa história de usar citações de Homero – especialmente do Catálogo dos Navios no canto II – em suas reivindicações territoriais contínuas contra Megara[151]. É conveniente, portanto, aos propósitos de Diêuquidas minar Sólon, que é visto positivamente pelos atenienses, ao invés de Pisístrato, que é agora visto negativamente por eles. O que é uma questão de "recensão" em uma versão positiva do mito pode se tornar uma questão de "interpolação" em uma versão posterior negativizada – como acabamos de ver no caso dos pisistrátidas e seu agente Onomácrito. O que Diêuquidas está tentando alcançar, sugiro, é estender tal versão negativizada do mito de Pisístrato a Sólon, que seria, naquele dado momento, o herói cultural corrente da versão positiva.

Retornemos aos princípios do que exploramos até agora no assunto da textualização homérica. Concentramo-nos em uma fase relativamente estática das tradições de performance homérica, estendendo-se *grosso modo* da metade do século VIII a.C. até a metade do século VI, em cujo ponto postulo o alcance de um *status* quase-textual para a *Ilíada* e a *Odisseia* no contexto histórico específico do Festival da Panatenaia em Atenas, conforme reorganizado sob o regime dos pisistrátidas.

Essa fase relativamente estática em meu modelo evolucionário para a poesia homérica, durante quase dois séculos e culminando em um *status* quase-textual da *Ilíada* e da *Odisseia* em Atenas sob os pisistrátidas, pode ser correlacionada com uma fase relativamente estática nas representações iconográficas de temas "iliádicos" e "odisseicos" no período arcaico, e as convergências ligando os tratamentos épico e iconográfico de temas épicos se tornam gradativamente acentuados conforme nos aproximamos da metade do século VI a.C. Analisemos alguns exemplos da evidência iconográfica atestadas em datas mais antigas. No caso de temas "odisseicos", podemos notar em particular a história de Odisseu e o Ciclope, bem atestada no século VII[152]. Para temas "iliádicos", podemos nos voltar ao dossiê compilado por Friis Johansen[153]. Chamo atenção a um relevo em bronze de Olímpia que data da segunda metade do século VII a.c. e que representa uma Embaixada a Aquiles composta por Fênix, Odisseu e Ájax (correspondendo à narrativa que encontramos no canto IX da *Ilíada*)[154]. Podemos também notar uma gravura de Rodes, datada do último quartel do século VII e contendo uma representação da Morte de Euforbo (correspondendo à narrativa no canto XVII, v. 1-113, da *Ilíada*)[155]. Depois de apontar analogias entre o estilo dessa gravura de Rodes e o estilo da pintura atestada para a Argos arcaica, Friis Johansen observa outras conexões entre Argos e Rodes, incluindo a alegação rodiense de descendência a partir de Argos (ver *Olímpica* 7.19 de Píndaro)[156]. Nesse contexto, registro meramente a possibilidade de ligar uma proliferação relativamente precoce das tradições narrativas iliádicas em Rodes com o realce extraordinário de Rodes na *Ilíada*, II.653-670.

A evidência a tais exemplos aduzidos por Friis Johansen torna claro que estamos lidando com referências iconográficas a *tradições narrativas* iliádicas, não ao *texto* iliádico conforme o conhecemos. Além disso, sugiro que uma fase relativamente estática no desenvolvimento das tradições narrativas iliádicas é o que torna possível para nós reconhecermos distintamente como iliádicas quaisquer correspondências que encontrarmos em evidências iconográficas que sejam contemporâneas a essa fase postulada.

Se, de fato, estamos lidando com uma fase estática de longa duração das tradições narrativas iliádicas, e não com o texto iliádico conforme o conhecemos, podemos ainda esperar um grau considerável de variação. Se tomarmos como exemplo o vaso François, datado de cerca de 570 a.C. e de proveniência ática, vemos ali uma representação dos Jogos Funerais a Pátroclo, convergindo à narrativa do canto XXIII da *Ilíada* nos seguintes detalhes: (1) o aparecimento de cinco times de carruagem,

(2) Aquiles como presidente dos jogos, e (3) a participação de Diomedes na corrida de carruagem[157]. Há também os seguintes detalhes narrativos na pintura do vaso que divergem dos detalhes do canto XXIII da *Ilíada*: (1) cada carruagem está sendo levada por um time de quatro cavalos, não de dois como na *Ilíada*; (2) ao lado de Diomedes, os participantes são Odisseu, Automedonte, Damásipo e Hipótoo ao invés de Eumelo, Menelau, Antíloco e Meríone, conforme a *Ilíada*; e (3) Diomedes aparece em terceiro, enquanto na *Ilíada* ele é o campeão[158]. Além disso, a estabilidade *relativa* das tradições narrativas na iconografia da Grécia arcaica é ilustrada pela similaridade entre a pintura do vaso François e outra pintura, datada de quase um século antes, em um aríbalo protocoríntio:

> Se dermos o nome de Aquiles ao líder dos jogos no vaso protocoríntio, ele se torna tanto uma "ilustração da Ilíada" quanto aquela do vaso François. Para sua versão da corrida de carruagens respaldada por Aquiles, então, Clítias [o artista do vaso François] pintou se baseando em uma composição tradicional que fora criada pela arte coríntia muito antes do seu tempo, e, com exceção de atualizar o número de cavalos em um time, ele não se sentiu incitado a fazer quaisquer mudanças maiores na fórmula que ele havia herdado.[159]

Nesse contexto, podemos notar, em geral, as observações próprias e frequentes de Friis Johansen sobre variações entre os detalhes correspondentes da narrativa nos artefatos atestados e no épico atestado, a *Ilíada*. Além disso, se escolhermos enfatizar a continuidade que está manifestada no fenômeno dessas variações, então o *terminus post quem* de Friis Johansen em cerca de 630 a.C. para o início de temas distintamente "iliádicos" nas representações iconográficas não precisam ser considerados antigos demais[160]. Quando nos voltamos a desenvolvimentos posteriores, vemos que variações significativas persistem até a metade do século VI a.C., ou até mesmo a 530 a.C., o que pode servir como um *terminus post quem* para a textualização ou para a quase-textualização da *Ilíada* e da *Odisseia*[161]. Elas podem servir também como um *terminus post quem* para as reformas das tradições de performance homérica durante o regime dos pisistrátidas.

É nesse contexto que estou pronto para fazer a pergunta pela última vez: quando foi que a *Ilíada* e a *Odisseia* foram registradas como textos escritos? Com base em critérios linguísticos, Richard Janko propôs 750-725 a.c. e 743-713 a.c. como datas definitivas para a fixação textual da *Ilíada* e da *Odisseia*, respectivamente[162]. Com base em considerações históricas e arqueológicas, Ian Morris concorda com essa datação, na medida em que os conteúdos dos poemas homéricos possam refletir um contexto social passível de datação no século VIII antes de nossa era[163]. Ambas essas avaliações requerem a "teoria do ditado" para estabelecer uma tal data remota[164]. Como já apontei, entretanto, a evidência das inscrições poéticas mais remotas sugere que o próprio conceito de uma transcrição poética provavelmente não evoluiu até cerca de 550 a.C.[165]. Assim, continuo a resistir aos argumentos para uma datação mais antiga da poesia homérica como *texto*.

Dados os fortes paralelismos entre a textualidade e certos padrões de evolução nas tradições poéticas orais, venho argumentando que a fixação da poesia homérica enquanto *texto* pode ser vista como um processo e não necessariamente como um evento. A fixação textual se torna um evento somente quando o texto é finalmente escrito. Contudo pode haver textualidade – ou melhor, textualização – sem o texto escrito[166]. Além disso, venho argumentando que a tradição homérica do épico fornece um exemplo de tal textualização: no processo de evolução na composição, performance e difusão, a tradição homérica do épico se tornou cada vez menos fluida e mais estável em seus padrões de recomposição, movendo-se lentamente à frente no tempo até que alcançou uma fase relativamente estática[167]. Podemos nos referir a essa fase estática como uma era de *rhapsōidoí*, "rapsodos"[168].

Como vimos, a fase estática das tradições de performance homérica poderia facilmente ter durado cerca de dois séculos. Se fizéssemos cortes transversais em quaisquer das extremidades dessa fase estática, eu retrataria em uma extremidade um estágio relativamente mais *formativo* começando com a metade do século VIII e, na outra extremidade, um estágio gradualmente mais *definitivo* em direção à metade do século VI, em cuja época posso imaginar a realização de um *status* quase textual dos poemas homéricos no contexto da performance por rapsodos na Panatenaia[169].

Meu modelo evolucionário difere daquele de G.S. Kirk, que postula uma sequência de transmissão oral começando com um compositor monumental no século VIII a.c., a ser definido como um Homero individual, progredindo desde então até o período histórico da Atenas do século VI[170]. Ambos os modelos nos levam a 550 a.c., mais ou menos[171]. Variações significativas de temas homéricos nas evidências iconográficas de pinturas em vasos – especialmente as variações de temas "iliádicos" – persistem até cerca de 530 a.C.[172]. Em suma, a data aproximada de 550 a.C. – ou talvez algumas décadas depois – parece-me a mais plausível como um *terminus post quem* para uma transcrição potencial da *Ilíada* e da *Odisseia*.

Esse modelo evolucionário da poesia homérica culminando em uma fase estática que dura cerca de dois séculos, enquadrada por uma fase relativamente formativa na metade do século VIII e uma fase gradualmente mais definitiva na metade do século VI, é comparável ao modelo que desenvolvi para o corpo de poesia atribuído a Teógnis de Megara, no qual os critérios externos de datação aplicados ao conteúdo sugerem uma amplitude de evolução excedendo um século e meio[173]. Há outros pontos de comparação. Com referência a Hesíodo, Arquíloco e Tirteu, Stephanie West datou as composições atribuídas a todos esses três poetas no último terço do século VII, acrescentando que "suas composições precisamente redigidas não poderiam ter sobrevivido muito a seus autores sem um registro escrito"[174]. Prefiro aplicar um modelo evolucionário a todos os três, apontando as tradições rapsódicas explicitamente atestadas no caso de Hesíodo[175] e de Arquíloco[176]; argumentos similares podem ser feitos ao caso de Tirteu[177].

Este é o momento de chegar a conclusões. A evidência comparativa de tradições épicas orais vivas é suficiente no sentido de mostrar que a unidade ou a integridade resulta da interação dinâmica entre *composição*, *performance* e *difusão* na feitura do épico. Tal evidência, acrescentada à evidência interna da *Ilíada* e da *Odisseia* enquanto textos, aponta para um processo evolucionário na feitura da poesia homérica.

E, com isso, essa previsão de Homero em termos evolucionários pode deixar alguns de nós com um senso de vazio doloroso. É como se, repentinamente, tivéssemos perdido um autor querido que sempre poderíamos admirar pela realização máxima da *Ilíada* e da *Odisseia*. Mas, certamente, o que nós realmente admiramos desde sempre não é o autor, sobre quem nunca realmente soubemos nada historicamente, no entanto os próprios poemas homéricos. Nessa medida, o modelo evolucionário pode até mesmo se tornar uma fonte de consolo: podemos ter perdido um autor histórico, sobre o qual nunca conhecêramos realmente nada, porém recuperamos, no processo, um autor mítico que é mais do que um simples autor: ele é *Hómēros*, herói cultural do helenismo, um professor muito querido de todos os helenos, que irá renascer com cada nova performance de sua *Ilíada* e de sua *Odisseia*.

4. O Mito Como Exemplum em Homero

Há questões acerca do *parádeigma* homérico, que eu traduzo por enquanto pela expressão latina *exemplum*, seguindo a pista de pesquisas anteriores[1]. Em um artigo influente acerca do tema dos *exempla* mitológicos em Homero, Malcolm Willcock propõe que o conteúdo dos mitos citados por personagens homéricas, com referência às suas próprias situações, é, muitas vezes, uma questão de invenção pessoal *ad hoc* feita pelo poeta[2]. Em um artigo subsequente, discutindo casos específicos de invenções *ad hoc* do mito na *Ilíada*, Willcock resume sua posição desta maneira: "Homero tem um hábito genial de inventar mitologia para o propósito de fornecer prova à situação de sua história."[3] Minha conferência discorda dessa posição e oferece uma formulação alternativa. A chave é a ideia do mito como performance.

Começo por recordar minha admiração por Willcock como acadêmico e professor, porque minha discordância com sua formulação não é hostil e, na verdade, não afeta alguns de seus achados básicos. A frequência de minhas referências a Willcock nas páginas que se seguem reflete um reconhecimento da influência generalizada que sua formulação sobre o *parádeigma*, ou *exemplum*, homérico alcançou nos estudos clássicos acadêmicos. Nessa área de estudo, podemos afirmar que sua formulação alcançou até mesmo o estado de um *parádeigma* em si mesmo. Aqui estou pensando do derivado moderno *paradigma* – no sentido específico da terminologia de Thomas Kuhn em sua pesquisa acerca da estrutura das revoluções científicas[4]. O que eu proponho não é uma substituição do paradigma de Willcock, mas sim – para tomar emprestado novamente a terminologia de Kuhn – uma "mudança de paradigma", com alguns novos acréscimos bem como subtrações[5].

Uma bem-sucedida mudança de paradigma, conforme observa Kuhn, deve tornar possível explicar um maior leque de fenômenos ou explicar, mais precisamente, aqueles que já são conhecidos. Tal ganho é "conseguido somente ao descartar algumas crenças padrão prévias ou procedimentos e, simultaneamente, substituir aqueles componentes do paradigma prévio por outros"[6]. É nesse espírito que citarei, nos argumentos que se seguem, vários classicistas que são especialistas reconhecidos no tema da poesia homérica. Seus nomes são proeminentes em minha argumentação não por causa da controvérsia, mas porque representam as autoridades primeiras para os paradigmas que estão sendo desafiados[7].

Comecemos com o desafio central. Colocarei em dúvida a própria ideia de que o mito homérico é uma questão de invenção pessoal. Tal ideia, demonstrarei, leva a uma altitude que divorcia o estudo da poesia homérica, sob o controle dos classicistas, do estudo do mito, conforme iluminado pela antropologia.

O divórcio é sugerido na própria conclusão de Willcock: "Se Homero inventa tão livremente, deve ser perigoso para nós usarmos a *Ilíada* como se fosse um manual de mitologia."[8] Implícito nesse argumento está o reconhecimento, ainda que vagamente expresso, de que o estudo do mito está de fato fundado em alguma forma de disciplina acadêmica. Explícita está a mensagem de que tal disciplina é inapropriada ao estudo de Homero.

Um grande problema jaz na instabilidade de nosso próprio conceito de *mito*, o que leva à desestabilização dos conceitos de criatividade e de invenção nos contextos do mito. Uma coisa para os comentadores antigos é dizer que Homero criou algo para o momento, como, por exemplo, quando Aristarco toma tal posição acerca de uma história contada por Tétis, recontada por Aquiles na *Ilíada*, I, 396-406, acerca de uma conspiração contra

O MITO COMO *EXEMPLUM* EM HOMERO 83

Zeus por Hera, Posêidon e Atena (*scholia* A para a *Ilíada*, 1.400; cf. *scholia* para 1.399-406). Apesar de tudo, conforme observa Willcock, os comentadores antigos "tratam Homero como um poeta criativo"[9]. Mas é outra coisa, para comentadores modernos que desejam defender a criatividade de Homero, descrever essa história como "mera invenção"[10]. Para os poetas da Grécia antiga, conforme demonstrarei, a criatividade é uma questão de aplicar à ocasião presente a mitologia que já existe. Para comentadores modernos, entretanto, a criatividade tende a ser vista como uma questão de rejeição ativa e consciente das versões de mitos que já existem. Se de fato Homero é um poeta criativo, segundo o raciocínio deles, então quaisquer mitos que encontrarmos em Homero não precisam ser mitos antigos *per se*, mas criações pessoais de novas versões. Willcock coloca-o desta maneira:

Decerto, o que [Homero] inventou pode, em certos casos, ter se tornado uma parte da mitologia para escritores posteriores; mas há certamente uma diferença qualitativa entre a nova invenção poética e a tradição do passado. Homero está muito à vontade com os mitos tradicionais e usa-os frequentemente como pano de fundo para sua *autoschediasmata* [...][11]; mas sua invenção é de tipo e origens diferentes. Então, a procura neoanalítica por fontes externas das afirmações acerca do passado na *Ilíada* (*e.g.*, *Die Quellen de Kullmann*) é arriscada. É fácil demais tirar conclusões e assumir dívidas com modelos hipotéticos.[12]

Os chamados neoanalistas, conforme descritos por Wolfgang Kullmann nessa crítica, apontam para as tradições independentes do Ciclo Épico, conforme atestado primeiramente nos sumários do enredo de Proclo, *Crestomatia*, ao argumentar pela existência de fontes externas para os mitos da poesia homérica[13]. No caso da passagem homérica há pouco citada acerca de uma conspiração contra Zeus por Hera, Posêidon e Atena (*Ilíada*, 1.396-406), o próprio Kullmann já é visto invocando uma fonte externa[14].

Essa visão é contestada por Jasper Griffin, que explicitamente toma partido de Willcock ao argumentar, com referência a essa mesma passagem, que "o poeta da *Ilíada* até mesmo inventa mitos que soam arcaicos"[15]. Griffin discorda de Kullmann, que "acredita a história ser realmente antiga"[16]. Aqui, a redação de Griffin torna claro que, para ele, o mito presente na *Ilíada* I acerca da conspiração de Hera, Posêidon e Atena contra Zeus não pode ser "realmente antigo" se de fato essa constelação particular de três deuses for *ad hoc* à narrativa analisada. É como se o mito não pudesse ser tradicional se for *ad hoc*. Sugiro que tal assunção não pode ser justificada. Minha contestação básica ao paradigma da inovação *ad hoc* no mito homérico envolve um apelo a fim de levar em consideração as perspectivas da antropologia social. Consideremos uma afirmação acerca do mito que claramente se beneficiou de tais perspectivas: de acordo com a definição de trabalho de Walter Burkert, mito "é uma narrativa tradicional usada como uma designação da realidade. O mito é a narrativa *aplicada* [ênfase minha]. O mito descreve uma realidade significativa e importante que se aplica ao agregado, indo além do indivíduo"[17].

No entanto, ainda mais deve ser dito acerca do significado e do valor de verdade do mito. "Do ponto de vista de um antropólogo social como eu", escreve Sir Edmund Leach, "o mito perde todo o significado se é tomado fora de contexto."[18] Conforme discorre Leach, "o mito é 'verdadeiro' para aqueles que o usam, mas não podemos inferir a natureza dessa verdade simplesmente a partir da leitura do texto; temos de conhecer o contexto ao qual o texto se refere"[19]. A evidência empírica para tal contexto, conforme verificado por "trabalho de campo" em nossa era de aparelhos de gravação, é o dado principal da antropologia social.

Infelizmente, no caso de textos como a *Ilíada* e a *Odisseia*, não temos disponíveis, é claro, nenhuma de tais evidências diretas. Para antropólogos sociais como Leach, que reconhecem as histórias da *Ilíada* e da *Odisseia* como mitos, a análise bem-sucedida dessas histórias *como mitos* é, não obstante, esquiva por essa mesma razão: "Não ignoramos completamente evidências literárias, mas somos muito céticos acerca da possibilidade de tirar um sentido etnográfico de textos literários que foram divorciados de seu contexto original no tempo e no espaço."[20]

O problema pode ser estendido até mesmo a mitos reunidos pelos próprios antropólogos, caso os contextos para esses mitos tenham se perdido na transmissão, por assim dizer:

No tocante à antropologia, uma grande parte da popularidade atual do estudo da mitologia é uma resposta ao estímulo propiciado pela obra de Lévi-Strauss, em particular por seus ensaios sobre "O estudo estrutural do mito", "A gesta de Asdiwal" e os quatro volumes das "Mitológicas"[21]. Mas, em um sentido técnico, todos os dados sobre o mito que Lévi-Strauss usa são drasticamente imperfeitos. A maioria deles sofreu as deformações que resultaram da transcrição para um texto escrito, abreviações implacáveis e tradução do vernáculo a uma língua europeia ou até mesmo a uma sucessão de línguas europeias. Por exemplo, a maior parte dos mitos que são analisados na obra "Mitológicas" consideram somente algumas poucas linhas de textos impressos e foram traduzidos pelo próprio Lévi-Strauss de versões em português similares abreviadas e registradas por missionários cristãos. Parece muito provável que, no contexto, cada parágrafo de tal material corresponda a várias horas de récita oral acompanhada por performances dramáticas encenadas de forma elaborada.[22]

Essas observações devem consistir em uma particular preocupação a classicistas cuja familiaridade com abordagens antropológicas do mito estejam baseadas principalmente nos trabalhos de Lévi-Strauss, conforme criticado aqui. Pior, tal familiaridade dificilmente é direta para muitos estudantes anglófonos dos clássicos, que se valem dos livros introdutórios de G.S. Kirk acerca do mito, contendo sumários de sumários feitos por Lévi-Strauss, como um atalho para a compreensão do "estruturalismo"[23]. Pior ainda, esses livros de Kirk, que não é um antropólogo, adotam uma atitude de autodistanciamento dos próprios métodos que ele aplica. Como resultado, espantam os leitores de consultarem diretamente as perspectivas antropológicas do próprio Lévi-Strauss. Sugiro que não se esteja dando muito crédito aos métodos de Lévi-Strauss na análise dos mitos de pequenas sociedades, por exemplo os bororo, do Brasil central, mesmo se concordemos com Leach no sentido de que não se está dando muita atenção aos contextos de performance. Os trabalhos de Lévi-Strauss, sustento, permanecem modelos de técnicas "estruturalistas" ao revelarem a riqueza e a complexidade do pensamento humano nas instituições das chamadas sociedades primitivas. Para muitos que leem Kirk, entretanto, os mitos de sociedades pequenas, como os bororo, parecerão mais como um realce para evidenciar a distinção e, em muitos casos, a suposta superioridade dos mitos dos gregos antigos. Tal atitude é criticada por Marcel Detienne em um ensaio contendo o irônico título "Les Grecs ne sont pas comme les autres" (Os gregos não são como os outros)[24].

Pior de tudo, o próprio uso por Kirk de elemento tais como os mitos bororo, para qualquer tipo de comparação com os gregos, é atacado por alguns classicistas acadêmicos como um ato de deslealdade ao classicismo: com referência específica a Kirk, por exemplo, Jasper Griffin escreve sobre "acadêmicos que começaram a levar a sério os bizarros mitos de povos primitivos", observando que "a revolta do classicismo" faz esses mitos "parecerem mais profundos e mais verdadeiros do que a escala humana e a coerência lógica dos mitos de Homero"[25]. Novamente, vejo uma necessidade de aplicar as perspectivas da antropologia social. Sem referir diretamente a Lévi-Strauss[26], Griffin segue citando extensivamente uma das releituras de Kirk das releituras de Lévi-Strauss de mitos selecionados dos bororo, censurando Kirk por sua apresentação subjetiva[27]. Tal é o destino dos mitos bororo e do próprio Lévi-Strauss nesse formato de mediação indireta: tudo fora perdido na tradução. O quão sem esperança parece, então, essa tarefa de "fazer sentido etnográfico de textos literários" como a poesia homérica!

Entretanto, nem toda a esperança está perdida. Ainda podem haver meios de discorrer sobre os mitos na poesia homérica *conforme forem performados em contexto*. Apesar de os enquadramentos narrativos mais distantes da *Ilíada* e da *Odisseia*, por si duas composições monumentais, darem-nos, para todos os propósitos práticos, nenhuma informação que seja acerca do contexto da performance, para não citar da ocasião, as histórias que são *enquadradas* pelas composições, os mitos realmente falados por personagens homéricas, são, de fato, contextualizados. Em seu livro de 1989, *The Language of Heroes* (A Linguagem dos Heróis), Richard Martin mostra como a narrativa homérica na verdade recupera, embora de maneira estilizada, os contextos de atos-fala tais como investidas formais, ameaças, lamentos, incentivos, profecias, rezas[28]. Quando Heitor é lamentado por Andrômaca no final da *Ilíada*, para citar apenas um exemplo por enquanto, sua canção dramatizada de lamentação não é somente um grupo de palavras faladas por uma personagem homérica e citadas pela narrativa homérica: é um ato-fala, trazido à vida pela narrativa. Argumentarei agora que o próprio mito, conforme falado por personagens homéricas em situações *ad hoc*, é, por si mesmo, um ato-fala.

Há uma palavra-chave que figura nessa argumentação. Conforme Martin demonstra em seu *Language of Heroes*, uma palavra usada na dicção homérica para designar qualquer ato-fala é *mûthos*, ancestral de nossa palavra mito. Na dicção homérica, a palavra grega para "mito" se revela em seu sentido mais amplo.

A fim de compreender o significado especial de *mûthos* na linguagem homérica, consideremos a distinção entre membros *marcados* e *não marcados* de uma oposição – para usar a terminologia da linguística da Escola de Praga[29]. Aqui está a definição de trabalho do próprio Martin acerca desses termos[30]:

O membro "*marcado*" de um par carrega maior peso semântico, mas pode ser usado através de um alcance menor de situações, enquanto que o membro não marcado – o membro mais pálido da oposição – pode ser usado para denotar um alcance maior, mesmo se esse alcance for coberto pelo membro marcado: é o termo mais geral.[31]

Nos termos da linguística da Escola de Praga, então, um ato-fala é o discurso "marcado", enquanto que o discurso comum ou cotidiano é "não marcado"[32]. Com referência à linguagem homérica, Martin mostra que *mûthos* é uma maneira marcada de designar "discurso", enquanto *épos* é a maneira não marcada – ao menos com referência a uma oposição com *mûthos*[33]. O sentido homérico de *mûthos*, na definição de trabalho de Martin, é "um ato-fala indicando autoridade, performado à exaustão, *geralmente em público*, com foco na atenção total a cada detalhe"[34]. A contraparte, *épos*, por outro lado, é "um enunciado, idealmente curto, acompanhando um ato físico e com foco na mensagem, conforme entendida pelo destinatário, ao invés de na performance conforme representada pelo falante"[35].

Como membro não marcado da oposição, de *épos*, ou seu plural *épea*, pode-se esperar ocorrer até mesmo em contextos em que *mûthos* seria apropriado[36]. A situação inversa, entretanto, não é encontrada: na dicção homérica, parece que "não se pode nunca simplesmente substituir o termo semanticamente restrito *mûthos* – significando ato-fala autoritário ou performance – pelo termo comum *épos*"[37]. Também, enquanto *épos* pode ser encontrado em lugar de *mûthos* na dicção homérica, o inverso não ocorre: "Em Homero, uma fala explicitamente considerada um *épos*, e não também representada como *épea* (o plural), nunca é chamada de *mûthos*."[38] A irreversibilidade estende-se mais além: "*Épea* pode ocorrer simultaneamente com referência a um *mûthos*, mas *mûthoi*, no plural, nunca é correlacionado com a forma singular *épos* para descrever uma fala."[39]

Com referência ao aspecto "comum" ou "cotidiano" da fala conforme designada por *épos*, devo enfatizar em geral que a categoria não marcada de fala "comum" ou "cotidiana" é uma categoria padrão: em outras palavras, "comum" é um conceito variável, dependendo do que estiver sendo entendido como "especial" em uma dada comparação ou conjunto de comparações. Em um trabalho anterior, com referência à questão geral de fala marcada e não marcada, eu havia dito desta forma: "O entendimento da fala simples ou cotidiana é uma abstração variável que dependa da realização concreta de qualquer coisa que seja uma fala especial [...] é posta à parte para um contexto especial."[40]

Reexaminemos sob essa luz a redação da definição de trabalho útil de *épos* utilizada por Martin: "um enunciado, idealmente curto, acompanhando um ato físico e com foco na mensagem, conforme entendida pelo destinatário, ao invés de na performance conforme representada pelo falante". Alinhado com o argumento segundo o qual a fala não marcada é uma fala "comum" somente na medida em que serve como uma categoria padrão em oposição a uma categorial especial de fala marcada, podemos dizer que o *épos* homérico é "idealmente curto" precisamente porque o *mûthos* homérico é idealmente longo. Ou, novamente, poderíamos descrever *épos* homérico como tendo "foco na mensagem, conforme entendida pelo destinatário" precisamente porque o *mûthos* homérico tem foco não somente na mensagem, mas também "na performance conforme representada pelo falante". Se não fosse pela oposição a *épos* não marcado ao invés de *mûthos* marcado, a palavra *épos* não precisaria designar a fala que é "idealmente curta", nem precisaria ser entendida como tendo "foco na mensagem".

Há, naturalmente, outras formas homéricas além de *mûthos* que podem marcar a fala como especial, separada do *épos* ou dos *épea* "comuns". Até mesmo um adjetivo acrescentado ao plural de *épos* não marcado pode ser um contrário marcado na dicção homérica: conforme mostra Martin, *épea pteróenta*, "palavras aladas", é um sinônimo funcional de *mûthos* denotando certos tipos de falas marcadas[41].

Quando olhamos para além da dicção homérica, entretanto, em estágios posteriores na história da poesia grega, podemos encontrar evidências para o surgimento de mais uma palavra que marca a fala como especial. Tão especial que é separada até mesmo de *mûthos*, que, dessa maneira, em tais contextos torna-se "comum". Digo "comum" somente até a medida em que a dada palavra contrária se torna ainda mais especial. A palavra em questão é *alēthḗs*, "verdadeiro", ou *alḗtheia*, "verdade". Na dicção de um poeta do século V a.C. como Píndaro, por exemplo, essa palavra é utilizada em oposição explícita à palavra *mûthos* em contextos em que a fala verdadeira está sendo contrastada a outras formas de fala que são desacreditadas, que não podem ser confiadas (ἀλαθῆ λόγον *versus* μύθοι na *Olímpica* 1.29-30, μύθοις *versus* ἀλάθειαν na *Nemeia* VII.23-25)[42].

Nada há, sem dúvida, de pós-homérico acerca da palavra *alēthḗs*, "verdadeiro", ou *alḗtheia*, "verdade", ou mesmo acerca do conceito inerente à formação da palavra, que expressa uma negação explícita, por meio do elemento negativo *a-*, de esquecer, *lēth-*, e, através disso, uma afirmação implícita de memória, *mnē-*[43]. Conforme Martin demonstrou convincentemente, a palavra homérica *mûthos* está associada à *narração da memória*[44], o que ele descreve como um ato retórico de *recordação*[45]. Esse ato-fala de recordação, que é qualificado explicitamente como um *mûthos* (como na *Ilíada*, 1.273), é o ato de *mnē-*, "lembrança". Um exemplo ideal são as palavras de Fênix na *Ilíada*, IX.527, quando ele introduz a história do herói Meleagro a Aquiles e ao resto da audiência: μέμνημαι "eu lembro" [*mnē-*][46]. A falha de quaisquer de tais atos-fala é marcada pelo ato de *lēth-*, "esquecimento" (como com μέμνημαι na *Ilíada*, IX.259)[47]. O próprio conceito de *alēthḗs*, "verdadeiro", ou *alḗtheia*, "verdade", expressa a necessidade de evitar tal falha no ato-fala, o *mûthos*, de recordação ou narração de memória; a dicção homérica pode, na verdade, combinar *alēthḗs*, "verdadeiro", com um derivado de *mûthos*: o verbo *muthéomai*, "fazer um *mûthos*", conforme na expressão *alēthéa muthḗsasthai*, "falar coisas verdadeiras", constante na *Ilíada*, VI.382 (toda a fala em questão é introduzida como um *mûthos* em VI.381). O significado homérico de *muthéomai*, "fazer um *mûthos*", tem toda a força do próprio *mûthos*, conforme vemos nesta descrição feita por Martin:

> Quando essa palavra para a fala ocorre, o discurso que a acompanha tem natureza formal, frequentemente religiosa ou jurídica; todos os detalhes são expostos à audiência ou são esperados pelo interlocutor no poema; às vezes, uma personagem comenta sobre as qualidades formais do discurso rotulado com esse verbo.[48]

Concorda-se, então, que nada há de pós-homérico acerca das palavras *alēthḗs*, "verdadeiro", ou *alḗtheia*, "verdade"; também, que essa palavra não se opõe a *mûthos* na dicção homérica. Em tradições pós-homéricas, entretanto, conforme vimos, por exemplo, na dicção de Píndaro, *mûthos* tornou-se de fato oposto de *alēthḗs* ou de *alḗtheia*, que agora está marcado como sendo distinto de *mûthos*. Nos exemplos de Píndaro que já consideramos, a palavra *mûthos* decaiu a um plural vago (μυθοι na *Olímpica* 1.30, μύθοις na *Nemeia* VII.23), representando uma multiplicidade turva contra cujo pano de fundo a verdade singular de *alḗtheia* está sendo ressaltada em claro contraste[49]. Em resumo, conforme eu discuti amplamente em meu trabalho anterior acerca de tais contextos pós-homéricos, o significado de *mûthos* como um ato-fala se tornou, assim, marginalizado[50].

Há traços dessa marginalização até mesmo em estágios anteriores. Consideremos a expressão *alēthéa gērúsasthai* ("anunciar coisas verdadeiras") na *Teogonia* de Hesíodo, 28, que é uma variante formular de *alēthéa muthḗsasthai* ("falar coisas verdadeiras"), conforme atestada na *Ilíada*, VI.382[51]. Parece, por tais variações, que *gērúomai* ("anunciar") se tornou o membro marcado na oposição a *muthéomai* ("falar"), que, então, torna-se não marcado[52]. De maneira similar a *alēthéa muthḗsasthai*, "falar coisas verdadeiras", conforme atestado no *Hino Homérico a Deméter*, 121, como também na *Ilíada*, VI.382, essa fórmula, por sua vez, é uma variante de *etétuma muthḗsthai*, "falar coisas genuínas", conforme atestado no *Hino Homérico a Deméter*, 44. Bem como *gērúomai* ("anunciar") se tornou o membro marcado na oposição a *muthéomai* ("falar"), assim também *alēthéa* ("verdadeiro") se tornou o membro marcado na oposição a *etétuma* ou *étuma* ("genuíno")[53]. Esta última oposição é explicitamente aclarada nas palavras das próprias Musas citadas na *Teogonia* de Hesíodo, 27-28, em que o valor-verdade singular da própria *Teogonia* é proclamado pelas deusas como *alēthéa*, "verdadeiros" (28), em oposição a uma multiplicidade de versões que *parecem étuma* ("genuíno"), que são, na realidade, *pseúdea* ("falácias") (ψεύδεα πολλὰ [...] ἐτύμοισιν ὅμοια, "muitas falácias que parecem coisas genuínas", 27)[54].

Em meu trabalho anterior, defendi em detalhes que tais variações resultam de uma corrente de diferenciações deflagrando uma versão única pan-helênica e marcada a partir de uma multiplicidade de versões não marcadas que são consideradas como locais ou, ao menos, mais locais[55]. Por enquanto, necessito apenas enfatizar que esse conceito mais novo é marcado como distinto dos conceitos anteriores que, por isso, decaem a uma categoria não marcada. Quando a palavra alēthés ("verdadeiro") ou alétheia ("verdade") se tornam marcadas em oposição a mûthos, que por sua vez se torna não marcado no contexto de tal oposição, o significado de mûthos torna-se marginalizado para significar algo como "mito" no sentido popular da palavra como ela é usada hoje ao se referir à oposição a "verdade". Na dicção poética de Píndaro, por exemplo, mûthos pode praticamente ser traduzido como "mito" nesse sentido moderno da palavra. Em termos da poética pindárica, como eu discuti algures, "mûthoi ('mitos') significa um cerne externo indiferenciado consistindo em mitos locais, em que várias versões de vários locais podem potencialmente contradizer uma a outra, enquanto alétheia ('verdade') significa um cerne interno diferenciado de mitos pan-helênicos exclusivos que tendem a evitar os conflitos de versões locais"[56].

Em resumo, a expressão alēthéa gērúsasthai ("anunciar coisas verdadeiras"), na Teogonia v. 28, designa não somente o processo de falar algo que é privilegiado: ela explicitamente marca um ato-fala, um enunciado com autoridade especial. Não me parece suficiente estabelecer que o adjetivo alēthés possa ser interpretado como "verificável", no sentido etimológico de negar a ideia de "escapar-se à consciência", conforme implícito na raiz do verbo do qual é derivado, lēth-, como em lḗthē ("oblívio") e lanthánō ("escapar à consciência de")[57]. Sim, alēthés conduz à ideia de ver algo "de verdade", mas há mais a isso: a negação de lēth- serve como o equivalente do conceito positivo de mnē-, que, como vimos, significa não somente "lembrar", mas algo como "narrar de memória". Podemos retomar a formulação intuitiva de Jean-Pierre Vernant, que define mnē- como "recuperar a essência do ser"[58]. No pensamento mítico da Grécia antiga, tal essência está além da realidade sensível, além do tempo[59]. Ainda mais importante, conforme Marcel Detienne mostrou, a tradição da Grécia antiga afirma que essa essência é controlada pelo poeta, mestre da "verdade" ou alétheia[60].

Permanece um problema: alēthéa na Teogonia v. 28 está oposta não a lḗthē, mas a pseúdea ("mentiras"), na linha anterior.

Foi discutido que tal antítese representa "um modo de pensar mais tardio, mais racional, em que *alḗtheia* significa ('verdade')"[61]. É como se uma nova oposição racionalista de *alēthéa* ("verdadeiro") versus *pseúdea* ("mentiras") estivesse sobreposta a uma oposição mais antiga de *alḗtheia* centrada no mito no sentido de "sem lapso de consciência" versus *lḗthē* ("lapso de consciência"), resultando em que as duas oposições coincidem e, na verdade, coexistem[62]. Além disso, foi discutido que há uma sobreposição até mesmo entre *alḗtheia* e *lḗthē*, como também entre *alḗtheia* e *pseúdea*, na medida que nenhum ato de lembrança está livre de algum tipo de esquecimento e nenhuma verdade dita está livre de alguma mentira[63]. Concordo que haja um padrão de pensamento em que *mnē-*, no sentido de "lembrar", inclua um aspecto de *lēth-* ("esquecer")[64]. Discordo, no entanto, da noção de que o adjetivo *alēthḗs* e o substantivo *alḗtheia* sejam similarmente inclusivos; de preferência, conforme discuti extensamente alhures, *alēthḗs* e *alḗtheia* explicitamente *excluem* um lapso da mente[65]. A não ambiguidade ou até mesmo o absolutismo das palavras *alēthḗs* e *alḗtheia* é uma chave para sua denotação de ato-fala provido de uma força distintivamente autoritária e permissiva.

Tal absolutismo está inerente também em usos anteriores de *mûthos*, antes de se tornar desestabilizado no processo de ser substituído por termos mais novos para o absoluto. O mito se torna relativo, para não ser confiado, conforme vemos até mesmo em nosso próprio uso da palavra. Esse sentido popular da palavra *mito* em nosso uso cotidiano deve ser justaposto com o sentido acadêmico da palavra em seu uso por antropólogos, para os quais o *mito* de uma dada sociedade pode ser equivalente a *verdade* para essa. Conforme já vimos, o antropólogo Edmund Leach oferece uma discussão particularmente útil de *mito* percebido como *verdade* em sociedades de pequena escala[66]. Esse sentido acadêmico de *mito* combina com o significado anterior de *mûthos* conforme pensado na dicção homérica: nessa fase primeva, como vimos, a palavra pode se referir ao ato-fala de, na prática, *narrar de memória* um mito consolidado do passado. Em suma, as diferenças entre os significados anterior e posterior da palavra grega *mûthos* casualmente se combinam intimamente às diferenças entre os significados acadêmico e popular do empréstimo moderno *mito*.

O MITO COMO *EXEMPLUM* EM HOMERO 93

A marginalização de *mûthos* no alvorecer de uma nova oposição entre *alēthḗs* ("verdadeiro") ou *alḗtheia* ("verdade") pode ser pertinente à oposição mais antiga dos termos *mûthos*, marcado, e *épos*, não marcado. Expus desta maneira em meu trabalho anterior: "A cada estágio de diferenciação, devemos permitir a probabilidade de que o membro não marcado da oposição já possa ter sido o membro marcado em conjuntos de oposições anteriores."[67] Martin nota a eventual diferenciação da palavra *épos*, que se torna especializada no sentido de "enunciado poético" e até de "verso hexamétrico"[68]. Tal especialização semântica sugere-me que o próprio *épos* já fora uma palavra marcada em oposição a alguma outra palavra não marcada para "fala" e que servira como uma palavra não marcada na dicção homérica somente dentro da estrutura de uma oposição com *mûthos*. A especialização semântica de *épos* e a posterior especialização semântica de *mûthos* estão refletidas indiretamente nos empréstimos modernos *épico* e *mito*. Podemos comparar o uso por Aristóteles de *épē* no sentido de *épico* e de *mûthos* no sentido de *mito* como "enredo".

Em relação à especialização semântica mais tardia de *mûthos*, no contexto da oposição a *alēthéa* ("verdadeiro"), resta perguntar por que *mûthos* se tornou por fim marginalizado ao designar fala não confiável, paralelo ao uso popular da palavra moderna que é emprestada dele, *mito*. A resposta, como já discuti alhures, tem a ver com uma tendência para evitar, nas tradições de poesia pan-helênicas, qualquer referência explícita a detalhes do *mito* local tradicional à medida que se relaciona ao *ritual* local tradicional[69]. Por enquanto, é suficiente ressaltar que a semântica da palavra *mûthos* revela, no microcosmo, a relação entre mito e ritual, palavra e ação, na sociedade grega antiga. Consideremos novamente a distinção entre fala marcada e não marcada[70]. Encontramos que a fala marcada ocorre como regra em contextos rituais, conforme podemos observar mais claramente nas sociedades menos complexas e menores[71]. É também nessas sociedades que podemos observar mais claramente a simbiose de mito e ritual e como a linguagem desses é marcada, enquanto a linguagem "cotidiana" é não marcada[72]. Assim também com *mûthos*, ancestral de nossa palavra *mito*: essa palavra, discuti extensamente alhures, em um estágio mais antigo significou a "fala especial" do mito e do ritual em oposição à fala "cotidiana"[73].

Esse argumento sobre *mûthos* foi criticado com referência à minha versão mais abreviada disponível sobre o assunto presente em meu prefácio ao livro de Martin sobre *mûthos*[74]. Aqui está um resumo: "Nagy argumenta que a palavra *mûthos* tem um significado especial no grego antigo, o que em linguística se chama um termo 'marcado', significando fala 'especial' como oposição à 'cotidiana'. É aparentado a *múō*, a *mústēs* e a *mustérion*, termos que têm um significado especial em rituais."[75]

Não exatamente. Eu estava discutindo "a relação entre mito e ritual na sociedade grega antiga"[76]. Com referência a essa relação, defendi que "a linguagem do ritual e do mito é marcada, enquanto a linguagem 'cotidiana' é não marcada"[77]. Então, "como um exemplo dessa semântica", citei *múō*, significando em rituais "tenho meus olhos fechados" ou "eu digo de forma especial"[78]. A ideia de visualização especial e verbalização é levada mais além por dois derivados de *múō*, nomeadamente *mústēs* ("que é iniciado") e *mustérion* ("aquilo ao que é iniciado"); de maneira similar a *mûthos*, defendi que essa palavra, aparentemente relacionada a *múō*, tem uma história de designar uma maneira especial de ver e de dizer coisas[79]. Então, eu dei um exemplo contextual dessa ideia de visualização especial e de verbalização:

> Um exemplo notável ocorre em Sófocles, *Édipo em Colono*, v. 1641-1644: a visualização e a verbalização do que acontecera a Édipo no precinto de Eumênides em Colono são restritas, já que a precisa localização de seu cadáver é um segredo sagrado (1545-1546, 1761-1763). Somente Teseu, em virtude de ser o protossacerdote para os atenienses do aqui-e-agora, testemunhará o que aconteceu, o que é chamado de *drómena* (1644). Essa palavra é a que Jane Harrison usou para designar "ritual" em sua formulação "mito é o enredo do *drómenon*". Assim, a visualização e a verbalização do mito, o que acontecera a Édipo, são restritas ao contexto sagrado do ritual, controlado pela tradição da autoridade sacerdotal de Teseu, herói cultural da democracia ateniense.[80]

O "exemplo notável" se refere não à palavra específica *múō* e a outras palavras a ela relacionadas, mas sim à ideia geral refletida por tais palavras[81].

Meu ponto permanece: que *mûthos* carrega as dimensões de ritual bem como de mito e que se refere, especificamente na dicção homérica, à narração do mito no sentido antropológico. Na dicção homérica, essa palavra *mûthos* revela o "mito" em seu significado mais completo – não estritamente, no sentido de histórias inventadas que são o oposto da verdade empírica, mas amplamente, no sentido de narrativas tradicionais que carregam os valores-verdade de uma dada sociedade[82].

Desde um ponto de vista antropológico, "mito" é de fato "fala especial" já que é a maneira de uma dada sociedade de afirmar sua própria realidade. Leach oferece uma síntese particularmente útil:

As várias histórias [i.e., os mitos de uma dada sociedade] formam um *corpus*. Elas se ligam para formar um todo teológico-cosmológico[-jurídico]. Histórias de uma parte do corpus pressupõem um conhecimento de histórias de todas as outras partes. Há referências cruzadas implícitas de uma parte à outra. É uma característica inevitável da narração que eventos aconteçam um depois dos outros, mas, em referência cruzada, tal sequência é ignorada. É como se todo o *corpus* se referisse a um único instante no tempo, nomeadamente o momento presente.[83]

Tal descrição do mito se ajusta de maneira ideal ao caso do mito contado por Tétis, recontado por Aquiles na *Ilíada*, 1.396-406, acerca de uma conspiração contra Zeus por Hera, Posêidon e Atena. Em um artigo importante que demanda muito mais reconhecimento do que recebeu até o momento, Mabel Lang mostrou de maneira convincente que esse mito se ajusta a todo um *corpus* – se posso aplicar o termo de Leach – de mitos interligados, espalhados por toda a *Ilíada*, relacionados aos conflitos dos deuses olímpicos[84]. Lang sumariza desta maneira:

Essa história é apresentada em sete passagens diferentes [da *Ilíada*]; elas perfazem quatro pares complementares, aparecendo em seis cantos muito espaçados (I, V, XIV, XV, XX e XXI). Portanto, é muito improvável que todas essas referências tenham sido inventadas separadamente para iluminar situações particulares na *Ilíada*."[85]

Argumentando contra a noção de invenção pessoal *ad hoc* feita por Willcock, Lang mostra em detalhes como um conjunto complexo e consistente de *paradeígmata* ou *exempla* concernente a conflitos dos deuses, conforme atestados *dentro* da *Ilíada*, tem "prioridade" sobre os pontos da narrativa em que os *paradeígmata* são citados pelas personagens da *Ilíada*[86]. O mito já está ali, pronto para ser aplicado. "Se o mito que é apresentado como um *parádeigma* suportou muito no que diz respeito à inovação",

Lang argumenta, "ele terá perdido seu poder de persuasão como um precedente a ser respeitado."[87] Podemos comparar a descrição geral de Martin dos atos-fala embutidos na narrativa homérica: "A dicção [...] é mais provável herdada e tradicional; a retórica, por outro lado, é o *locus* da composição espontânea na performance."[88] Ele segue dizendo que "a maneira pela qual os heróis falam uns com os outros coloca em evidência esse fenômeno da performance a fim de se ajustar à audiência"[89].

Bem como as personagens na narrativa homérica são representadas fazendo mitos e outros atos-fala *ad hoc*, também nas situações de "vida real" de pequenas sociedades, conforme descritas por antropólogos sociais como Leach, os contadores de mitos os aplicam às suas próprias situações: "O principal uso ao qual essas histórias são aplicadas é para justificar qualquer coisa que se esteja fazendo no momento."[90] Seguindo Bronislaw Malinowski, Leach afirma que mitos "fornecem alvarás (i.e., precedentes legais) para a ação social"[91]. Além disso, essas fórmulas podem ser revertidas: "Não é somente o fato de o mito fornecer um modelo para a realidade social, mas o comportamento social ser conduzido como se o mito se referisse a um mundo real atualmente existente, do qual os seres humanos tentam participar."[92]

A ideia de que o mito é uma fala especial, uma maneira de uma determinada sociedade de afirmar sua própria realidade, pode ser ligada à aplicação, feita por Barbara Johnson, da noção de J.L. Austin de ato-fala à *poesia* – uma aplicação à qual o próprio Austin resistiu[93]. Tal linha de pensamento é levada adiante em *The Language of Heroes* de Richard Martin[94], que aplica a noção de ato-fala à performance oral de poesia oral conforme estudada nas obras pioneiras de Milman Parry e Albert Lord[95]. Como mostra Martin, o *mûthos* não é somente qualquer ato-fala comunicado por poesia: é também o ato-fala da poesia em si. Sob essa luz, o mito implica ritual na própria performance do mito[96]. Ao citar *mûthos*, como em um *exemplum* mitológico, a poesia homérica mostra como o *mûthos* da própria poesia pode ser aplicado.

Advogo, então, uma abordagem ao uso de *exempla* mitológicos em Homero que diferem do paradigma de Willcock acerca da invenção *ad hoc*. Também difere, entretanto, daquela dos neoanalistas, que creem que os mitos de Homero são retirados geralmente de "fontes" anteriores. Essa diferença é sumarizada na seguinte formulação:

Mesmo se fôssemos aceitar, por enquanto, a noção dúbia de que partes do Ciclo Homérico são retiradas de algum texto que antecede nossa *Ilíada* e *Odisseia*, a objeção fundamental permanece a mesma: quando estamos lidando com a poesia tradicional de composições homéricas (e hesiódicas), não é justificável afirmar que uma passagem em qualquer texto possa se referir a outra passagem em outro texto. Tal restrição de abordagens na crítica homérica (e hesiódica) é uma das lições mais importantes a ser aprendidas dos achados de Milman Parry e Albert Lord acerca da natureza da poesia tradicional "oral". Ater-me-ei, então, a examinar se um poema que é composto em uma dada *tradição* pode se referir a outras *tradições* de composição. Assim, por exemplo, nossa *Odisseia* pode teoricamente se referir a temas tradicionais que são centrais às histórias dos Cantos Cíprios – ou mesmo a histórias da *Ilíada*, por assim dizer. Mas, mesmo nesse caso, tais temas tradicionais teriam variado de composição a composição. Pode teoricamente haver tantas variações sobre um tema quanto há composições. Qualquer tema nada é senão uma multiforma [ou seja, uma variante] e nenhuma dessas multiformas pode ser considerada como uma "forma original e primeira" funcional. Somente com visão retrospectiva podemos considerar que os temas de nossa *Ilíada* são o melhor dos temas possíveis.[97]

Tal posição, apoiando-se em técnicas de investigação da poesia oral, difere tanto da dos neoanalistas quanto daquela dos neounitaristas para quem a aplicação de Milman Parry da "teoria oral" à *Ilíada* e à *Odisseia* levou a sentimentos de "decepção ao montante de luz lançada nos próprios poemas"[98].

Para alguns classicistas neounitaristas, tal como Jasper Griffin, a "teoria oral" tem pouco uso para uma compreensão estética de Homero[99]. Admitindo que a *Ilíada* e a *Odisseia* são herdeiras de uma tradição oral, visto que ao menos "elas representam o fim de uma tradição de poesia oral"[100], Griffin, não obstante, insiste que é suficiente abordar Homero "com métodos estéticos não essencialmente ou radicalmente novos, tendo cautela e evitando argumentos que são descartados por uma origem oral para a obra"[101]. Pelo menos por enquanto, temos aqui uma concessão à "origem oral". Todavia essa concessão tem vida curta: acontece no contexto da citação feita por Griffin nesse momento[102] da obra *Oral Poetry* (Poesia Oral)de Ruth Finnegan[103] ao mesmo tempo evitando a obra de Parry e Lord. Ele é citado com aprovação porque afirma que "não *há* linhas definidas entre literatura 'oral' e 'escrita'"[104]. Além disso, no mesmo contexto em que faz essa afirmação, creio que o livro de Finnegan lê erroneamente o conceito de Parry de fórmula na poesia oral durante o próprio processo de tentar questionar a validade do conceito[105].

Citar o trabalho de Finnegan ao invés do de Parry e Lord é fornecer um raciocínio, ao questionar a própria avaliação de Homero, no sentido de não tratar diretamente quaisquer questões suscitadas pelas diferenças entre poesia oral e escrita. De fato, tais questões emergem, entretanto, em muitas obras em que as ignoram em um primeiro momento. Em estágios posteriores da própria obra de Griffin, ele começa a traçar um contraste distinto entre mitos, associados indiretamente à "origem oral" da poesia homérica e o classicismo associado diretamente com o próprio Homero. De acordo com o paradigma que emerge, Homero torna-se divorciado do mito[106]. Homero torna-se o modelo hermenêutico para o classicismo, enquanto o mito é deixado para trás como o estranho ameaçador, o "outro". Em um caso, Griffin reconta um mito sumério, novamente retirado do livro de Kirk, junto a alguns mitos bororo; então, colocando-os juntos como um contrapeso ao classicismo dos gregos antigos, descreve esses mitos como "essa peça exuberante e grotesca de fantasia"[107]. A questão de como distinguir entre esses mitos e os mitos dos gregos antigos é então tratada como o seguinte:

Não é difícil encontrar a resposta. A mitologia grega é distinta de outras acima de tudo pela posição dominante, dentro dela, dos mitos acerca de heróis. Heróis não se transformam, em geral, em tamanduás, ou fazem traseiros de purês de batata, ou engravidam três gerações de sua própria descendência feminina, nem são meio-animais. Eles iluminam, por suas ações ou por sua natureza, não os problemas de relacionamento entre natureza e cultura, levantados por Lévi-Strauss, mas a posição, o potencial e as limitações do homem no mundo.[108]

Para conseguir essa visão do herói grego, tem-se de forçar a não levar em consideração não apenas a evidência comparativa fornecida por disciplinas tal como a antropologia social, mas também muito da evidência interna grega. As multifaces dos heróis gregos em particular e do mito grego em geral podem ser ilustradas com uma riqueza de testemunhos tanto de fontes

O MITO COMO *EXEMPLUM* EM HOMERO 99

não literárias quanto literárias[109], incluindo formas tradicionais como as fábulas de Esopo[110].

Tudo isso não é dizer que não deveríamos esperar que os mitos homéricos tivessem características distintivas. Mas, seja qual for a distinção que possamos encontrar em Homero, ela não pode ser formulada, muito menos explicada, sem a aplicação rigorosa de uma perspectiva comparativa.

O método comparativo vindica a eficácia e o poder comunicador do mito na tradição oral, com referência ao aqui-e-agora da ocasião para qual o mito está sendo performado. Se de fato encontrarmos níveis comparáveis de comunicação na poesia homérica, em situações em que uma personagem fornece como exemplo um mito com referência a uma dada ocasião na narrativa, sustento que não há, em tais situações, justificativa alguma para explicar o enxerto de pedaços de mito tendo a ocasião como uma questão de invenção pessoal, de desvio dos mitos do passado por Homero. Concordo com Willcock no tocante em que a chave para as mudanças nos mitos sejam a *ocasião* (ele usa essa palavra) nas quais as pessoas se encontrem[111]. Mas discordo em relação à dedução de que tais mudanças na narrativa homérica sejam um sinal de invenção pessoal arbitrária predicada em um contexto imediato, que seja aparentemente, da mesma maneira, uma questão de invenção pessoal arbitrária. Sugiro, ao invés, que tais "mudanças" são uma questão de seleção *dentro da* tradição[112]. Sugiro, mais, que há para nós um grande perigo em subestimar rudemente o alcance da variação na tradição mitopoética de Homero. Sugiro, finalmente, que a variação no mito é em si uma tradição imanente, compatível com padrões de variação nas situações "da vida real" de sociedades tradicionais.

O que é dito para os mitos citados pelas personagens mencionadas pela narrativa homérica se aplica também aos mitos que moldam a narrativa exterior que enquadra os mitos citados. O que é aplicável, de maneira demonstrável, às personagens na narrativa homérica é aplicável indiretamente também a pessoas na "vida real", no espectro de situações enquadradas pelo mesmo sistema tradicional social que enquadra a própria poesia homérica. Em outras palavras, *a narrativa exterior que enquadra os* exempla *mitológicos é em si um exemplum mitológico em uma larga escala*[113].

O problema é: a poesia homérica não se diferencia claramente de seu próprio contexto social, das ocasiões de sua própria possibilidade de performance (*performability*). Retomamos as palavras de Leach: "O mito é 'verdadeiro' para aqueles que o usam, mas não podemos inferir a natureza dessa verdade simplesmente a partir da leitura do texto; temos de conhecer o contexto ao qual o texto se refere."[114] Ainda assim, se a própria narrativa homérica nos dá "textos" dentro de seu próprio "texto", com contextos apropriados aos quais esses "textos" se referem; então o contexto exterior, ou seja, lá fora no "mundo real", é ao menos indiretamente recuperável.

Assim como os mitos que são citados por personagens na poesia homérica são uma parte de um sistema complexo de mitopoética, e não uma massa desintegrada de matéria-prima que é arbitrariamente reformada pela narrativa que a enquadra, também a narrativa enquadrada em si é constituída de mitos que são parte daquele mesmo sistema complexo de mitopoética. Os mitos organizadores que constituem nossa *Ilíada* e nossa *Odisseia*, a narrativa de enquadramento da poesia homérica, compartilham as características formais do mito conforme descrito por antropólogos sociais. Ao aplicarmos ambas as análises, comparativa e interna, em teoria podemos deduzir que os conteúdos da *Ilíada* e da *Odisseia* são controlado pelos princípios da mitopoética, cujos elementos constituintes podem ser descritos como *temas*: "Minha teoria [...] afirma que o tema é o princípio dominante na criação de poesia tradicional como a *Ilíada* e a *Odisseia*; também, que a herança formular dessas composições é uma expressão acurada de sua herança temática."[115] Tal visão da poesia homérica, conforme construída a partir dos mitos que a organiza, pode se tornar um modelo hermenêutico para abordar a questão muito debatida da unidade na composição homérica:

A posição de uma *Ilíada* unitária e de uma *Odisseia* unitária não tem sido para mim um fim em si mesmo, um fim que é continuamente ameaçado por inconsistências textuais nesta ou naquela passagem homérica. Ao invés, tem sido um meio para resolver os problemas apresentados por essas inconsistências. Independentemente de passagens homéricas parecerem, a princípio, ser inconsistentes a curto alcance, elas podem, a longo alcance, ser a chave para vários temas centrais da *Ilíada* e da *Odisseia* como um todo – mensagens centrais que estão escondidas de nós, tal como estamos agora, que não fomos educados por uma sociedade helênica como a audiência compreensiva do epos.[116]

O MITO COMO *EXEMPLUM* EM HOMERO 101

Essa formulação leva em consideração o fator de mudança no decorrer do tempo nas tradições de mitopoética, e, como qualquer fase atual de um mito, como um sistema, responde às mudanças no aqui-e-agora a partir da última narração do mito. Mas o ponto é: as mudanças em si são responsivas às variantes tradicionais que estão disponíveis. Mudanças podem ser o sintoma da variação tradicional.

Para ilustrar, consideremos o célebre problema concernente ao uso de formas duais, em que teríamos esperado formas plurais, em pontos-chave na narrativa da chamada Cena da Embaixada da *Ilíada*, canto IX. Parece como se os duais se referissem a três emissários, não a dois, enviados por Agamêmnon em um esforço para persuadir Aquiles a renunciar a seu ódio e retornar à companhia de seus companheiros guerreiros[117]. A maioria das soluções oferecidas ao problema postulam uma versão anterior da Cena da Embaixada, com somente dois emissários ao invés de três presentes na *Ilíada* na forma em que a temos, de forma que o uso esporádico de duais é aparentemente um reflexo da versão anterior; os três emissários são Fênix, Ájax e Odisseu em nossa *Ilíada* e assume-se comumente ser Fênix o elemento intruso na construção, de modo que os duais podem ser reconstruídos como se referindo, em um estágio anterior, somente a Ájax e a Odisseu[118]. Tais soluções tentadas, entretanto, implicam uma invocação de *textos*. Ao contrário, pode ser defendido que essa assim chamada Cena da Embaixada, conforme a temos, "não é um trabalho de remendos desajeitado de textos mutuamente irreconciliáveis, ao invés disso, é uma orquestração artística de uma *variante* de tradições narrativas"[119].

A Cena da Embaixada explora uma riqueza de variantes tradicionais possíveis, todas elas *exempla* na composição, muito como vemos as personagens da narrativa homérica explorando variantes ao construírem suas próprias mensagens.

O conselho de Nestor a Agamêmnon, que se torna o curso adotado da ação, é de que Fênix, Ájax e Odisseu sejam enviados como emissários a Aquiles (IX.168-170); Fênix deverá liderar, conforme o estabelecido pelo verbo *hēgéomai* ("liderar o caminho") (ἡγησάσθω, IX.168). Os dois mensageiros, Ódio e Euríbato, também são enviados (IX.170). Então, há, de fato, cinco emissários ao todo.

Quando o grupo se dirige em direção à tenda de Aquiles, vemos a seguinte descrição (IX.182):

τὼ δὲ βάτην παρὰ θῖνα πολυφλοίσβοιο θαλάσσης
"Caminharam ao longo da praia do mar marulhante"

Quem são os dois, se cinco emissários já foram mencionados? Um sentido de precedente – ou digamos *exemplum* – sugeriria primeiramente os dois mensageiros, Ódio e Euríbato. Podemos notar outra combinação narrativa, os dois mensageiros Taltíbio e Euríbato, conforme mencionados no canto I da *Ilíada* (320-321), que vimos descritos da mesma maneira em um ponto anterior da narrativa, no qual estão sendo enviados por Agamêmnon para tomar Briseida de Aquiles (1.327):

τὼ δ' ἀέκοντε βάτην παρὰ θῖν' ἁλὸς ἀτρυγέτοιο
"Eles caminharam contrariados pela orla do mar nunca cultivado"[120]

Quando os dois mensageiros chegaram à tenda de Aquiles, o herói os saudou desta forma (1.334):

χαίρετε, κήρυκες, Διὸς ἄγγελοι ἠδὲ καὶ ἀνδρῶν
"Salve, ó arautos, mensageiros de Zeus e dos homens"

Então, também agora no canto IX, quando os emissários chegam à tenda de Aquiles, o herói os saúda (IX.196-198):

τὼ καὶ δεικνύμενος προσέφη πόδας ὠκὺς Ἀχιλλεύς·
"χαίρετον· ἦ φίλοι ἄνδρες ἱκάνετον· ἦ τι μάλα χρεώ,
οἵ μοι σκυζομένῳ περ Ἀχαιῶν φίλτατοί ἐστον".

"Sede bem-vindos! Chegais como homens muito amigos – na verdade, a necessidade será bastante premente – vós que, para mim, apesar de irado, sois os mais estimados dos Aqueus".

Da mesma forma que Aquiles falou da grande necessidade de sua pessoa na presente situação (χρεώ, IX.197), também ele predicara uma grande necessidade no canto I da *Ilíada* quando invocou os dois mensageiros como testemunhas (1.338) do fato de que ainda viria um tempo no qual haveria uma grande necessidade dele (χρειώ, 1.341)[121].

No canto I, os dois mensageiros eram os únicos emissários. No canto IX, entretanto, há cinco. Ainda assim, a saudação de Aquiles no canto IX parece apropriada a dois emissários, não a cinco. Ele se dirige aos cinco emissários como se fossem dois mensageiros, mas ele segue descrevendo-os como seus amigos mais caros e mais próximos. Tal descrição é apropriada a Fênix e a Ájax, mas não a Odisseu. Como o próprio Aquiles diz, quem quer que diga uma coisa e esconda outra em seus pensamentos é tão *ekhthrós* ("odioso") a ele quanto os portões do Hades (IX.312-313). Tal descrição é apropriada a Odisseu[122]. A palavra *ekhthrós* ("odioso, inimigo"), conforme usada por Aquiles aqui na Cena da Embaixada (IX.312), é o oposto de *phílos* ("estimado, amigo"), uma descrição que ele aplica quando saúda os emissários no dual (IX.198).

É como se a narrativa estivesse seguindo a etiqueta tradicional ao falar com dois emissários, como em um ponto anterior da narrativa em que o grupo enviado a Aquiles está a caminho (IX.182):

τὼ δὲ βάτην παρὰ θινα πολυφλοίβοιο θαλάσσες.

"Caminharam ao longo da praia do mar marulhante."

Dois é a norma, o *exemplum* por padrão. Contudo, três outros vêm acompanhando; na realidade, os três outros tomam a precedência sobre os mensageiros. Além disso, à medida que o grupo segue, a etiqueta é violada (IX.192):

τὼ δὲ βάτην προτέρω, ἡγεῖτο δὲ διος Ὀδυσσεύς.

"Avançaram os outros dois; liderava-os o divino Odisseu."[123]

Odisseu liderar *en passant* é uma violação da etiqueta apresentada por Nestor, cujo plano explicitamente requeria a liderança de Fênix (IX.168-170):

Φοινιξ μὲν πρώτιστα Δὺ φίλος ἡγησάσθω,
αὐτὰρ ἔπειτ' Αἴας τε μέγας καὶ διος Ὀδυσσεύς·
κηρύκων δ' Ὀδίος τε καὶ Εὐρυβάτης ἅμ' ἐπέσθων.

"antes de mais será Fênix, dileto de Zeus, que irá à frente;
e depois dele o grande Ájax e o divino Ulisses.
Dos arautos que sejam Ódio e Eurίbates a acompanhá-los".

No entanto, Odisseu violar a etiqueta não é violar a tradição do mito, visto que *é tradicional para a figura de Odisseu violar regras de etiqueta*[124]. Quando chega o momento de o discurso começar na Cena da Embaixada, Ájax gesticula acenando a Fênix (IX.223), quem poderíamos ter esperado ser o primeiro a falar, porém é Odisseu quem nota o gesto (223), enche uma taça com vinho, gesticulando a Aquiles (224)[125], e começa a falar, tornando-se, assim, o primeiro dos três a se dirigir a Aquiles (225-306). A redação que descreve a intervenção de Odisseu é sugestiva (IX.223):

νευσ' Αἴας Φοίνικι· νόησε δὲ δῖος Ὀδυσσεύς.

"Ájax fez sinal a Fênix; apercebeu-se o divino Ulisses" (*noéō*)

Verbo *noéō* ("tomar nota, notar, aperceber-se"), conforme discuti algures, é uma palavra especial usada na dicção poética grega arcaica em contextos em que uma interpretação especial, uma "leitura" especial, por assim dizer, é sinalizada[126]. Em passagens como *Odisseia* XVII.281 e *Ilíada* XXIII.305 é claro que o verbo *noéō* designa um nível complexo de compreensão que confere dois níveis de significado, um dos quais é visível, enquanto o outro, o mais importante, é latente[127].

Quando Odisseu se apercebe, νόησε (*noéō*), na *Ilíada* IX.223, ele estava de fato tomando uma iniciativa com um motivo ulterior, um propósito latente, em mente. Como defende Cedric Whitman, a oferta a Aquiles feita por Agamêmnon, conforme reformulada por Odisseu em sua fala citada na Cena da Embaixada, ameaça o próprio *status* de Aquiles no épico[128]. Pode ser defendido, para além, que o motivo potencial ulterior de Odisseu, de questionar a estatura heroica de Aquiles, é "compreendido" por Aquiles[129]. Retomamos o que Aquiles diz: quem diz uma coisa e esconde outra em seus pensamentos é tão *ekhthrós* ("odioso") a ele quanto os portões do Hades (IX.312-313)[130]. Pode ser que tal "compreensão" sutil da parte de Aquiles justifique o uso formalista do dual na saudação de Aquiles aos emissários: essa saudação de fato desdenha Odisseu ao excluí-lo dos níveis daqueles que são *phíloi* ("estimados") a Aquiles. Podemos comparar o desdenho sutil de Aquiles por Ájax alguns versos adiante na Cena da Embaixada: Ájax sustém uma série de construções em terceira pessoa a fim de evitar, tanto quanto possível, ter de se dirigir diretamente a Aquiles na segunda pessoa (*Ilíada*, IX.624-636)[131].

Se, de fato, o uso da saudação no dual feita por Aquiles na *Ilíada*, IX.197-198 tem o efeito sutil de sugerir que ele está na verdade desdenhando Odisseu, resta perguntar por que as personagens que estão prestes a ser saudadas são designadas no dual *pela própria narrativa em enquadramento*, em IX.196, correspondendo aos duais da narrativa nos pontos anteriores já mencionados (IX.182-183 e 192). Uma resposta vem da demonstração de Richard Martin, segundo o qual a perspectiva do narrador da *Ilíada* se torna dramaticamente identificada com a perspectiva do herói principal da narração, Aquiles[132]. A demonstração de Martin auxilia a motivar não somente o uso dos duais na narrativa em terceira pessoa da *Ilíada*, canto IX[133], mas até mesmo outros fenômenos como a convenção homérica da apóstrofe[134]. Defender, entretanto, que a narrativa do canto IX da *Ilíada* assume a perspectiva de seu falante principal não é defender que os duais em IX.182-183 e 192 tenham de ser interpretados como um desdém: eles seriam apenas uma "preparação" para o potencial de um desdém posterior, que se torna ativo somente no momento da saudação de Aquiles em IX.197-198.

Tais interpretações, no entanto, atribuindo qualidades de sutileza ao caráter e aos atos-fala de Aquiles, resultam ser sutis demais para os gostos de alguns especialistas em Homero[135]. Um estudioso, encontrando lapsos no uso da palavra *tema*[136], reage com o seguinte comentário à postulação de um tema tradicional de rivalidade entre Aquiles e Odisseu:

Na primeira frase de sua Introdução (p. 1), a forma poética é igualada a "dicção" e o conteúdo a "tema". Um "tema" é um tipo misterioso de ser: pertence a "uma dimensão *latente* que permanece *emergindo*" (p. 136); em outras palavras, é visível somente àqueles videntes que se sentem confortáveis na esfera das ambiguidades e dos paradoxos.[137]

Sugiro que as complexidades de significado são visíveis não somente a "videntes", como também a qualquer um que tome tempo para examinar empiricamente os mecanismos da tradição na mitopoética, conforme evidenciado no emprego de *exempla* homéricos mitológicos.

Outro estudioso, que da mesma maneira objeta enfaticamente à presente linha de análise concernente aos duais na Cena da Embaixada, observa que "uma técnica tão sofisticada de alusões é um tanto estranha ao épico primevo e dificilmente seria encontrada até mesmo na poesia helenística"[138]. Até mesmo de alguns defensores do "classicismo" de Homero, de quem esperaríamos que fossem receptivos à ideia de sofisticação homérica, é sabido tomarem uma posição semelhante: Jasper Griffin refere-se a "alguns estudiosos" que "estão agora encontrando nos épicos significados de uma grande sutileza que não foram detectados por três milênios"[139]. Tal sutileza, entretanto, torna-se imaginável e até mesmo compreensível uma vez que começamos a apreciar o grande conjunto de variantes, potenciais *exempla* mitológicos, disponíveis à tradição homérica em qualquer ponto da narrativa. Um último exemplo será suficiente. Sabemos que as narrativas gregas arcaicas acerca de encontros hostis entre heróis e rios divinos podem, tradicionalmente, retratar o rio tomando a forma de uma besta feroz: o exemplo mais importante é Arquíloco F 286-287 West, em que o herói Héracles luta com o rio divino Aqueloo, que tomou a forma de um touro bravio. Podemos contrastar o tratamento da luta entre o herói Aquiles e o rio divino Xanto na *Ilíada*, XXI, em que o rio não toma a forma de um touro e até mesmo não é teriomórfico: ao invés, a narrativa opta por uma tradição variante, ressaltando o aspecto elementar do rio, como água personificada, lutando com um herói cujo aliado é Hefesto, o fogo personificado[140]. Foi defendido, parcialmente sobre a autoridade da *scholia* à *Ilíada*, XXI.237, que a versão herdada por Arquíloco é pré-homérica[141]. É suficiente por enquanto dizer que a representação feita por Arquíloco deriva de uma tradição que é independente de Homero. Mas o curioso de tudo isso é o seguinte: a narrativa homérica sai de seu curso para fazer uma referência indireta à outra tradição. O rio Xanto, no calor da batalha com o herói Aquiles, é descrito como μεμυκὼς ἠΰτε ταυρος ("[com sonoros] mugidos de touro", "mugindo como touro"; *Ilíada*, XXI.237)[142]. O símile corresponde a um reconhecimento consciente de uma tradição variante.

Ao buscar persuadir aqueles que ainda não estão convencidos pelo argumento de que os *exempla* mitológicos em Homero derivam de uma tradição rica, complexa e, sim, sutil, encerro convidando-os a considerar o significado da palavra latina *exemplum*, conforme revelado por meio de seus próprios contextos. Esse significado foi sumarizado admiravelmente no dicionário etimológico latino de Alfred Ernout e Antoine Meillet, que definem *exemplum* como um objeto separado do meio de outros objetos como ele, visando servir como um modelo[143]. Para algo ser separado, ser "tomado" (verbo *emō*), esse algo deve ser notório, excepcional (adjetivo *eximius*). Excepcional como é, o modelo enquanto modelo é tradicional. O modelo é um precedente e esse precedente perderia sua retórica, seu próprio poder, se fosse alterado por gosto à alteração. É uma coisa para nós reconhecermos mudanças no desenvolvimento do mito ao longo do tempo. É outra coisa bem diversa assumir que as mudanças estão sendo feitas arbitrariamente por aqueles que usam o mito como *exemplum* dentro de sua própria sociedade. Como precedentes, os *exempla* mitológicos demandam uma mentalidade de imutabilidade, de adesão ao modelo, mesmo se o mito for mutável ao longo do tempo[144]. O *exemplo* existe para que a sociedade possa segui-lo ou rechaçá-lo e que, em si, seja um exercício da mente e do espírito. A tradição lexicógrafa romana afirma-o muito bem ao contrastar *exemplum* com *exemplar* (Paulus ex Festo 72.5):

exemplum est quod sequemus aut uitemus. exemplar ex quo simile faciamus. illud animo aestimatur, istud oculis conspicitur.

Exemplum é o que seguiremos ou evitaremos. *Exemplar* é algo a partir do qual fazemos algo parecido. Aquele é sentido pelo espírito; este é visto pelos olhos.

Falo de *exemplum* homérico, não de *exemplar* homérico.

Epílogo

Por toda esta obra, o objetivo central foi reintroduzir a vitalidade da performance, da tradição oral em geral, à estrutura conceitual dos clássicos. Esse objetivo lida com a necessidade de estar vigilante quanto à tradição em si, quanto a todas as tradições. Anteriormente, defendi que o campo de estudo dos clássicos, que se presta ao estudo empírico da tradição, parece idealmente apto a articular o valor da tradição em outras sociedades, sejam ou não essas sociedades estreitamente comparáveis àquelas da Grécia e da Roma antigas, dado que vivemos em uma era em que as tradições vivas de sociedades tradicionais estão rapidamente se tornando extintas; em que muitos milhares de anos de experiência humana cumulativa estão se tornando obliterados em menos de um século, mais ou menos, de progresso tecnológico moderno. A rápida extinção das velhas tradições vivas pelo mesmo progresso tecnológico que aponta em direção à extinção menos rápida, mas igualmente certa, da própria natureza está vigorosamente expressa no poema de um indígena americano:

1.
Em mim, as guerras
cheroquí contra yoneg (brancos)

tenho diplomas universitários (2)
todos os principais cartões de crédito
pago minhas contas em dia cada mês
em minha parede há uma fotografia
do Grande Espírito

2.
Porque a carne que como
vem embalada em celofane
eu não entendo
os primeiros fatos da vida

eu nunca bebi sangue
e caço
com o seletor de canais
na frente da minha tv

3.
Quando vou ao supermercado
e compro um pouco de carne
pré-cortada e embalada
como eu me desculparei
ao espírito do animal
cuja carne eu como
e onde vou acender minhas fogueiras?

4.
Meus poemas são minhas fogueiras.
oh deuses perdoem-me todas
as coisas em que
fracassei. as coisas que eu deveria
ter feito. perdoem a carne
que usei sem uma oração
sem desculpa perdoem
as outras orações que eu não
fiz aquelas vezes que eu deveria
mas oh vocês deuses tanto grandes
quanto pequenos eu não sei
as formas antigas. meus poemas
são minhas fogueiras e minhas orações.

[Robert Conley, Autorretrato: Microcosmo,
ou Canção do Sangue Misturado.][1]

Vejo nesse poema um legado para os classicistas americanos,
um legado emanando de um clamor de um indígena americano

que carrega um significado especial a todos os americanos. Esse poema é particularmente apropriado porque é sobre princípios, no sentido literal de primeiros elementos. Ele explora o valor de voltar no tempo a fim de recuperar verdades fundamentais, mesmo quando não está mais claro o que se está recuperando. O ponto-chave de angústia no poema parece ser: *eu não conheço as formas antigas*. As formas são o ritual; o ritual é a performance; a performance é a canção. Então, o que pode compensar as formas antigas? A resposta deve ser encontrada no próprio uso da tradição ou no que está de alguma maneira ligado à tradição, que é a essência da poesia como o desdobramento da performance. O aspecto ritual da performance pode ser melhor simbolizado em uma forma primária de ritual, o sacrifício; e a essência do sacrifício pode ser mais bem simbolizado nos fogos do sacrifício[2]. A solução-chave para a angústia é: *Meus poemas são minhas fogueiras*.

Ligo a busca por voltar no tempo por meio da experiência humana, resgatando valores em sociedades prestes a ser extintas, com a busca por resgatar a natureza do assalto da tecnologia e da ideologia. Ou, falemos acerca da natureza à medida em que se liga com a condição humana, chamando-a de o ambiente.

Evito usar a palavra "primitivo", especialmente com referências a sociedades pequenas que, em tempos recentes, foram levadas à beira da extinção pelos avanços da tecnologia. Uma palavra como essa implica que a dada sociedade fracassou em acompanhar o progresso, como se houvesse somente uma direção para a qual todas as sociedades, toda a humanidade, devessem caminhar. Conforme o antropólogo Claude Lévi-Strauss afirmou, as sociedades ameaçadas de nosso mundo nos parecem estar em suspensão "não necessariamente porque elas o estejam de fato, mas porque a linha de seu desenvolvimento não tem significado para nós e não pode ser medida nos termos dos critérios que empregamos"[3]. Ele fornece uma analogia impressionante, uma observação intuitiva generalizada a partir da experiência de vida:

As pessoas de idade avançada, em sua velhice, geralmente consideram que a história é estacionária, em contraste com a história cumulativa que eles viram ser construída quando eram jovens. Um período em que eles não estão mais ativamente preocupados, em que não têm papel a desempenhar, não tem sentido real para eles; nada acontece, ou o que de fato acontece lhes parece improdutivo ao bem; enquanto isso, seus netos se jogam para dentro da vida daquele mesmo período com todo o entusiasmo apaixonado que seus idosos esqueceram.[4]

Atualmente, o ambiente em si está em perigo, mas os idosos responsáveis pelo que chamam de "civilização ocidental" podem parecer indiferentes aos danos causados pela tecnologia dessa civilização. Se seguirmos por um momento a linha de pensamento sugerida há pouco por Lévi-Strauss, poderíamos dizer que o mundo antigo, o mundo do mito, é de fato ainda um mundo antigo quando se trata da experienciar a natureza. Os Antigos, junto com o que restou dos chamados primitivos de hoje, veem o mundo de uma maneira que pode ainda reacender nossa paixão por essa experiência.

Esse falar sobre paixão traz-nos de volta à afirmativa *Meus poemas são minhas fogueiras.* Aqui é que a perspectiva diacrônica se faz necessária, com relação a culturas à beira de se tornarem extintas. Aqui é que a filologia se faz necessária: com relação aos poemas. Digo filologia no sentido mais amplo do termo antigo, conforme vigorosamente reformulado por Rudolf Pfeiffer:

Os sofistas tinham uma predileção por compostos com *phílo-* e isso pode se dever ao fato de que encontramos *philólogos* primeiramente em Platão [...] e uma vez na comédia de Aleixo no século quatro [...] ; significa [alguém] que gosta de falar, disputar, de maneira dialética em um sentido amplo e um tanto vago ou irônico. Mas quando Eratóstenes o usou, ou quando a nova diegética [...] ao primeiro jambo de Calímaco diz que Hipônates vindo dos mortos chama *toùs philológous eis to Parmenîonos kaloùmenon Sarapideînon*, o composto refere-se (de acordo com Suetônio) a pessoas que são familiares com vários ramos de conhecimento ou mesmo de todo o *logos*.[5]

Voltamos ao relato de Suetônio de que Eratóstenes foi o primeiro estudioso a formalizar esse termo *philólogos* ao se referir à sua identidade de estudioso[6], e, ao fazê-lo, ele estava chamando atenção a uma *doctrina* que é *multiplex uariaque*, um ramo de estudos que é multifacetado e composto de muitos elementos diferentes. O ideal está contido no nome da American Philological Association, em sua própria identidade quanto grupo de estudiosos que é *multiplex uariaque*. É um ideal que está contido no nome mesmo cidade (Filadélfia)em que ela se reuniu para sua convenção anual de 1991. Mais do que isso, é um ideal que está contido no próprio país cujo nome é parte do título, a American Philological Association. Neste momento particular da história da organização, esse ideal de uma *doctrina* que é multifacetada e composta de muitos elementos diferentes precisa ser reafirmado. É um ideal que podemos reafirmar na *lingua franca* da América do Norte, a língua inglesa, se usarmos a palavra anglo-saxã *love* [amor] para recapturar nossa nostalgia compartilhada pelo *logos*. Estou pensando aqui na maneira pela qual Gilbert Murray por acaso utilizou essa palavra em suas próprias meditações acerca da filologia:

"Vento, vento do mar profundo", começa assim um coro em *Hécuba*... Quão leves são as palavras! No entanto, há nelas somente aquela inexplicável beleza, aquele tremor ligeiro de alegria e nostalgia, que, da mesma forma que era então fresca em um mundo cujo osso e ferro já há muito passou a pó, ainda está fresca e ainda viva; somente mais difícil de alcançar, mais fácil de esquecer, de desprezar, de sufocar com irrelevâncias; muito mais em risco de morte. Pois, como certas outras das coisas do espírito, *irá morrer se não for amada*.[7]

Quando ponderamos essa ideia de morte, um tipo de morte das palavras, podemos recordar das palavras eternas de Fênix na *Ilíada*, IX.527-528, quando ele introduz a história do herói Meleagro a Aquiles e ao resto da audiência: μέμνημαι ("eu lembro"; *mnē-*)[8].

μέμνημα τόδε ἔργον ἐγὼ πάλαι οὔ νέον γε
ὡς ἦν· ἐν δ' ὑμῖν ἐρέω πάντεσσι φίλοισι.

"Eu próprio me recordo deste feito de há muito (recente não é, de forma alguma!), como foi: a vós, todos amigos [*phíloi*], o narrarei".

Conforme defende Martin, a noção homérica de *ato-fala* ou de *performance* está associada com *narrar de memória*[9], o que ele iguala com o ato retórico de *recordação*[10]. Vimos que esse ato-fala de recordação, que se qualifica explicitamente como um *mûthos* (como na *Ilíada*, 1.273), é o ato de *mémnēmai* ("lembro")[11]. O fracasso de qualquer ato-fala desse tipo é marcado pelo ato de *lēth-* ("esquecer") (como com λήθεαι na *Ilíada*, IX.529)[12], o que nos faz lembrar da angústia de *esquecer as formas* no poema do indígena americano.

Na nossa passagem da *Ilíada*, o objeto acusativo *tóde érgon* ("aconteceu isso") esclarece que o ato de lembrar não é somente de percepção[13]. É uma invocação ativa, pelas próprias palavras, do que é sentido ser real. E as palavras nessa passagem da *Ilíada* assumem sua autoridade porque se presume que aqueles que de fato estejam escutando sejam, todos eles, *phíloi* ("estimados" ou "amigos"): ἐν δ' ὑμιν ἐρέω πάντεσσι φίλοισι. Aqui vemos a essência da recepção, da interação *performer*-audiência. Os ouvintes estão ligados ao que fala as palavras pelo amor presumido daqueles a este, presumivelmente retribuindo o amor de quem fala a eles. Para sermos capazes de ouvir também, de ouvir de fato, há de haver amor à palavra – em uma palavra, à filologia.

Quando Aquiles prediz na *Ilíada*, IX, que a canção sobre ele durará pela eternidade, jamais definhando, podemos nos maravilhar pelo fato de que sua predição é verdadeira – até agora. Se seguirmos o raciocínio de Gilbert Murray, a palavra não morreu, não está morrendo ainda, e não morrerá se for de fato amada. A filologia está viva. Vida longa à filologia!

Notas

PREFÁCIO
1. G. Nagy, *Homeric Questions*.
2. *Mythological Exemplum in Homer*; e *An Evolutionary Model for the Making of Homeric Poetry: Comparative Perspectives*.

INTRODUÇÃO
1. J. Davison, *The Transmission of Text*, p. 234.
2. R. Pfeiffer, *History of Classical Scholarship*, p. 69.
3. H. Hintenlang, *Untersuchungen zu den Homer--Aporien des Aristoteles*, p. 22-23.
4. Ibidem.
5. R. Pfeiffer, op. cit., p. 70.
6. Ibidem.
7. Ibidem, p. 70-71, com referência a K. Lehrs, *De Aristarchi studiis Homericis*, p. 206.
8. Suetônio, *De grammaticis et rhetoribus*, c. 10 em R. Pfeiffer, op. cit., p. 158, n. 8; ver a edição definitiva de R.A. Kaster, *De grammaticis et rhetoribus/C. Suetonius Tranquillus*.
9. Testemunhos coletados por R. Pfeiffer, op. cit., p. 96.
10. Ibidem, p. 97.
11. Ibidem, p. 232.
12. G. Nagy, Death of a Schoolboy: The Early Greek Beginnings of a Crisis in Philology, reafirmando uma discussão prévia em G. Nagy, *Pindar's Homer: The Lyric Possession of an Epic Past*, p. 406-413. Sobre Quios como o local de nascimento de Homero, ver Acusilau, FGH 2 F 2.
13. Ibidem. Ver especialmente a p. 40 sobre Sófocles como compositor e *performer*.
14. Idem, *Greek Mythology and Poetics*, p. 47. Sobre o conceito de *prestígio terminal*, ver S. McClary, Terminal Prestige: The Case of Avant-Garde Music Composition, *Cultural Critique*, v. 12.
15. C.R. Phillips (Classical Scholarship against Its History. *American Journal of Philology*, Baltimore, v. 110, n. 4) faz as seguintes observações acerca do "modelo científico" do conhecimento clássico: "O trabalho mais recente torna-se o mais confiável, com as exceções de ou velhas visões que concordam com conceituações contemporâneas (tornando-se, portanto, vislumbres da verdade) ou as que, através de seu 'erro' aparente, fornecem um ponto de partida para a polêmica interpretativa ou que oferecem compilações de dados ainda não reeditados. Essa visão a-histórica da 'verdade' contemporânea torna os estudos clássicos relacionados às ciências naturais".
16. F.W. Householde; G. Nagy, *Greek: A Survey of Recent Work*, p. 19-26, 35-36, 48-54 e 62-70. Nas minhas primeiras publicações, refiro-me constantemente a essa obra de acordo com a paginação da versão 1972a devido a um erro tipográfico incômodo na p. 20 da versão 1972b. Além disso, a última versão está agora mais facilmente disponível e frequentemente

é mais citada (*e.g.*, L.R. Palmer, *The Greek Language*, p. 72, 74, 105, 316; e R. Janko, *The Iliad: A Commentary*); consequentemente, corrigirei simplesmente o erro da p. 20 da versão 1972b (εὑρέα πόντον e εὑρὺν πόντον na linha 5, εὑρέι πόντῳ na linha 6) e referirei doravante somente a essa versão.

17. Um exemplo que vem à mente é esta afirmação feita por J. Griffin (Homer and Excess, em J.M. Bremer et. al., *Homer: Beyond Oral Poetry*, p. 103, n. 36): "Na sentença κλέος ἄφθιτον [*kléos áphthiton*, "fama imperecível"], na qual muito tem sido baseado, compartilho das reservas de M. Finkelberg (Is KLEOS APHTHITON a Homeric Formula?)". Ver G. Nagy, *Comparative Studies in Greek and Indic Meter*, que é de fato baseado na sentença homérica *kléos áphthiton* (*Ilíada*, IX.413). Ofereço alguns contra-argumentos a Finkelberg em G.Nagy, *Pindar's Homer: The Lyric Possession of an Epic Past*, p. 244-245, n. 126. Ver A.T. Edwards, *Odysseus against Achilles: The Role of Allusion in the Homeric Epic*, p. 75-78 e R.P. Martin, *The Language of Heroes: Speech and Performance in the Iliad*, p. 182-183.
18. T. Eagleton, *Literary Theory* (Trad. bras.: *Teoria da Literatura*, São Paulo: Martins Fontes, 2006.)
19. J. Chadwick, *The Mycenaean World*.
20. Conforme aponta A. Meillet (*La Méthode comparative en linguistique historique*, p. 12), cada fato linguístico é parte de um sistema (*chaque fait linguistique fait partie d'un ensemble où tout se tient*). Não precisamos esperar, entretanto, que qualquer sistema seja perfeito: é apropriado relembrar a fórmula sucinta de um notável linguista e antropólogo norte-americano: "todas as gramáticas gotejam" (E. Sapir, *Language: An Introduction to the Study of Speech*, p. 38). Veja a discussão sobre modelos linguísticos em F.W. Householder; G. Nagy, op. cit., p. 17 e G. Nagy, ibidem, p. 4-5. Poucos estudos em Homero aplicam a linguística com o grau de rigor intelectual e de habilidade que esse campo requer. Uma exceção é D.G. Miller, *Homer and the Ionian Epic Tradition*; idem, *Improvisation, Typology, Culture, and "The New Orthodoxy": How Oral Is Homer?*: o autor revela um embasamento completo na teoria e na práxis linguísticas. Aqui posso deixar minha própria dívida aos meus professores de linguística, Fred Householder e Calvert Watkins;

também a ex-estudantes, muitos dos quais publicaram monografias que aplicam os métodos da linguística (*e.g.*, V. Bers, *Enallage and Greek Style*; R.S. Shannon, *The Arms of Achilles and Homeric Compositional Technique*; L. Muellner, *The Meaning of Homeric* EYXOMAI *through Its Formulas*; D. Frame, *The Myth of Return in Early Greek Epic*; D. Sinos, *Achilles, Patroklos, and the Meaning of Philos*; S. Lowenstam, *The Arming of Achilleus on Early Greek Vases, Classical Antiquity*, v. 12.; R. Sacks, *The Traditional Phrase in Homer*; G. Crane, *Calypso: Backgrounds and Conventions of the Odyssey*; C.P. Caswell, *A Study of Thumos in Early Greek Epic*. S.T. Edmunds, *Homeric Nepios*. S.T. Kelly, *Homeric Correption and the Metrical Distinctions between Speeches and Narrative*; C.P. Roth, *Homeric Greek*; R. Stoddart, *Pindar and Greek Family Law*; E.R. Lowry, *Thersites: A Study in Comic Shame*; L.M. Slatkin, *The Power of Thetis*; E.J. Vodoklys, *Blame-Expression in the Epic Tradition*; A.G. Batchelder, *The Seal of Orestes*; e J.C.B. Petropoulos, *Heat and Lust*.)
21. Especialmente G.Nagy, *Comparative Studies in Greek and Indic Meter*, *The Best of the Achaeans: Concepts of the Hero in Archaic Greek Poetry* e *Greek Mythology and Poetics*.
22. O. Taplin, *Homeric Soundings: The Shaping of the Iliad*, p. 116, comentando G. Nagy, *The Best of the Achaeans*.
23. G. Nagy, *Greek Mythology and Poetics*, p. 20-21.
24. Ver mais discussões em G. Nagy, *The Name of Apollo: Etymology and Essence*, em J. Solomon, *Apollo: Origins and Influences*. Mais a seguir acerca do termo *diacrônico*. Sobre a tradição como um instrumento de significado, ver L.M. Slatkin, *The Power of Thetis: Allusion and Interpretation in the Iliad*.
25. Os trabalhos coligidos de Milman Parry foram publicados por seu filho Adam Parry em 1971.
26. A.B. Lord, *Singer of Tales*, 1960.
27. Idem, *Epic Singers and Oral Tradition*, 1991. Percebo que há uma necessidade especial de registrar, para a memória institucional da American Philological Association, a honra que cabe a Lord. Essa necessidade é posta não somente pelo seu valor acadêmico, mas também porque, como ainda claramente me lembro, uma palestra particular da AAF, proferida em um ano anterior, sobre o sujeito da composição homérica, parecia sair de seu caminho para atingir o trabalho de Lord.

1. HOMERO E AS QUESTÕES DA POESIA ORAL

1. Ver G. Nagy, *Pindar's Homer: The Lyric Possession of an Epic Past*, p. 17-51.
2. Ver A.B. Lord, op. cit., p. 2-3 e 16. Sobre as desvantagens do termo, ver R.P. Martin (op. cit., p. 4), que também cita M. Herzfeld, Interpretation from Within: Metatext for a Cretan Quarrel, p. 202: "Até
3. mesmo o reconhecimento de textos populares

como 'literatura oral' […] projetava meramente um oximoro elegante: ao definir textualidade em termos de 'literatura', uma concepção puramente verbocêntrica, ele deixara o arbitrariedade sob o controle da 'alta cultura'".

3. R. Finnegan, What Is Oral Literature Anyway? Comments in the Light of Some African and Other

Comparative Material, em B.A. Stolz; A. Shannon (eds.), *Oral Literature and the Formula*.
4. J.M. Bremer et al., *Homer: Beyond Oral Poetry. Recent Trends in Homeric Interpretation*.
5. G. Nagy, *Greek Mythology and Poetics*, p. 207. Para uma confirmação arqueológica em uma tabuleta de escrita no formato de um dístico feita de madeira condensada, com alças de marfim, datada do fim do século XIV ou do início do século XIII a.C., ver G.F. Bass, A Bronze-Age Writing-Diptych from the Sea off Lycia, *Kadmos*, v. 29.
6. Ver p. 20 supra.
7. R. Finnegan, Tradition, But What Tradition and For Whom, *Oral Tradition*, v. 6, n.1, p. 106.
8. É a partir dessa perspectiva que usei a palavra *tradição* também em meu trabalho anterior, e.g., G. Nagy, *The Best of the Achaeans*, p. 3, e mais explicitamente em *Pindar's Homer*, p. 57-61 e 70-72 (ver p. 349 e 411). J. Peradotto, *Man in the Middle Voice: Name and Narration in the Odyssey*, p. 100. Eu acrescentaria a observação, derivada de minha referência aos meus próprios trabalhos citados, de que pode haver níveis diferentes de rigidez ou de flexibilidade em tradições diferentes, até mesmo em diferentes fases da mesma tradição. Também, que há situações em que métodos empíricos de disciplinas tal como a linguística podem ser aplicados para determinar quais aspectos de uma determinada tradição são mais velhos ou mais novos.
9. Ver G. Nagy, *Pindar's Homer*, p. 17, com bibliografia sobre os conceitos úteis de *parole* e de *langue*.
10. J. Goody; I. Watt, The Consequences of Literacy, *Literacy in Traditional Societies*, p. 32, seguindo o trabalho de L.A. Bohannan, A Genealogical Charter, *Africa: Journal the International African Institute*, v. 22, n. 4; ver I. Morris, The Use and Abuse of Homer, *Classical Antiquity*, v. 5, p. 87. Mais discussões podem ser encontradas em M. Jensen, *The Homeric Question and the Oral-Formulaic Theory*, p. 98-99 e em R. Thomas, *Oral Tradition and Written Record in Classical Athens*, p. 178-179, 188.
11. J. Lloyd-Jones (*Becoming Homer*, p. 57) afirma que a minha abordagem romantiza a tradição; seus argumentos foram antecipados pelos meus contra-argumentos em G. Nagy, *Pindar's Homer: The Lyric Possession of an Epic Past*, p. 1.
12. Para uma introdução esclarecedora ao termo, ver B. Nettl, *The Study of Ethnomusicology*, p. 6-7 e 9.
13. A.B. Lord, op. cit., p. 2.
14. Para um sumário útil, com bibliografia, ver O. Ducrot; T. Todorov, *Encyclopedic Dictionary of the Sciences of Language*, p. 137-144; ver G. Nagy, op. cit., p. 4.
15. G. Nagy, *Greek Mythology and Poetics*, p. 20-21.
16. A.B. Lord, *The Singer of Tales*, p. 28. O meu uso do termo *performance* não pretende transmitir nenhuma conotação de uma presença em palco, por assim dizer, por parte do *performer*. Tenho particularmente em mente a dimensão *performativa* de uma enunciação, conforme analisada a partir de uma perspectiva antropológica. Para uma aplicação pragmática da palavra *performativo*, ver, por exemplo, S.J. Tambiah, *Culture, Thought, and Social Action: An Anthropological Perspective*, p. 123-166. Ver R.P. Martin, op. cit., p. 231: "autoapresentação a uma plateia".
17. A palavra não será usada no sentido de uma abordagem "difusora", familiar a linguistas e folcloristas.
18. Ver G. Nagy, *Greek Mythology and Poetics*, n. 10, seguindo A.B. Lord, *The Singer of Tale*, p. 68-98; para uma definição de trabalho alterada, ver A.B. Lord, *Epic Singers and Oral Tradition*, p. 26-27.
19. G. Nagy, *Greek Mythology and Poetics*, p. 29.
20. Ver A.B. Lord, *Epic Singers and Oral Tradition*, p. 73-74.
21. M. Parry, Studies in the Epic Technique of Oral Verse-Making, I: Homer and Homeric Style, *Harvard Studies in Classical Philology*, v. 43, p. 272.
22. Ibidem, p. 276. (Grifo nosso.)
23. G. Nagy, *Greek Mythology and Poetics*, p. 24, seguindo A.B. Lord, *The Singer of Tales*, p. 53.
24. Ver G. Nagy, *Pindar's Homer*, p. 55-56.
25. Idem, *The Best of the Achaeans*, p. 6-7.
26. Idem, *Pindar's Homer*, p. 53; veja maiores discussões abaixo. É arriscado projetar retroativamente ao mundo antigo nossas noções contemporâneas de "autor" – notavelmente a de autor *individual*. Sobre os problemas semânticos de projetar retroativamente nossas noções de indivíduo, ver D. t. D. Held, Why "Individuals" Didn't Exist in Classical Antiquity, *New England Classical Newsletter and Journal*, v. 18.
27. Um modelo para uma abordagem sincrônica e diacrônica combinadas é o de E.S. Sherratt, "Reading the Texts": Archaeology and the Homeric Question, *Antiquity*, v. 64, n. 245. Reagindo à aplicação de R.P. Martin (em *The Language of Heroes*, p. 7-10), no tocante ao problema da composição/performance homérica, de um amplo leque de evidências comparativas acerca de tipos diferentes de interação plateia-*performer*, J. Griffin (Speech in the Iliad, *The Classical Review*, v. 41, n. 1, p. 5) invoca "a evidência não ambígua, sobre o tema da performance homérica, dos poemas homéricos", referindo-se às descrições de performances tais como aquelas de Fêmio na *Odisseia*, canto I. Uma resposta é fazer esta pergunta: como exatamente são tais performances, como as de Fêmio, "homéricas"? Em outras palavras, como a representação homérica da poesia corresponde à essência da poesia homérica em si mesma? Podemos simplesmente supor que não há uma lacuna entre os dois tipos de "poesia"? Os resultados de meu próprio estudo sobre a questão sugerem que há de fato uma lacuna (ver, especialmente, G. Nagy, *Pindar's Homer*, p. 21, em que desenvolvo o conceito de "inclinação diacrônica" [*diacronic skewing*]).

28. Sobre o mundo da poesia homérica no segundo milênio a.C., ver E. Vermeule, *Priam's Castle Blazing*, em M. Mellink, *Troy and the Trojan War*, especialmente p. 85, n. 28. Para a perspectiva do século VIII a.C., ver I. Morris, *The Use and Abuse of Homer*. Comentando o título de Moses Finley, *The World of Odysseus* [O Mundo de Odisseu] (1977), C. Catenacci (Il finale dell'Odissea e la recensio pisistratide dei poemi omerici, *Quaderni urbinati di cultura classica*, v. 44, n. 2, p. 21) sugere que um título mais propício seria *The Possible World of Odysseus* [O Mundo Possível de Odisseu], citando mais detalhadamente bibliografia sobre teorias de "mundos possíveis".
29. G. Nagy, *Pindar's Homer*, p. 78-81. Sobre o significado de *Hómēros*, ver capítulo 3, p. 89-90.
30. Ver A. Kleingünther, *Protos Heuretes: Untersuchungen zur Geschichte einer Fragestellung*.
31. Para uma discussão iluminadora dos heróis da cultura nas tradições chinesas, ver L. Raphals, *Knowing Words: Wisdom and Cunning in the Classical Traditions of China and Greece*, p. 53: Yi inventa o arco; Zhu, a carruagem; e Qiao Chui, o barco.
32. G. Nagy, *Theognis and Megara: A Poet's Vision of His City*, p. 33, e *Pindar's Homer*, p. 170 e 368.
33. Ver ibidem, p. 55, especialmente com referência ao *Íon* de Platão 533d-536d. No *Hino Homérico a Apolo*, o narrador dramatizado em primeira pessoa afirma a identidade de Homero: ver discussão detalhada em *Pindar's Homer*, p. 375-377 (expandida em *The Best of the Achaeans*, p. 8-9) e *Greek Mythology and Poetics*, p. 54 (ver J.S. Clay, *The Politics of Olympus: Form and Meaning in the Major Homeric Hymns*, p. 53, n. 111, e p. 55, n. 116).
34. C. Carey (Review of Nagy, p. 285) argumenta que "em sua abordagem à literatura grega em geral, Nagy enfatiza demasiadamente a tradição às custas do indivíduo". Eu contra-argumentaria dizendo que minha abordagem dá o devido crédito à tradição em contextos em que muitos classicistas contemporâneos enfatizam demasiadamente o poeta individual às custas da tradição: ver, especialmente, G. Nagy, *Pindar's Homer*, p. 79-80.
35. G. Nagy, *Pindar's Homer*, p. 79, em resposta a M. Griffith, *Personality in Hesiod, Studies in Classical Lyric: A Homage to Elroy Bundy*, v. 2, p. 58, n. 82.
36. P. Zumthor, *Essai de poétique médiévale*, p. 68.
37. G. Nagy, *Pindar's Homer*, p. 72 e n. 99, com bibliografia.
38. Ver uma discussão detalhada G. Nagy, *Greek Mythology and Poetics*, p. 18-35, explicando os resultados de *Comparative Studies in Greek and Indic Meter*.
39. Ibidem.
40. R. Finnegan, *Oral Poetry: Its Nature, Significance, and Social Context*.
41. Ibidem, p. 59.
42. M. Parry, op. cit., p. 270. (Grifo nosso.)
43. O.M. Davidson, *Poet and Hero in the Persian Book of Kings*, p. 62.
44. Ibidem, em resposta às alegações de R. Finnegan, *Oral Poetry*, p. 62, acerca do condicionamento métrico das fórmulas. Sobre a relação entre fórmula e métrica, ver G. Nagy, *Greek Mythology and Poetics*, p. 18-35; ver A.B. Lord, *Epic Singers and Oral Tradition*, p. 73-74. Para mais críticas da interpretação de Finnegan acerca do entendimento de Parry sobre a fórmula, ver D.G. Miller, *Improvisation, Typology, Culture, and "The New Orthodoxy": How Oral Is Homer?*, p. 32.
45. O.M. Davidson, op. cit., p. 62.
46. R. Finnegan, *Oral Poetry*, p. 64. (Grifo nosso.)
47. Ibidem, p. 62.
48. Ver O.M. Davidson, op. cit., p. 60-62 e G. Nagy, *Greek Mythology and Poetics*, p. 18-35; ver A.B. Lord, *Epic Singers and Oral Tradition*, p. 73-74. Para uma crítica abrangente de várias definições de fórmula, com referência especial a N. Austin, *Archery at the Dark of the Moon: Poetic Problems in Homer's Odyssey*, p. 11-80; R. Finnegan, *Oral Poetry*, p. 54-55 e 73-86; P. Kiparsky, *Oral Poetry: Some Linguistic and Typological Considerations*, em B.A. Stolz; R. Shannon (eds.), *Oral Literature and the Formula*; e M.N. Nagler, *Spontaneity and Tradition: A Study in the Oral Art of Homer*, p. 23, ver D.G. Miller, op. cit., p. 35-48 (deixo em aberto, todavia, a questão de haver ou não uma fase eólica no desenvolvimento da dicção homérica).
49. R. Finnegan, *Oral Poetry*, p. 71.
50. O.M. Davidson, op. cit., p. 62.
51. R.P. Martin (*The Language of Heroes*, p. 92) observa: "Somente uma cultura desenraizada e tipográfica veria as fórmulas homéricas como dispositivos a auxiliar a composição da poesia". Ao invés, as fórmulas "pertencem à 'composição', se desejarem, de uma identidade pessoal em um mundo tradicional". Tudo isso não é dizer que não podemos encontrar lacunas na argumentação de Parry. Para uma tentativa de apontar tais lacunas, cito os sutis argumentos de M. Lynn-George, *Epos: Word, Narrative and the Iliad*, p. 55-81. As questões suscitadas por Lynn-George pedem uma Auseinandersetzung, cujo o escopo ultrapassaria o que está se tentando nesta apresentação.
52. G. Nagy, *Greek Mythology and Poetics* p. 24 (escrito primeiramente em 1976). Ver também R.P. Martin, op. cit., p. 8, n. 30, opondo-se a D.M. Shive, *Naming Achilles*, acerca das questões de *É* e de extensão. Notei que R. Janko (op. cit., p. 24) usa a expressão "tendência à economia" na seguinte formulação: "A tendência à economia é somente aplicada corretamente dentro da poesia do mesmo autor e, mesmo ali, conforme Edwards mostrou [Janko (p. 241, n. 16) cita G.P. Edwards, *The Language of Hesiod in Its Traditional Context*, Capítulo 5], era menos rígida do que se pensara". Na verdade, o ponto mais básico é o de que o princípio da economia deve ser observado no nível da *performance* individual: A.B. Lord, *The Singer of Tales*, p. 53-54;

ver *Epic Singers and Oral Tradition*, p. 73-74. Para uma demonstração dos notáveis níveis de economia na composição de Homero, ver também E. Visser, *Homerische Versifikationstechnik: Versuch einer Rekonstruktion*, que mostra que cada uma das 25 expressões para "ele matou" na *Ilíada* ocupam um segmento métrico distinto.
53. Novamente, G. Nagy, *Pindar's Homer*, p. 79. Há, claro, áreas em que as regras não se aplicam, convidando a variações livres. Tomo emprestado o conceito de *variante livre* do campo da linguística descritiva. Esse conceito é particularmente útil para descrever aqueles aspectos da tradição em que a inovação provavelmente ocorrerá (grato à Loukia Athanassaki, 30 de dezembro de 1990); ver também R.P. Martin, *The Language of Heroes*, p. 151, n. 16.
54. D.G. Miller, *Homer and the Ionian Epic Tradition*, p. 5-8.
55. Ibidem, p. 7.
56. Essas três assunções são retomadas e então refutadas por Miller (*Improvisation, Typology, Culture, and "The New Orthodoxy"*, p. 90-91). Concordo com Miller (p. 46) em relação a que "muito papel foi gasto" no "pseudoproblema" de "a composição-improvisação envolver ou não memorização" (ele fornece bibliografia), "parte devido a compreender mal Lord e parte devido a ideias erradas acerca da natureza da linguagem em geral e da improvisação em particular". Para mais acerca das armadilhas do uso do conceito de memorização, ver A.B. Lord, *Epic Singers and Oral Tradition*, p. 236-237. Simpatizo, entretanto, com a ideia de uma dicotomia da improvisação *versus* memorização, conforme discutido por M.S. Jensen, *The Homeric Question and the Oral-Formulaic Theory*, p. 13, contando que os dois termos sejam usados em um contexto diacrônico, referindo-se, respectivamente, a fases relativamente mais fluidas *versus* mais estáticas da tradição oral. Sobre a distinção entre fases fluidas *versus* estáticas, ver p. 24 e 78 supra.

57. Os conceitos de *unidade* e de *autor único* não são necessariamente a mesma coisa. Posso justificar, ao menos em termos de meu "modelo evolucionário", a ser discutido a seguir, as dúvidas expressadas por R. Sealey (From Phemius to Ion, *Revue des études grecques*, Paris, v. 70, n. 355, 1957. p. 330) acerca de um "autor único" da *Ilíada* e da *Odisseia* – como se ele fosse uma realidade histórica. Ainda assim, não tenho dúvidas de que a *noção* de tal autor único era de fato de uma realidade histórica no mundo antigo. A seguir, argumentarei que essa noção era ligada à noção de um *corpus* unificado e singular da poesia heroica.

58. G. Nagy, *The Best of the Achaeans*, p. 41 e 78-79. Sobre a unidade e a coerência na estrutura das instituições em evolução, como os Jogos Olímpicos, ver ibidem, p. 7.

2. UM MODELO EVOLUCIONÁRIO PARA A CRIAÇÃO DA POESIA HOMÉRICA

1. R.P. Martin, *The Language of Heroes*, p. 150. Ver D.G. Miller, *Improvisation, Typology, Culture, and "The New Orthodoxy"*, p. 26: "Para evitar ainda mais comparações absurdas [criticadas no parágrafo anterior de Miller; críticas ainda mais vigorosas na p. 97 de seu livro], Homero deve ser comparado com poemas épicos de tradições épicas similares, tipológica e culturalmente, os quais partilham as características dos textos homéricos e *todas as características orais improvisadas de Homero devem ser consideradas simultaneamente*". Ver também p. 98-99. Sobre o uso do termo *improviso* por Miller, ver capítulo 1, nota 56 supra.

2. Ver, em geral, A.B. Lord, *The Singer of Tales*, cujas formulações representam o legado de seu próprio trabalho de campo, e o trabalho anterior de Parry (papéis coligidos, publicados em 1971).

3. G. Nagy, An Evolutionary Model for the Text Fixation of Homeric Epos, em J. Carter; S. Morris, *The Ages of Homer: A Tribute to Emily Townsend Vermeule*; ver mais argumentação em *The Best of the Achaeans*, p. 5-9 e em *Pindar's Homer*, p. 53-55, 79-80.

4. Um exemplo notável é o filho de Milman Parry, Adam Parry, em Have We Homer's *Iliad*?, *Yale Classic Studies*, v. 20; para críticas, ver M.S. Jensen, *The Homeric Question and the Oral-Formulaic Theory*, p. 90-92. Para mais críticas de tais visões, ver O. Taplin, *Homer's Use of Achilles' Earlier Campaigns in the Iliad*, p. 36. À medida que prosseguir minha discussão, tornar-se-á claro que concordo com o raciocínio de D.G. Miller (*Homer and the Ionian Epic Tradition*, p. 8), que conclui: "A simetria distante (incluindo paralelismos verbais intrincados), frequentemente aduzida como evidências para uma composição escrita (*e.g.*, P. Kiparsky, op. cit., p. 103 e s.; G.P. Goold, The Nature of Homeric Composition, *Illinois Classical Studies*, p. 32 e s.), é irrelevante". Ver também D.G. Miller, op. cit., p. 100.

5. H.T. Wade-Gery, *The Poet of the Iliad*, p. 13-14. Ver K. Robb, Poetic Sources of the Greek Alphabet: Rhythm and Abecedarium from Phoenician to Greek, em E. Havelock; J. Hershbell, *Communication Arts in the Ancient World*. Para uma crítica a tais argumentos, ver W.V. Harris (*Ancient Literacy*, p. 45, n. 3), que também alerta particularmente contra a "falácia" de assumir "que os textos primitivos não eram utilitários porque os textos mais primitivos que sobreviveram não o são". Para uma nova tentativa ambiciosa de ligar Homero e o alfabeto, ver B.B. Powell, *Homer and the Origin of the Greek Alphabet*.

6. Para uma formulação explícita dessa visão por um antropólogo, ver J.R. Goody, *The Domestication of the Savage Mind*, p. 37 (também J.R. Goody e I. Watt, op. cit.). Para uma crítica à formulação de Goody, ver W.V. Harris (op. cit., p. 40-42), que se distancia das conceituações "vagas e grandiosas" da escrita como a chave para a racionalidade humana (p. 41). Para mais críticas, ver R. Thomas, *Oral Tradition and Written Record in Classical Athens*, p. 25.
7. Ver, por exemplo, J. Griffin, *Homer on Life and Death*, xii-xiv. Uma variação desse tipo de visão é a noção de um modo de composição que é *transicional* entre o oral e a escrita. Para bibliografia acerca dessa noção de um texto transicional, com contra-argumentos, ver M. Jensen, op. cit., p. 89-92, expandindo sobre os argumentos de A.B. Lord, op. cit., p. 129, 135-138 e 154-156.
8. G. Nagy, *Pindar's Homer*, p. 18; também p. 8-9, 53-55 e 79-80. Ver R.R. Janko, *Homer, Hesiod and the Hymns: Diachronic Development in Epic Diction*, p. 188: "Se aceitarmos, como creio que devemos, que a escrita não teve um papel na *composição* (opondo-se ao registro) dos poemas homéricos e hesiódicos"; ele deixa espaço, entretanto, para a possibilidade de a escrita ter sido usada para a *performance* (por exemplo, p. 276, n. 1).
9. A principal formulação da "teoria do ditado" é a de A.B. Lord, *Homer's Originality: Oral Dictated Texts*, em *Transactions of the American Philological Association*; reescrita, com poucas mudanças, em seu *Epic Singers and Oral Tradition*, p. 38-48 (com um "Addendum de 1990" às p. 47-48). O significado desse trabalho foi reconhecido por R. Sealey (*From Phemius to Ion*, *Revue des études grecques*, v. 70, p. 328-329).
10. Ver especialmente M.L. West, *Archaische Heldendichtung: Singen und Schreiben*, em W. Kullmann; M. Reichl, *Der Übergang von der Mündlichkeit zur Literatur bei den Griechen*. Ver R. Janko, op. cit., p. 191: "É difícil recusar a conclusão de que os textos [os épicos homéricos] foram fixados na época em que foram compostos, seja por memorização automática, seja por textos orais ditados". Aplicações anteriores incluem M. Jensen, op. cit., p. 92. Para uma reavaliação das teorias do ditado como elas eram aplicadas aos textos do Oriente Próximo, ver Hillers e McCall 1976.
11. Para uma formulação de uma tal extensão de difusão, ver M.L. West, op. cit., p. 33. M.L. West (*The Rise of the Greek Epic*, *Journal of Hellenic Studies*, v. 108, p. 152) coloca o *terminus post quem* em cerca de 630, aparentemente seguindo a orientação de K. Friis Johansen, *The Iliad in Early Greek Art*, que aplica o testemunho da arte grega arcaica relativa às tradições narrativas que são comparáveis ao que encontramos na *Ilíada* homérica. Na p. 84, Friis Johansen conclui que "artistas coríntios e argivos eram versados na *Ilíada* ao menos em torno de 625, não meramente em seções selecionadas, mas no poema inteiro". Na discussão que se segue, argumentarei que a evidência iconográfica do período arcaico se refere às *tradições* épicas, incluindo as tradições ilíadicas e odisseicas, mas não a *textos escritos*.
12. Para uma avaliação realista dos fatos históricos disponíveis concernentes aos primeiros c. 250 anos de escrita alfabética confirmada na Grécia arcaica, ver W.V. Harris, op. cit., p. 46-47, especialmente p. 46: "Por muitas gerações, textos escritos foram empregados para um alcance limitado de propósitos e por um número muito limitado de pessoas". Ver M. Jensen, op. cit., p. 94. Trabalhos pioneiros no estudo da cultura escrita da Grécia antiga são E.A. Havelock, *Preface to Plato* e *The Literate Revolution in Greece and Its Cultural Consequences*.
13. Novamente, W.V. Harris, op. cit., p. 46.
14. Dessa forma, M.L. West, *Archaische Heldendichtung: Singen und Schreiben*, em W. Kullmann; M. Reichl, *Der Übergang von der Mündlichkeit zur Literatur bei den Griechen*, p. 34.
15. A.B. Lord, *Homer's Originality: Oral Dictated Texts*, *Transactions of the American Philological Association*, v. 84.
16. R. Sealey op. cit., p. 329. Sealey (na p. 328, n. 59) na verdade cita o artigo de A.B. Lord de 1953 que propõe a "teoria do ditado".
17. Ibidem.
18. Ibidem.
19. A.B. Lord, em sua introdução a M. Parry et. al., *Serbo-Croatian Heroic Songs*, p. 8-9.
20. M. Jensen, op. cit., p. 87.
21. Sobre o uso de textos escritos como ajudas mnemônicas em algumas das tradições orais vivas na Índia moderna, ver as observações de S.H. Blackburn, *Singing of Birth and Death: Texts in Performance*, p. 23-26, 28-29 e 93-94 acerca da evidência comparativa dos tamis. Em algumas culturas, no entanto, é claro que textos escritos são funcionalmente não tanto *roteiros* para a performance, mas *modelos* para a recomposição--em-performance. Ver O.M. Davidson, *Poet and Hero in the Persian Book of King*, p. 19-72, acerca de tradições poéticas persas medievais.
22. M.L. West, *Archaische Heldendichtung: Singen und Schreiben*, em W. Kullmann; M. Reichl, *Der Übergang von der Mündlichkeit zur Literatur bei den Griechen*, p. 49-50. Noto de passagem os sentimentos de frustração registrados por W. Radloff, *Proben der Volksliteratur der nördlichen türkischen Stämme*, v. 5, acerca do que ele sentiu serem composições relativamente inferiores quando pediu aos cantores do Quirguistão performarem para realizar ditados.
23. G. Nagy, *Pindar's Homer*, p. 19, n. 7, com exemplos. Não vejo evidências para sustentar a noção de que havia uma escrita ampla em livros em tempo tão primitivo quanto o século VIII a.C. e de que o que

vemos nas inscrições primitivas é somente a ponta do iceberg. Séculos depois, ainda podemos ver exemplos em pinturas de vasos com representações anacrônicas que mostram um estilo de letras feitas em livros (isto é, rolos de papiros) que não correspondem ao verdadeiro estilo de letras em livros reais, mas sim que são, na realidade, mais apropriadamente o estilo de letras encontrados em inscrições: ver R. Thomas, op.cit., p. 31, n. 55.
24. J. Svenbro, *Phrasikleia: Anthropologie de la lecture en Grèce ancienne*, p. 33-52, esp. p. 36-38; ver J.W. Day, Rituals in Stone: Early Greek Grave Epigrams and Monuments, *Journal of Hellenic Studies*, v. 109. Os textos estudados por Svenbro recaem em duas categorias principais: (1) inscrições em marcações funerárias, incluindo dezessete datadas de antes de 600 a.C. (p. 38); e (2) inscrições em objetos votivos, cerca de mil delas, abrangendo o período a partir do oitavo século até o final do quinto (p. 46).
25. Em uma dessas inscrições, CEG 286, a voz figurativa das letras inscritas promete que ela "responde" a mesma coisa a todos os homens que fazem suas perguntas. A palavra-chave é *hupokrínomai*, "respondo": πασιν ἴσ' ἀνθρόποι|ς ἡυποκρίνομαι ηόστις ἐ[ρ|ο]ται: ηός μ' ἀνέθεκ' Ἀντι|φάνες δεκάτεν, "*respondo* como coisas a todos os humanos, seja quem pergunte: aquele, entre homens, que me arme, como um dízimo: Antífanes". Ver G. Nagy, *Pindar's Homer*, p. 168, n. 95.
26. J. Svenbro, op. cit., especialmente p. 48.
27. Mais sobre esse tópico a seguir.
28. J. Svenbro, op. cit., p. 53.
29. Ibidem, p. 33-52; ver J.W. Day, op. cit.
30. Ver G. Nagy, *Pindar's Homer*, p. 18-19, n. 7, com bibliografia (especialmente B. Gentili e P. Giannini, Preistoria e formazione dell'esametro, *Quaderni urbinati di cultura clássica*, v. 26, p. 22-25): quando Heitor está imaginando que alguém pronunciará as palavras que ele prossegue citando, essas palavras seguem convenções formais que podem ser verificas com base nas inscrições poéticas primitivas genuinamente comprovadas. R.P. Martin (op. cit., p. 136) enfatiza "um traço notável" do estilo de fala característico de Heitor: "o uso da citação direta [...] para dramatizar à sua plateia o que ele imagina que irá acontecer". Martin continua: "Heitor desloca memórias a uma voz anônima que fala a língua da louvação ou da culpa [...] Sua retórica é [...] constrita pelos atos-fala imaginados por outros".
31. Essa sugestão está registrada de passagem por R. Janko, op. cit., p. 277, n. 3, junto à bibliografia.
32. Para uma análise breve dos argumentos, ver G. Nagy, *Pindar's Homer*, p. 21-24 e 28-29.
33. Ver novamente G. Nagy, *Pindar's Homer*, p. 18; também p. 8-9, 53-55 e 79-80. Concordo, portanto, com a formulação de R. Sealey (op. cit., p. 330): "Aqueles que suportam a teoria dos 'textos orais ditados' supõem que, em cerca de 700 [a.C.], alguns gregos reconheciam o mérito especial da *Ilíada*; no entanto, tanto quanto pode ser descoberto, aqueles gregos haviam aprendido a reconhecer méritos, não em canções, mas nos cantores".
34. Referências e mais discussões podem ser encontradas em G. Nagy, *Pindar's Homer*, p. 78; ver em geral p. 72-79 (seguindo a p. 19, n. 10).
35. Para uma análise, ver R. Pfeiffer, *History of Classical Scholarship*, p. 73.
36. Ibidem, p. 73-74. Pfeiffer observa acerca de Aristóteles que "sua diferenciação entre Homero, o poeta da *Ilíada* e da *Odisseia*, e o resto dos primeiros poetas épicos, de quem ele mostra conhecimento íntimo no capítulo 23 da *Poética*, parece ter sido definitiva".
37. Ibidem, p. 117. Omito o fraseado de Pfeiffer "[...] seguiu o precedente de Aristóteles e [...]".
38. G. Nagy, *The Best of the Achaeans*, seguindo A.M. Snodgrass, *The Dark Age of Greece: An Archaeological Survey of the Eleventh to the Eighth Centuries*, p. 421 e 435; também p. 352, 376, 416-417, 421 e 431.
39. Ver uma formulação atualizada em A.M. Snodgrass, *An Archaeology of Greece: The Present State and Future Scope of a Discipline*, p. 160 e 165; também I. Morris, The Use and Abuse of Homer, *Classical Antiquity*, v. 5, p. 123.
40. O acento recessivo de Ἕλληνες, "helenos", uma inovação que evidentemente substituiu o esperado Ἑλλήνες, indica que a forma simples de Ἕλληνες é predicada na forma composta Πανέλληνες, "pan-helenos", como atestado na *Ilíada* 11.530 e em Hesíodo, *Os Trabalhos e os Dias*, v. 528; ver DELG 341. Dessa forma, o acento histórico para a palavra "Heleno" mostra que o próprio conceito de *Heleno* está predicado no conceito de pan-heleno.
41. G. Nagy, An Evolutionary Model for the Text Fixation of Homeric Epos, em J. Foley, *Oral Traditional Literature: A Festschrift for Albert Bates Lord*. Esse modelo é uma alternativa à "teoria do ditado", citada acima, na nota 9. Preeminente entre tentativas anteriores de desenvolver um modelo evolucionário está *The Rise of Greek Epic*, de Gilbert Murray. De acordo com o modelo de Murray, conforme aponta J.A. Davison (The Transmission of the Text, em A. Wace; F. Stubbings (eds.), *A Companion to Homer*, p. 253-254), a *Ilíada* e a *Odisseia* "não tomaram sua forma final até o século II a.C.". Davison continua (p. 254): "Não há espaço nesse argumento para qualquer Homero individual; e, exceto pela alta opinião de Murray sobre a qualidade poética da *Ilíada* e da *Odisseia* existentes (que ele compartilha com Wolf, Grote e seus seguidores, além de Robert), sua teoria básica é tão niilista quanto a de d'Aubignac ou a de Lachmann".
42. G. Nagy, *The Best of the Achaeans*, p. 7-9; ver também G. Nagy, *Pindar's Homer*, p. 53-58. Para uma avaliação favorável dessa construção hermenêutica, ver A.M. Snodgrass, *An Archaeology of Greece*, p. 160 e 165.

43. Idem, *Pindar's Homer*, p. 53-58 (esp. p. 56, com referência a H. Bausinger, *Formen der "Volkspoesie"*, p. 52; também p. 57, com referência a M. Zwettler, *The Oral Tradition of Classical Arabic Poetry*, p. 221).
44. Ibidem. Ver P. Pucci, *Odysseus Polytropos: Intertextual Readings in the Odyssey and the Iliad*, n. 30.
45. J.R. Goody, *The Myth of the Bagre*.
46. Ver também J.R. Goody, *The Domestication of the Savage Mind*, p. 119. Essa evidência comparativa é aplicada à questão da poesia homérica em I. Morris, op. cit., p. 84-85; ver também p. 87 em relação à aplicação da evidência comparativa das tradições dos tiv na Nigéria.
47. Ver, para mais discussões, G. Nagy, *Pindar's Homer*, p. 53, 55, 60, 72, 73 e 171.
48. Ibidem, 70-71.
49. A passagem citada nesse ponto introduz uma nota de rodapé, cujo conteúdo eu criticarei na nota 50 infra.
50. M. Griffith, Contest and Contradiction in Early Greek Poetry, em M. Griffith, D.J. Mastronarde (eds.), *Cabinet of the Muses: Essays on Classical and Comparative Literature in Honor of Thomas R. Rosenmeyer*. p. 194-195. No ponto que eu marco com a nota 49 no texto citado acima, Griffith (p. 205, n. 40) acrescenta a seguinte observação: "Isso é discutido, *e.g.*, por G. Nagy [*Pindar's Homer*, p. 57-65] […], com referência a C. Lévi-Strauss, *The Way of the Masks*, […]; mas restará claro do que se segue que penso que poucos poemas além da Ilíada e da *Odisseia* reivindicaram o *status* pan-helênico na época de suas composições". Aqui ele faz uma referência cruzada à sua p. 204, n. 34, que, em seguida, refere-se a seu artigo, M. Griffith, Personality in Hesiod, especialmente suas considerações às p. 46-47. Para uma resposta a essas considerações, ver meu livro *Pindar's Homer* (p. 79).
51. Ver G. Nagy, *Poetry as Performance: Homer and Beyond*, capítulos 5 e 6, esp. p. 110.
52. Idem, *Greek Mythology and Poetics*, capítulo 1, esp. p. 9-10. Ver E.S. Sherratt ('Reading the Texts': Archaeology and the Homeric Question, *Antiquity*, v. 64, n. 245, p. 817-821), que mapeia *grosso modo* o mesmo período com mais subdivisões.
53. G. Nagy, *Pindar's Homer*, p. 21-25, 52-81.
54. Ibidem. Ver G. Nagy, *Poetry as Performance: Homer and Beyond*, capítulo 5.
55. Ibidem, capítulos 6 e 7.
56. Ibidem.
57. Ibidem, p. 21-25. Para um inventário de fontes primárias, além de Licurgo, *Contra Leokrates*, n. 102, ver J.A. Davison, Peisistratus and Homer, *Transactions of the American Philological Association*, v. 86, p. 7. Ver também R. Seaford, *Reciprocity and Ritual: Homer and Tragedy in the Developing CityState*, esp. p. 73, em que o "desenvolvimento narrativo" do final iliádico está correlacionado com "o desenvolvimento histórico da pólis". Para outra visão acerca dos festivais pan-helênicos como um contexto para a performance da épica, ver O. Taplin, *Homeric Soundings: The Shaping of the* Iliad, p. 39. Para bibliografia acerca de visões antigas do possível papel dos festivais como um contexto para a performance homérica, ver W.G. Thalmann, *Conventions of Form and Thought in Early Greek Epic Poetry*, p. 119 junto com 222, n. 19. Para uma discussão sobre a evidência de pinturas de vasos como um critério para determinar a fixação das tradições homéricas, especialmente em Atenas, ver S. Lowenstam, The Arming of Achilleus on Early Greek Vases, *Classical Antiquity*, v. 12, esp. p. 216.
58. Ibidem, p. 52-81. Ver também H.A. Shapiro, Painting, Politics, and Genealogy: Peisistratos and the Neleids; Oracle-Mongers in Peisistratid Athens, em C. Dougherty, L. Kurke (eds.), *Cultural Poetics in Archaic Greece: Cult, Performance, Politics*; Mousikoi Agones em J. Neils, *Goddess and Polis: The Panathenaic Festival in Ancient Athens*. Sobre a alegação de os Pisistrátidas descenderem do Pisístrato homérico, filho de Nestor, ver G. Nagy, *Pindar's Homer*, p. 155, citando Shapiro, Painting, Politics, and Genealogy, esp. p. 89. Sobre os efeitos do regime dos Pisistrátidas no conteúdo da poesia homérica, especialmente da *Odisseia*, ver C. Catenacci, Il finale dell'*Odissea* e la *recensio* pisistratide dei poemi omerici, *Quaderni urbinati di cultura classica*, v. 44, n. 2 (às p. 7-8, n. 2, ele oferece um sumário útil de A. Aloni, L'intelligenza di Ipparco: Osservazioni sulla politica dei Pisistratidi, *Quaderni di storia*, v. 10, 1984. e *Tradizioni arcaiche della Troade e composizione dell'* Iliade). Ver E.F. Cook, *The Odyssey at Athens: Myths of Cultural Origin*. Tudo isso não é para negar que pode muito bem ter havido associações mais antigas de Nestor e sua linhagem com as linhagens de outras dinastias históricas, tal como aquelas em Cólofon e em Mileto (ver R. Janko, *The Iliad: A Commentary*, p. 134 para bibliografia). Ver também as afirmações acerca da Panatenaia em G. Nagy, *Pindar's Homer*, p. 21-23, 28, 54, 73, 75, 160, 174 e 192. Concordo com Shapiro (Mousikoi Agones, p. 73) em relação à Panatenaia, conforme reorganizada pelos Pisistrátidas de Atenas, desempenhar um grande papel ao privilegiar a *Ilíada* e a *Odisseia* como os poemas definitivos de Homero.
59. Para uma justificativa do termo *oral*, com referência específica às tradições épicas Rajasthani, ver especialmente J.D. Smith, Worlds Apart: Orality, Literacy, and the Rajasthani Folk *Mahabharata*, *Oral Tradition*, v. 5, n. 1, que reflete em detalhe sobre a ausência de um papel a ser desempenhado pela tecnologia existente da escrita na composição e na performance do épico.
60. Um trabalho-chave é *Oral Epics in India* (S.H. Blackburn et. al.), doravante OEI. Artigos cruciais do volume são os de S.H. Blackburn e J.B. Flueckiger, Introduction, p. 1-11; S.H. Blackburn, Patterns of Development for Indian Oral Epics, p. 15-32;

NOTAS

61. J.B. Flueckiger, Caste and Regional Variants in an Oral Epic Tradition, p. 33-54; P.J. Claus, Behind the Text: Performance and Ideology in a Tulu Oral Tradition, p. 55-74; S.S. Wadley, Choosing a Path: Performance Strategies in a North Indian Epic, p. 75-101; K. Kothari, Performers, Gods, and Heroes in the Oral Epics of Rajasthan, p. 102-117; K. Schomer 1989, Paradigms for the Kali Yuga: The Heroes of the Ālhā Epic and their Fate, p. 140-154; e J.D. Smith, Scapegoats of the Gods: The Ideology of the Indian Epics, p. 176-194.
61. Chamo atenção ao uso específico dos termos "pan--indiano" e "difusão geográfica" por S.H. Blackburn, Patterns of Development for Indian Oral Epics, em Oral Epics in India, p. 27.
62. S.H. Blackburn e J.B. Flueckiger, op. cit., p. 6.
63. No que se segue, baseio-me especialmente no trabalho de J.D. Smith, Old Indian: The Two Sanskrit Epics, em A.T. Hatto (ed.), Traditions of Heroic and Epic Poetry.
64. Ibidem, p. 48. Posso acrescentar que as variações atestadas na tradição textual desses dois épicos monumentais podem ser citadas como evidências indiretas para a relativa demora na fixação do texto.
65. Ibidem, p. 49.
66. Smith nota (ibidem, p. 73) que "o Rāmāyaṇa havia sido composto no modo de um épico ao invés de ter evoluído como um épico"; sugiro que um argumento similar possa ser desenvolvido acerca da Odisseia homérica em contraposição à Ilíada.
67. Ibidem, p. 49.
68. Ibidem.
69. Ibidem. Sobre analogias da distinção brâmane/xátria no contexto da emergente cidade-Estado grega, ver G. Nagy, Greek Mythology and Poetics, p. 276-293.
70. A essência da casta Sūta é tradicionalmente formulada em termos de genealogia: vistos como filhos de uma união entre uma mulher da casta brâmane e um homem da casta xátria, a eles são atribuídos os papéis sociais de cuidar de cavalos, dirigir carruagens e servir como poetas de corte (ver G. Nagy, Greek Mythology and Poetics, p. 291-292, n. 82).
71. J.D. Smith, Old Indian: The Two Sanskrit Epics, em A.T. Hatto (ed.), Traditions of Heroic and Epic Poetry, p. 50.
72. Ibidem, p. 75, n. 4. É justo dizer que Kṛṣṇa se torna o deus do Mahābhārata ao grau de que "a épica é sua teofania" (p. 72).
73. A visão geral de J.D. Smith sobre os padrões de ampliação gradativa na épica sânscrita não é específica nesse quesito. O trabalho de outro especialista, M.C. Smith (The Warrior Code of India's Sacred Song), é pertinente à questão da ampliação gradativa no processo da tradição oral, apesar de eu não necessariamente concordar com sua formulação final. Ela postula um "núcleo" de 3.000 versos (distinguidos pelo métrico épico "irregular"

triṣṭubh) em contraposição aos 75.000 versos na edição crítica de Poona do Mahābhārata.
74. Eu ressaltaria que, além de quaisquer similaridades que possamos observar entre as tradições orais vivas da Índia contemporânea, por um lado, e dos dois épicos sânscritos clássicos, por outro lado, devemos também esperar bastantes diferenças. Um ponto de interesse em particular é o papel especial desempenhado pela casta brâmane na perpetuação dos épicos sânscritos. Há também uma questão relacionada: a que grau a tecnologia da escrita foi um fator efetivo nas tradições mnemônicas associadas ao Mahābhārata e ao Rāmāyaṇa?
75. Mais adiante, ofereço definições minimalistas de mito e de ritual; ver G. Nagy, Greek Mythology and Poetics, p. 8-10, sumarizando as formulações de W. Burkert, Mythisches Denken e Greek Religion, p. 8.
76. Assim, G. Nagy, Greek Mythology and Poetics, p. 10.
77. S.S. Wadley, op. cit., p. 79.
78. K. Kothari, op. cit., p. 102.
79. W. Pötscher, Hera und Heros, Rheinisches Museum für Philologie, v. 104, n. 4; ver mais discussão em F.W. Hauseholder e G. Nagy, Greek: A Survey of Recent Work, p. 50-52, especialmente sobre a relação das formas Hḗrā, "Hera", Hēraklḗēs, "Héracles", e hḗrōs, "herói". Essas obras não foram levadas em consideração por Adams 1987. Ver também O.M. Davidson, Indo-European Dimensions of Herakles in Iliad 19.95 – 133, esp. p. 199-200; também D.S. Sinos, op. cit., p. 14, e L.M. Slatkin, The Wrath of Thetis, Transactions of the American Philological Association, v. 116. Mais comentários sobre as conexões temáticas entre os heróis Héracles e Aquiles podem ser encontradas em R.P. Martin, op. cit., p. 228-230 e G. Nagy, Greek Mythology and Poetics, p. 12-15. Sobre Aquiles como um pan-a-ṓrios, "o mais extemporâneo de todos", ver G. Nagy, Theognis and Megara: A Poet's Vision of His City, p. 62. Para mais acerca de Hḗrā, Hēraklḗēs e hḗrōs, ver J.V. O'Brien, The Transformation of Hera: A Study of Ritual, Hero, and the Goddess in the Iliad, p. 115-119, esp. p. 116, n. 9; ver também N.N. Kazansky, K etimologii teonima GERA, em V. Neroznak et. al. (eds.), Paleobalkanistika i antichnost.
80. G. Nagy, The Best of the Achaeans, p. 182-184 (com referência à Ilíada, XVIII, 54-60, o Hino Homérico a Deméter e rituais a Adônis); ver p. 114-121, 152-153, 174 e 190-193.
81. Ibidem, esp. p. 9. Para um breve panorama, com mais bibliografia, ver G. Nagy, Greek Mythology and Poetics, p. 10-13.
82. Ibidem, p. 7-10.
83. Ver G. Nagy, Pindar's Homer, p. 400 e 136-142; também p. 245, n. 129 (em Heródoto, 1.31.5: a deusa Hera preside o télos, "fim", de Cléobis e Bíton, dois jovens atletas que estão "a tempo" de assumir a tarefa de puxar o carro de bois da sacerdotisa de Hera quando os bois sacrifícios designados para puxá-lo fracassam em estar "a tempo").

84. K. Kothari, op. cit., p. 105.
85. Ibidem, p. 105-106.
86. Ibidem, p. 102.
87. S.H. Blackburn, Patterns of Development for Indian Oral Epics, *Oral Epics in India*, p. 25; ver K. Kothari, op. cit., p. 110.
88. Ibidem.
89. Ibidem, p. 26. "Indólogos frequentemente especularam que os cultos de Rāma e de Kṛṣṇa passaram por um processo similar de desenvolvimento."
90. Ver G. Nagy, *Greek Mythology and Poetics*, p. 11; ver I. Morris, The Use and Abuse of Homer, *Classical Antiquity*, v. 5, p. 129. Ver também I. Morris, Tomb Cult and the 'Greek Renaissance': The Past and the Present in the Eighth Century b.C., *Antiquity*, v. 62.
91. Veja o panorama, escrito em colaboração, em *OEI*, p. 240-241.
92. K. Kothari, op. cit., p. 110.
93. Ibidem.
94. S.H. Blackburn e J.B. Flueckiger, op. cit., p. 10.
95. S.H. Blackburn, Patterns of Development for Indian Oral Epics, *OEI*, p. 22.
96. S.H. Blackburn e J.B. Flueckiger, op. cit., p. 11.
97. S.H. Blackburn, Patterns of Development for Indian Oral Epics, em *OEI*, p. 20. Para uma perspectiva que ressalta o aspecto do entretenimento à custa de outros aspectos na poesia grega antiga, ver M. Heath, The Ancient Grasp, *Times Literary Supplement*.
98. S.H. Blackburn e J.B. Flueckiger, op. cit.
99. O último ponto é ilustrado por Blackburn (Patterns of Development for Indian Oral Epics, em *OEI*, p. 24-25) com dois exemplos. Na narrativa Pābūjī, que conta como um épico regional em sua taxonomia, a figura de Pābūjī revela-se ser uma reencarnação de Lakṣmaṇa, o irmão mais novo de Rāma. Na narrativa Devnārāyaṇ, outro épico regional, o herói Devnārāyaṇ revela-se ser ninguém mais do que o próprio deus Viṣṇu.
100. Ibidem, p. 21-22. (Grifo nosso.)
101. S.H. Blackburn, Patterns of Development for Indian Oral Epics, *OEI*, p. 17-18. Podemos notar a lacuna entre o máximo assinalado à categoria regional, 300 milhas, e o mínimo assinalado à suprarregional, 400 milhas. Essa lacuna reflete o fato de que a coleta de dados ainda está em um estado precoce. O mapa que reflete as evidências até agora disponíveis, conforme apresentado por Blackburn na página 19, "tenciona apresentar somente a difusão aproximada das tradições" (p. 17). Além disso, esse mapa representa somente as evidências positivas das confirmações, e as evidências negativas indicando locais em que certas tradições épicas *não* estão sendo performadas estão até agora limitadas às tradições locais e sub-regionais (p. 17). Assim, a precisão do mapeamento "decresce à medida que a difusão geográfica aumenta".
102. J.D. Smith, Scapegoats of the Gods: The Ideology of the Indian Epics, *OEI*, p. 178.
103. Sobre isso, ver S.H. Blackburn, Patterns of Development for Indian Oral Epics, *OEI*, p. 27.
104. Ibidem, p. 23.
105. Ibidem.
106. Como na tradição de canção dos Tampimār, sobre a qual ver ibidem, p. 22.
107. Ibidem, p. 18.
108. J.B. Flueckiger, op. cit., p. 33.
109. S.H. Blackburn, Patterns of Development for Indian Oral Epics, *OEI*, p. 30. Ver K. Schomer, op. cit., p. 142-143. Em geral, o épico Ālhā desafia as tipologias estabelecidas por Blackburn, conforme ele admite na página 29. Quanto à concessão de Blackburn acerca dos heróis do *Mahābhārata*, há exceções à exceção: tradições populares podem deificar heróis do épico sânscrito, como no caso dos cultos Draupadī de Tamil Nadu central; sobre isso, ver p. 30, n. 23.
110. S.H. Blackburn, Patterns of Development for Indian Oral Epics, *OEI*, p. 23.
111. J.D. Smith, Scapegoats of the Gods: The Ideology of the Indian Epics, *OEI*, p. 185.
112. Ver, por exemplo, G. Nagy, *Greek Mythology and Poetics*, p. 122-142. Para mais acerca da universalização convencional da mortalidade e da morte na poesia homérica, ver G. Nagy, *Pindar's Homer*, p. 143, n. 40.
113. S.H. Blackburn e J.B. Flueckiger, op. cit., p. 9.
114. Ibidem. Nesse contexto, podemos notar a seguinte observação importante: "Cada gênero de canção popular do norte da Índia normalmente tem um padrão textural e melódico distinto e muitos gêneros são específicos da melodia" (S.S. Wadley, op. cit., p. 93).
115. Ibidem.
116. S.S. Wadley, op. cit., p. 80.
117. Detalhes em G. Nagy, *Pindar's Homer*, p. 56-67. W. Burkert (*The Orientalizing Revolution: Near Eastern Influence on Greek Culture in the Early Archaic Age*) organiza seus capítulos pelas linhas de categorias de *dēmiourgós* conforme catalogadas na *Odisseia*, XVII, 381-385. Sobre os graus variáveis de quase profissionalismo nas tradições africanas de canção, ver I. Okpewho, *The Epic in Africa: Toward a Poetics of the Oral Performance*, p. 35-50.
118. K. Kothari, op. cit., p. 103.
119. Para uma investigação de longo alcance sobre tal espelhamento, ver R.P. Martin, op. cit.
120. W. Rösler, *Dichter und Gruppe: Eine Untersuchung zu den Bedingungen und zur historischen Funktion früher Lyrik am Beispiel Alkaios*.
121. Para uma ilustração da dicotomia "católico/epicórico" na aplicação de canções não épicas, ver, *e.g.*, o comentário sobre Teógnis, p. 367-370 em G. Nagy, *Pindar's Homer*, p. 374-375.
122. K. Kothari, op. cit., p. 103.
123. Ver ibidem. Para a confirmação de eventos de competição na performance épica Ḍholā na Uttar Pradesh ocidental, ver S.S. Wadley, op. cit., p. 98.

NOTAS

124. G. Nagy, *Pindar's Homer*, p. 22-24, 77, 137 n. 7, 353-354, 386, 401-403. Ver R.P. Martin, op. cit., p. 227.
125. S.H. Blackburn e J.B. Flueckiger, op. cit., p. 9.
126. J.B. Flueckiger, op. cit., p. 36.
127. Ibidem, p. 41.
128. Ibidem, p. 37.
129. Ibidem, p. 40.
130. Ibidem, p. 41.
131. Ver G. Nagy, *Comparative Studies in Greek and Indic Meter*, p. 118-139 ("O Casamento de Heitor e Andrômaca: Contatos épicos em Safo 44LP").
132. Perguntei a John D. Smith, um especialista nessa área, sua opinião (11 de maio de 1993, na Universidade de Cambridge), e sua resposta foi "sim".
133. P.J. Claus, op. cit., p. 60. Para paralelos tipológicos a tal convenção, em que o herói se comunica diretamente com a plateia através do *performer*, ver R.P. Martin, op. cit., p. 234.
134. Ibidem. Para exemplos da alternância da terceira à segunda e à primeira pessoas, ver p. 74.
135. Ibidem, p. 72.
136. Ibidem, p. 60.
137. Ibidem, p. 72.
138. Veja discussão ampla em G. Nagy, *Pindar's Homer*, p. 56-57.
139. Ver, *e.g.*, A.T. Hatto, Kirghiz: Mid-Nineteenth Century, *Traditions of Heroic and Epic Poetry*, p. 307; citado, com mais analogias, por R.P. Martin, op. cit., p. 6-7. Ver também K. Reichl, *Turkic Oral Epic Poetry: Traditions, Forms, Poetic Structure*, p. 113-117.
140. Meu adendo: podemos comparar as convenções do *prooímion* grego antigo, ou "prelúdio", que fornece as mais distintas oportunidades para o *performer* se referir à ocasião da performance: ver G. Nagy, *Pindar's Homer*, p. 79, n. 133, 353-360. Ver G. Nagy, *Greek Mythology and Poetics*, p. 53-61.
141. W. Radloff, op. cit.
142. Descrição competente de T.J. Sienkewicz, The Greeks Are Indeed Like the Others: Myth and Society in the West African *Sunjata*, em D.C. Pozzi; J. Wickersham (eds.), *Myth and the Polis*, p. 184. Para uma avaliação geral de sua obra, ver D.P. Tompkins, Review of *Myth and the Polis*. *Classical Review*, v. 3, p. 157: "Sienkewicz não está simplesmente, na maneira condescendente de diversos classicistas, insistindo na Sunjata como um 'caso-teste' ou 'paralelo' à *Ilíada*: se a *Ilíada* nunca tivesse sido composta, o estudo de Sienkewicz desse épico importante permaneceria substancial e meritório [...]. Há um paralelo claro com o ensaio de Wickersham [Myth and Identity in the Archaic Polis] no sentido de que ambos [os ensaios] veem os épicos evoluindo continuamente, nunca paralisados".
143. T.J. Sienkewicz, op. cit., p. 184.
144. Ibidem, p. 186.
145. Ibidem, p. 187.
146. Ibidem, p. 187-188.
147. Ibidem, p. 194.
148. Um trabalho-chave é J. Opland, Xhosa: The Structure of Xhosa Eulogy and the Relation of Eulogy to Epic, em J.B. Hainsworth; A.T. Hatto, *Traditions of Heroic and Epic Poetry*, v. 2. Ver J. Opland, *Lord of the Singers*. Na poesia oral Manding, podemos notar que a tradição épica *Sunjata* apresenta características distintas de poesia laudatória no contexto de citação de referência direta, o que é "cantado em um estilo diferente das seções narrativas do épico" (T.J. Sienkewicz, op. cit., p. 195, seguindo G. Innes, *Sunjata: Three Mandinka Versions*, p. 17-20).
149. G.G. Nagy, *Pindar's Homer*, p. 146-198, uma versão expandida de G. Nagy, Ancient Greek Praise and Epic Poetry, em J.M. Foley, *Oral Tradition in Literature: Interpretation in Context*. Ver A.B. Lord, *Epic Singers and Oral Tradition*, p. 36-37.
150. G.G. Nagy, *Pindar's Homer*, p. 459-464.
151. Seguindo J.W. Johnson, Yes, Virginia, There Is an Epic in Africa, *Research in African Literatures*, v. 11, n. 3, p. 321, T.J. Sienkewicz (op. cit., p. 200) nota que a combinação existente de narrativa com canção laudatória na tradição épica *Sunjata* demonstra "a natureza multigenérica da épica africana". Além da poesia laudatória, outros tipos de criação de canções que moldam o desenvolvimento incluem lamentos, especialmente o lamento feminino. Ver G. Nagy, *The Best of the Achaeans*, p. 94-117 acerca das afinidades da épica com as tradições de canção de lamentação; ver também R.P. Martin, op. cit., p. 86-87, 131 e 144. Além disso, conforme Martin mostra na p. 144, "louvor e lamento estão interligados". Na ode *Ístmica* de Píndaro 8.56-60, a canção de lamento cantada pelas Musas na pira funeral de Aquiles é representada como o germe para uma canção de louvor glorificando os feitos heroicos de Aquiles; essa canção se torna, implicitamente, a tradição épica de Aquiles. Ver G. Nagy, *The Best of the Achaeans*, p. 177: "As palavras de Píndaro estão [...] implicando que a épica de Aquiles se soma a um fluxo eterno do *thrênos* [lamento] cantado para Aquiles pelas próprias Musas". Sobre a ideia, conforme expressa nas tradições de canções gregas, de que as glórias cantadas dos homens são por fim controladas pelos lamentos que suas parentes femininas cantarão sobre eles depois que morrerem, ver N. Sultan, Private Speech, Public Pain: The Power of Women's Laments in Ancient Greek Poetry and Tragedy, em K. Marshall, *Rediscovering the Muses: Women's Musical Traditions*.
152. Ver G. Nagy, *Greek Mythology and Poetics*, p. 16-17. Ver R.P. Martin, op. cit., p. 102-103, 108 e 110 acerca da poética laudatória integrada à narrativa homérica, especialmente com referência à poética inerente ao discurso de Nestor. Martin (p. 102) observa que "Nestor parece-se com o perfeito poeta laudatório" (na p. 103 ele refuta o estereótipo de Nestor como "uma caricatura da loquacidade geriátrica"). Para um conjunto particularmente

crítico de observações sobre a oposição funcional do louvor e da culpa, conforme representada na *Ilíada*, x, 249-250, ver R.P. Martin, op. cit., p. 94-95, estendendo os argumentos desenvolvidos acerca da mesma passagem em G. Nagy, *The Best of the Achaeans*, p. 34-35.
153. G. Nagy, *Pindar's Homer*, p. 146-338.
154. J B. Flueckiger, op. cit., p. 50, n. 17.
155. K. Kothari, op. cit., p. 103.
156. Ibidem.
157. Ibidem, p. 104.
158. Ibidem
159. Ibidem.
160. Discussão ampla, com exemplos tanto da poesia épica quanto da laudatória, é encontrada em G. Nagy, *Pindar's Homer*, p. 146-214. J. Opland, Xhosa: The Structure of Xhosa Eulogy and the Relation of Eulogy to Epic, em J.B. Hainsworth; A.T. Hatto, *Traditions of Heroic and Epic Poetry*, v. 2, p. 139, oferece uma aplicação interessante de evidência Xhosa como um paralelo ao meu modelo de pan-helenização.
161. J. Opland, Xhosa: The Structure of Xhosa Eulogy and the Relation of Eulogy to Epic, em J.B. Hainsworth; A.T. Hatto, *Traditions of Heroic and Epic Poetry*, v. 2, p. 139.

3. HOMERO E A EVOLUÇÃO DE UM TEXTO HOMÉRICO

1. Ver G. Nagy, *Pindar's Homer*, p. 158-162, 168-174.
2. Ibidem, p. 158-162; também p. 75-76, n. 114, com referência a A. Aloni, *Tradizioni arcaiche della Troade e composizione dell' Iliade*, p. 120-123. Ver C. Catenacci, op. cit., n. 2, e H.A. Shapiro, Oracle--Mongers in Peisistratid Athens, Mousikoi Agones e Hipparchos and the Rhapsodes, *Kernos*, v. 3.
3. Ver mais sobre Heródoto 5.90.2 em G. Nagy, *Pindar's Homer*, p. 158-159.
4. Ibidem, p. 158.
5. Heródoto sugere que os tiranos, ao ter o controle sobre a performance da poesia, têm o poder de reter a poesia do público e, nesse sentido, eles *relutam* a conceder ao público as oportunidades de escutar poesia. Na propaganda dos próprios tiranos, entretanto, eles se retratavam não tanto como limitadores ou *relutantes*, mas, ao invés, como pródigos e *generosos* ao público ao lhe fornecer oportunidades para escutar poesia. Ver G. Nagy, *Pindar's Homer*, p. 160-161, incluindo uma discussão sobre o *Hiparco* de "Platão", 228d, sobre o qual há mais na nota 50 infra.
6. G. Nagy, *Pindar's Homer*, p. 168.
7. Ibidem.
8. R. Thomas, *Oral Tradition and Written Record in Classical Athens*, p. 21, n. 22, seguindo H.R. Immerwahr, Book Rolls on Attic Vases, *Classical, Mediaeval and Renaissance Studies in Honour of B.L. Ullman*, v. 1.
9. Ver mais discussão em G. Nagy, *Pindar's Homer*, p. 169, 217 e 219.
10. Ibidem, p. 219.
11. É por essa razão que *apodekhthénta*, "tornado público", aplicado, na primeira frase de Heródoto, aos feitos dos helenos e dos bárbaros que serão destacados pela história, pode ser traduzido como "*performado*". G. Nagy, *Pindar's Homer*, p. 219: "A explicação óbvia para esses usos de *apo-deík-numai* no sentido de *fazer uma performance*, ao invés de *apresentar publicamente* ou *demonstrar* ou *mostrar* um feito, é a de que o meio real para apresentar publicamente o tal feito é, em todos esses casos, nenhum senão a linguagem de Heródoto".
12. De um ponto de vista de um conhecedor, a escrita podia se tornar um "brinquedo tecnológico": testemunhe as últimas palavras na *Helena* de Górgias (DK 82 B 11.21): Ἑλένης μὲν ἐγκώμιον, ἐμὸν δὲ παίγνιον, "o encômio de Helena, meu brinquedo".
13. G. Nagy, *Pindar's Homer*, p. 19 e as referências cruzadas fornecidas ali, no n. 9.
14. Ver D. Pearsall, Texts, Textual Criticism, and Fifteenth-Century Manuscript, em R. Yeager, *Fifteenth-Century Studies*, p. 126-127. Para paralelos medievais irlandeses, ver a discussão de J.F. Nagy, Orality and Medieval Irish Narrative, *Oral Tradition*, v. 1, n.2, esp. p. 289.
15. P. Zumthor, *Essai de poétique médiévale*, p. 507. Para uma aplicação desse princípio na edição de textos líricos medievais, ver o trabalho exemplar de R.T. Pickens, Jaufre Rudel et la poétique de la mouvance (também *The Songs of Jaufre Rudel*), conforme discutido em G. Nagy, *Poetry as Performance: Homer and Beyond*, capítulo 1.
16. G. Nagy, *Pindar's Homer*, p. 158-160.
17. Ver a p. 23 supra.
18. Ver a p. 43 supra.
19. G. Nagy, *Pindar's Homer*, p. 74, n. 110, seguindo O.M. Davidson, The Crown-Bestower in the Iranian Book of Kings, *Acta Iranica, Hommages et Opera Minora 10: Papers in Honour of Professor Mary Boyce*, p. 111-127; ver O.M. Davidson, *Poet and Hero in the Persian Book of Kings*, p. 29-53.
20. Ibidem, seguindo J.F. Nagy, *The Wisdom of the Outlaw: The Boyhood Deeds of Finn in Gaelic Narrative Tradition*, p. 292-293; ver J.F. Nagy, Close Encounters of the Traditional Kind in Medieval Irish Literature e Orality in Medieval Irish Narrative, em P. Ford, *Celtic Folklore and Christianity: Studies in Memory of William W. Heist*. (esp. p. 284 e 289 nesse último artigo).
21. R. Lathuillère, *Giron le courtois: Étude de la tradition manuscrite et analyse critique*, p. 176-177. Para uma discussão indispensável, ver S. Huot, Chronicle, Lai, and Romance: Orality and Writing in the *Roman de Perceforest*, em A.N. Doane; C.B.

Pasternack (eds.), *Vox intexta: Orality and Textuality in the Middle Ages*, p. 218-221.
22. S.H. Blackburn, Patterns of Development for Indian Oral Epics, *OEI*, p. 32, n. 25.
23. J.D. Smith (Worlds Apart: Orality, Literacy, and the Rajasthani Folk *Mahabharata*, *Oral Tradition*, v. 5, n. 1, p. 18), que também observa (p. 17-18): "Pode ser que a oralidade dessas tradições seja mais uma força do que uma fraqueza, pois a devoção hindu – incluindo o ritual védico – sempre enfatizou habilidades orais: livros podem ser usados para deles se aprender, mas não são para uso na performance ritual e não há 'livro sagrado' no hinduísmo que se compare à Bíblia ou ao Corão, ou ao *Gurū granth sāhib*. Os vedas são sagrados, claro, mas são sagrados na performance, não como manuscritos ou volumes impressos". Contrastando a oralidade "primordial" das tradições épicas do Rajastão com a "habilidade oral secundária dos brâmanes literatos que aprendem textos a partir de livros", Smith conclui (p. 18): "É um paradoxo intrigante o fato de os dois mundos, muito separados, da oralidade e da literalidade procurarem legitimação afirmando características pertencentes ao outro mundo".
24. Para alguns exemplos detalhados, ver G. Nagy, *Theognis of Megara: A Poet's Vision of His City*, p. 36-41; também *Pindar's Homer*, p. 170, n. 368.
25. Em outra versão, que remonta a Éforo de Cime (*FGH* 70 F 129 por meio de Estrabão 10.4.19), Licurgo adquiriu os poemas homéricos diretamente de Homero em Quios; ver J.A. Davison, Peisistratus and Homer, *Transactions of the American Philological Association*, v. 86, p. 15, n. 22. Para mais acerca da relação mitológica entre Homero, "ancestral" dos homéridas de Quios, e Creófilo, "ancestral" dos creófidas de Samos, e a rivalidade entre os dois grupos, ver G. Nagy, *Pindar's Homer*, p. 23, 74, com especial referência a Estrabão 14.1.18 e Calímaco, *Epigramas*, 6. Ver W. Burkert, Die Leistung eines Kreophylos: Kreophyleer, Homeriden und die archaische Heraklesepik, *Museum Helveticum*, v. 29, n. 2.
26. Ver J.A. Davison, op. cit., p. 15, n. 22; também R. Janko (*The Iliad: A Commentary*, p. 30, n. 45), que (na p. 31, n. 50) considera a possibilidade de que a história de Aristóteles sobre Licurgo em Samos remonta ao final do século VI.
27. Ver p. 41-43 supra. Ver mais detalhes em G. Nagy, *Pindar's Homer*, p. 159, 168-169 e 220.
28. Ibidem, p. 174.
29. Ibidem. T.W. Allen (*Homer: The Origins and the Transmission*, p. 233) pensa que a fonte de Tzetzes aqui foi Atenodoro, chefe da Biblioteca de Pérgamo. Note a redação paralela na *Antologia Grega*, 11.442: ὃς τὸν Ὅμηρον, σποράδην τὸ πρὶν ἀειδόμενον, "eu que reuni Homero, que antes estava sendo cantado aqui e ali, *espalhado* por toda parte". Ver também Pausânias 7.26.13.
30. Há ênfase na ideia de que cada um dos Sete Sábios, exceto Tales, tinha sido chefe de Estado (Cícero, *De oratore* 3.137: *hi omnes praeter Milesium Thalen ciuitatibus suis praefuerunt*). Para mais sobre a tradição dos Sete Sábios, ver R.P. Martin, The Seven Sages as Performers of Wisdom, em C. Dougherty, L. Kurke (eds.), *Cultural Poetics in Archaic Greece: Cult, Performance, Politics*.
31. Sobre a reinterpretação desse mito pelo próprio Cícero, ver T.W. Boyd, Libri Confusi, *Classical Journal of the Middle West and South*, v. 91, n. 1.
32. Para uma breve reformulação e análise de informações principais pertinentes ao conceito de uma "recensão pisistrática", ver T.W. Allen, op. cit., p. 225-238. Ver também G. Nagy, *Pindar's Homer*, p. 21-22, n. 20. Para uma bibliografia mais útil sobre o conceito, ver R. Janko (op. cit., p. 29), cuja própria posição é a de que "o texto existia *antes* da época [de Pisístrato]". Na p. 32, com bibliografia, Janko traz a sugestão de estudiosos anteriores de que a recensão pisistrática foi uma "teoria" inventada por estudiosos de Pérgamo. Para uma defesa convincente da confiabilidade da informação real fornecida pelo *Hiparco* de "Platão" 228b, ver J.A. Davison, op. cit., p. 10-13.
33. Ver p. 8-9 supra. Ver G. Nagy, *Theognis of Megara*, p. 33, e *Pindar's Homer*, p. 170, 368 (com referência especial a Licurgo, retratado em Plutarco, *Vida de Licurgo* 4.2-3).
34. Ver especialmente G. Nagy, *Pindar's Homer*, p. 185-186; 226, n. 61; 243 n. 122; 333-334.
35. Ibidem, p. 185-186.
36. Para mais paralelismos entre os creófidas e os homéridas, ibidem, p. 23 e 74.
37. J.A. Davison, op. cit., p. 7; ver R. Sealey, From Phemius to Ion, *Revue des études grecques*, v. 70, n. 355, p. 342-351. Além do *Hiparco* 228b de "Platão" e de Diógenes Laércio 1.57, as seguintes passagens são pertinentes: Isócrates, *Panegírico* 159; Licurgo, *Contra Leócrates* 102; Plutarco, *Péricles* 13.6; ver J A. Davison (op. cit., p. 7-15), com quem eu concordo que a Panatenaica, conforme reformada por Péricles em 442 (ver Plutarco, *Péricles* 13.6), incluía performances competitivas por *rhapsōidoí*, "rapsodos", de partes consecutivas da *Ilíada* e da *Odisseia*; mas discordo da ideia (p. 8) de que Péricles criara essas performances competitivas. Também concordo com o argumento (p. 8) de que a referência de Isócrates a competições "musicais" (τοῖς μουσικοῖς ἄθλοις, *Panegírico* 159) inclui a instituição de competições rapsódicas.
38. Sobre a noção das "monumentais" *Ilíada* e *Odisseia* de Homero do sec. VIII, ver G.S. Kirk, *The Iliad: A Commentary*, p. 10. Para uma redefinição importante da monumentalidade homérica, ver R.P. Martin, *The Language of Heroes: Speech and Performance in the Iliad*, esp. p. 223.
39. G. Nagy, *Greek Mythology and Poetics*, p. 55, seguindo A.B. Lord, *The Singer of Tales*, p. 25-27, 68-98, 99-123. Ver J. Svenbro, *Phrasikleia: Anthropologie de la lecture en Grèce ancienne*, p. 80, n. 20.

40. Ver R.P. Martin, *The Language of Heroes: Speech and Performance in the* Iliad, p. 196, 205, 206-230 (esp. p. 215, n. 11) sobre a "estética da expansão" na *Ilíada*. Martin faz referência a ocorrências de redução em termos de "encurtamento": ver p. 213, 215. Para ocorrências de expansão e redução contrastantes, ver Martin p. 34, 213, 215 (com o n. 11), 216-219 e 225.
41. S.H. Blackburn e J.B. Flueckiger, Introduction, *OEI*, p. 11. (Grifo nosso.)
42. R. Sealey, op. cit., p. 344 e 351, n. 115.
43. Tradução seguindo R. Sealey, op. cit., p. 344.
44. Ver G. Nagy, Introduction, em Homer, *The Iliad*, p. x-xi.
45. K.H. Basso, The Gift of Changing Woman, *Anthropological Papers*, v. 3, n. 76.
46. Ibidem, p. 153.
47. Ibidem, p. 151. Desnecessário dizer que a noção de canção é aqui compreendida não em termos de um texto, mas de uma composição que é reconhecida, *dentro da tradição*, como a "mesma" composição a cada vez que é performada.
48. Ibidem, p. 153.
49. Essa fraseologia arcaizante de toda a passagem sobre Hiparco em *Hiparco* de "Platão" 228b-c, da qual somente uma pequena porção eu cito aqui, é notavelmente consistente ao deixar não especificada a questão da autoria e ao enfatizar, ao contrário, o fato da autoridade, que é exprimida como *sophía*, "conhecimento", na compressão da poesia; essa *sophía* é, por sua vez, implicitamente equacionada com a *sophía* na *performance* dessa poesia, sem especificação do processo de realmente *compor* a poesia. Para mais detalhes, ver G. Nagy, *Pindar's Homer*, p. 161.
50. Hiparco também "traz" (*komízō*), por navio, o poeta Anacreonte de Atenas (228c), bem como ele "traz" (*komízō*) o *épē*, "enunciações poéticas", de Homero na passagem aqui citada (228b). De acordo com a lógica da narrativa, Hiparco demonstra ao povo de Atenas que ele não está "poupando sua *sophía*", σοφίας φθονειν (228c), em virtude de fornecer ao povo de Atenas a poesia e a criação de canções de Homero, Anacreonte e Simônides (este último faz dupla com Anacreonte, 228c); por implicação, sua *sophía*, "conhecimento", é a chave para as performances desses poetas (G. Nagy, *Pindar's Homer*, p. 161). Podemos perguntar por que a aplicação de *komízō* ao épico de Homero é compatível com sua aplicação às canções de Anacreonte e, por implicação, às de Simônides. Talvez o ponto da história é o de que Hiparco fez algo a mais do que simplesmente convidar esses poetas para uma ocasião única de performance: ao invés, ele institucionalizou tais performances em competições de *kitharōidía*, "canto com lira", no festival da Panatenaia (sobre esse assunto, ver G. Nagy, *Pindar's Homer*, p. 98, 104), paralelas às competições de *rhapsōidía* no mesmo festival.
51. Mais análises são encontradas em G. Nagy, *Pindar's Homer*, p. 21, 23. A. Schnapp-Gourbeillon (Homère, Hipparche et la bonne parole, p. 810) argumenta que a lei mencionada nesses testemunhos não se relaciona à ordem da performance, mas sim à ideia de que somente "Homero" deveria ser performado. Eu contra-argumentaria afirmando que a referência explícita em Diógenes Laércio 1.57 a Sólon, o *legislador*, como aquele que estabeleceu a sequência da performance sugere que a especificação da sequência era, de fato, parte da *lei*. Da mesma maneira, no *Hiparco* de "Platão" 228b, o pronome αὐτά, "essas", designando ao rapsodo devia performar em uma sequência fixa certamente se refere a τὰ Ὁμήρου ἔπη, "as enunciações poéticas de Homero".
52. Novamente, J.A. Davison, op. cit., p. 7.
53. Para mais sobre a noção de "referência cruzada diacrônica" na tradição homérica, ver G. Nagy, *Pindar's Homer*, p. 53-54, n. 8. Sobre a "imanência" da referenciação, não somente a referência cruzada, ver J.M. Foley, *Immanent Art*: o referente de uma referência na poética oral não está restrito ao contexto imediato, mas se estende a contextos análogos escutados em performances anteriores.
54. G. Nagy, Review of Detienne; ver discussão detalhada em G. Nagy, *Pindar's Homer*, p. 21-28. Essa conclusão é corroborada por A. Ford, The Classical Definition of RACVIDIA, *Harvard Studies in Classical Philology*, v. 83.
55. A passagem relevante está impressa em T.W. Allen, op. cit., p. 230.
56. A expressão ἑκατέρας τὴν ποιήσεως, "cada um dos dois poemas", implica que se quer se referir à *Ilíada* e à *Odisseia*.
57. R. Schmitt, *Dichtung und Dichtersprache in indogermanischer Zeit*, p. 300-301 (sua discussão sobre a morfologia de *rhapsōidós* é indispensável); M. Durante, *Sulla preistoria della tradizione poetica greca*, p. 177-179; G. Nagy, *The Best of the Achaeans*. p. 298, parágrafo 10, n. 5, e 1990a:28. Sobre a acentuação de *rhapsōidós*, ver M. Durante, op. cit., p. 177.
58. Para uma discussão mais detalhada da *Neméia* 2.1-3 de Píndaro, ver G. Nagy, *Poetry as Performance*, capítulo 3.
59. G. Nagy, *Greek Mythology and Poetics*, p. 53-54.
60. Idem, *Pindar's Homer*, p. 22 (esp. n. 223), p. 376.
61. Idem, *The Best of the Achaeans*, p. 5-6, 8-9; Death of a Schoolboy: The Early Greek Beginnings of a Crisis in Philology, *Comparative Literature Studies*, v. 27, n. 1, p. 375-377. Sobre a mimese ou "re-presentação" de Homero por rapsodos, ver G. Nagy, *Poetry as Performance*, capítulo 3.
62. *Scholia* à *Neméia* 2.1 de Píndaro; Platão, *Fedro*, 252b; Estrabão 14.1.33-35; *Disputa de Homero e Hesíodo*, p. 226, n. 13-15. Ver G. Nagy, *Pindar's Homer*, p. 23. Sobre uma tradição alternativa, que atribui a forma final do *Hino Homérico a Apolo*

NOTAS

não a Homero, mas a Kynaithos de Quios, um rapsodo que supostamente não podia remontar a Homero (*scholia* à *Nemeia* 2.1 de Píndaro), ver ibidem, 22.23, com mais bibliografia.

63. Ibidem, 353. O genitivo de *oímē* na *Odisseia* VIII, 74, marcando o ponto de partida para a performance da primeira canção de Demódoco, é, funcionalmente, um genitivo de origem, paralelo ao advérbio que marca a origem *hóthen*, "começando do ponto em que", na representação de Píndaro do *prooímion* na *Nemeia* 2.1.

64. M. Durante, op. cit., p. 176-177; *pace* P. Chantraine (*DELG*, p. 463 e 783). Ver maior discussão em G. Nagy, *Poetry as Performance*, capítulo 3.

65. R. Schmitt, op. cit., p. 300-301; M. Durante, op. cit., p. 177-179; G. Nagy, *The Best of the Achaeans*, p. 298, parágrafo 10, n. 5, e Death of a Schoolboy: The Early Greek Beginnings of a Crisis in Philology, *Comparative Literature Studies*, v. 27, n. 1, p. 28.

66. R. Schmitt, op. cit., p. 298-300. Para argumentos contrários à visão de que o *terminus post quem* dessa metáfora deve ser colocado na era de Simônides (J. Scheid e J. Svenbro, *Le Métier de Zeus: Mythe du tissage et du tissu dans le monde gréco-romain*, p. 119-138), ver G. Nagy, *Poetry as Performance*, capítulo 3.

67. R. Schmitt, op. cit., p. 300.

68. Ibidem, 14-15; D. Dubuisson, Anthropologie poétique: Prolégomènes à une anthropologie du texte, *L'Homme*, p. 223; sobre a palavra latina *textus*, ver J. Scheid e J. Svenbro, op. cit., p. 139-192, esp. p. 160, com referência à *Institutio oratória* 9.4.13 de Quintiliano.

69. Os argumentos que seguem são desenvolvidos mais detalhadamente em G. Nagy, *Poetry as Performance*, capítulo 3.

70. S. West (The Transmission of the Text, em A. Heubeck et. al., *A Commentary on Homer's Odyssey*, p. 39-40) aceita a possibilidade de que as divisões em cantos da *Ilíada* e da *Odisseia* reflitam as unidades de performance arranjadas por Hiparco, filho de Pisístrato, dos pisistrátidas; ver R. Janko, op. cit., p. 31, n. 47, para um sumário de suas visões. M.S. Jensen (*The Homeric Question and the Oral-Formulaic Theory*, p. 88-89), da mesma forma, considera que as divisões em cantos são relacionadas à performance; ela continua para desenvolver uma teoria do ditado cujo propósito é explicar essas divisões.

71. O. Taplin (*Homeric Soundings: The Shaping of the Iliad*, p. 285-293) argumenta que as divisões em cantos "não remontam à formação dos poemas" (p. 285) e que elas são relativamente recentes, provavelmente trabalho de Aristarco. A principal linha de argumentação de Taplin é a de que ele pode encontrar outras quebras possíveis de episódios, algumas que lhe parecem ainda mais marcantes do que as quebras separando os cantos atualmente constituídos.

72. O que pode ser uma divisão em três partes em um estágio da tradição, exatamente o que postula O. Taplin (op, cit.) para a *Ilíada*, pode não necessariamente ser incompatível com uma divisão em vinte e quatro partes em outro estágio. Ver mais argumentos em G. Nagy, *Poetry as Performance*, capítulos 5 a 7.

73. J. Scheid e J. Svenbro (op. cit., p. 120) admitem que o conceito de *rhapsōidós* é guiado pela metáfora da composição de canções como um *coser*. Ainda assim, eles argumentam que essa metáfora não pode ser retrocedida para mais anteriormente e ser aplicada a Homero. Em sua visão, para repetir, as metáforas de *tecer* e *coser* não existiam antes da era de Simônides. Ver G. Nagy, *Poetry as Performance*, capítulo 3, no qual se argumenta, com maior profundidade, que essas metáforas são ao menos residualmente atestadas até mesmo em evidências anteriores e que o conceito de Homero como rapsodo é básico a Homero.

74. G. Nagy, *Pindar's Homer*, p. 52-81.

75. Ibidem, p. 70-79.

76. Ver p. 22 supra. Ver R. Pfeiffer, *History of Classical Scholarship*, p. 73.

77. G. Nagy, *The Best of the Achaeans*, p. 297-300, seguindo R. Schmitt, op. cit., p. 296-298.

78. Ibidem.

79. Ibidem, p. 300. F. Bader (*La Langue des dieux, ou l'hermétisme des poètes indo-européens*, p. 269, n. 114) oferece uma etimologia diferente, cujos argumentos contrários são apresentados em G. Nagy, *Poetry as Performance*, p. 74, n. 45.

80. G. Nagy, *The Best of the Achaeans*, p. 233-234, 310-311, parágrafo 2, n. 3.

81. R. Schmitt, op. cit., p. 14-15; G. Nagy, *The Best of the Achaeans*, p. 297-300. Enquanto a raiz grega *tékhnē*, "técnica, arte" é atestada como verbo no latim *texō*, a raiz da palavra *ars, artis* ("arte") latina é atestada como verbo no grego *ar-ar-ískō*, "unir, encaixar" (ver latim *artus*, "junta").

82. R. Schmitt, op. cit., p. 298-301.

83. Esse ponto é discutido com mais detalhes em G. Nagy, *Poetry as Performance*, capítulo 3.

84. Ibidem. Lá eu destaco que a palavra inglesa *stitcher* [costureiro] pode ser inadequada para expressar a estética do trabalho manual de um mestre, já que *stitch* implica algo improvisado, como se o trabalho de costura fosse simplesmente um trabalho de remendos. Mais adequado do que *stitcher* – ao menos esteticamente, talvez – é *tailor* [alfaiate].

85. Essa formulação é reaplicada em G. Nagy, *Poetry as Performance*, capítulo 3.

86. Ver p. 8-9 supra.

87. G. Nagy, *Pindar's Homer*, p. 55.

88. Ibidem, p. 23.

89. Ver W.C. Smith, *What Is Scripture? A Comparative Approach*, p. 83 acerca das formulações "big-bang" no estudo das religiões.

90. M.S. Jensen, op. cit., p. 128, seguindo R. Merkelbach, Die pisistratische Redaktion der homerischen Gedichte, *Rheinisches Museum für Philologie*, v. 95, p. 42-43.

91. U. Wilamowitz, *Homerische Untersuchungen*, p. 228; ver J.A. Davison, The Transmission of the Text, em A. Wace; F. Stubbings, *A Companion to Homer*, p. 249-252.
92. J.A. Davison, Peisistratus and Homer, *Transactions of the American Philological Association*, v. 86.
93. Idem, The Transmission of the Text, em A. Wace; F. Stubbings, *A Companion to Homer*.
94. Ibidem, p. 220.
95. Ibidem, p. 224.
96. Ver p. 49-50 e 54-55 supra.
97. Ver J.A. Davison, The Transmission of the Text, em A. Wace; F. Stubbings, *A Companion to Homer* p. 221. Para uma análise bibliográfica proveitosa do grau de alfabetismo a partir do final do século V, ver R. Thomas, op. cit., p. 17-24. Ela ressalta, na p. 23 (modificando levemente o quadro traçado por Turner 1977), que os livros se tornaram relativamente comuns somente no primeiro quarto do século IV.
98. Ibidem, com referência específica (na p. 231, n. 30) às obras de A. Ludwich, *Die Homervulgata als voralexandrinisch erwiesen* e G.M. Bolling, *The External Evidence for Interpolation in Homer, The Athetized Lines in the Iliad* e *Ilias Atheniensium*. (Grifo nosso.)
99. J.A. Davison, *Transactions of the American Philological Association*, v. 86, p. 21.
100. Ibidem.
101. R. Sealey, op. cit., p. 344-346.
102. T.W. Allen, op. cit., p. 302-307; conforme ressalta Sealey (op. cit., p. 345, n. 100), a discussão de Allen foi "também desconsiderada" por D.L. Page, *The Homeric Odyssey*, p. 143.
103. R. Sealey, op. cit., p. 345.
104. Ibidem.
105. Ibidem. Para mais críticas à teoria de Davison, ver M.S. Jensen, op. cit., p. 131-132.
106. J.A. Davison, Peisistratus and Homer, *Transactions of the American Philological Association*, v. 86, p. 21. (Grifo nosso.) Aristarco não apenas datou o texto homérico em cerca de 1050 a.C.: ele também acreditava que Homero era um ateniense (*Vida de Homero* [p. 244, n. 13; p. 247.8]).
107. R. Sealey, op. cit., p. 345.
108. S. West, op. cit., p. 33-48.
109. Ibidem, p. 45; ver p. 7-8, 283-287; e M.S. Jensen, op. cit., p. 107, 109. M. Parry (Studies in the Epic Technique of Oral Verse-Making, I: Homer and Homeric Style, *Harvard Studies in Classical Philology*, v. 43,) considerou a possibilidade de que textos "selvagens" ou excêntricos em papiros datando de antes de 150 a.C. refletiam variações típicas da poesia oral. Jensen (op. cit., p. 108) objeta: "O próprio trabalho de campo ulterior [de Parry], entretanto, tornou isso improvável. As variações são pequenas e não alteram essencialmente o texto". E, no entanto, a "pequenez" da variação deve ocorrer devido a uma fase estativa na evolução da tradição homérica; sobre esse tópico, ver adiante. Ver mais discussão em G. Nagy, *Poetry as Performance*, capítulo 5.
110. Ver novamente T.W. Allen, op cit., p. 302-307; ver R. Sealey, op. cit., p. 345. Porém ver M.J. Apthorp (*The Manuscript Evidence for Interpolation in Homer*), cujas importantes contribuições à questão do *numerus versuum* discuto em detalhes em G. Nagy, *Poetry as Performance*, capítulo 5.
111. S. West, op. cit., p. 48.
112. Ibidem, p. 47-48.
113. Ibidem, p. 48.
114. Ibidem, p. 47.
115. Discuto outros fatores em G. Nagy, *Poetry as Performance*, capítulo 7.
116. R. Sealey, *Women and Law in Classic Greece*, p. 129.
117. Ibidem, p. 129 e 183, n. 17. A forma *anagnostae*, "leitores", é emprestada do grego *anagnōstēs*, "leitor". Em uma palestra proferida em 13 de janeiro de 1993, intitulada "Démétrius et les rhapsodes", no seminário da Françoise Létoublon no Centre d'Études Anciennes, École Normale Supérieure, comparei *anagnōstēs* com a palavra francesa *souffleur*. Em G. Nagy, *Poetry as Performance*, capítulo 6, o uso de *anagnōstēs* está ligado com o de *paranagignōskō*, "ler de um modelo", conforme atestado na *Vida dos Dez Oradores*, 841f, de Plutarco, uma passagem que lida com a reforma de Licurgo acerca das tradições de performance na tragédia ateniense.
118. M.S. Jensen, op. cit., p. 108. Sobre o tópico das tradições na performance homérica pelos rapsodos durante a era alexandrina, ver a breve discussão em G. Nagy, *Pindar's Homer*, p. 29 (n. 64). (Grifo nosso.)
119. S. West, op. cit., p. 48.
120. Ibidem, p. 40.
121. Ibidem, p. 39.
122. Ibidem, p. 36, n. 13, citando R. Merkelbach, op. cit., e M.S. Jensen, op. cit.
123. M.S. Jensen, op. cit., p. 154, 166.
124. Ver ibidem, p. 109.
125. G. Nagy, *Poetry as Performance*, capítulo 5. Assim, creio que o ponto sustentado por Jensen (op. cit., p. 109) é convincente: "Entre os vários textos nomeados segundo cidades [conforme citado pelos estudiosos alexandrinos, cujos comentários estão esporadicamente preservados nas *scholia* homérica], pode-se ter esperado encontrar um ateniense; que tal texto nunca é mencionado indica que esse era o texto básico que foi referido".
126. Se Atenas é de fato o cenário para uma textualização definitiva – e final – dos poemas homéricos, então temos uma explicação pronta para as intrusões esporádicas do dialeto ático no texto derradeiro. A formulação de R. Janko (op.cit., p. 37) é útil: "Os traços áticos superficiais na dicção épica realmente provam que Atenas teve um grande papel na transmissão e isso deve ser relacionado ao patrocínio da poesia homérica pelos pisistrátidas". Ver M.S. Jensen, op. cit., p. 131.

NOTAS

127. Concordo com Jensen (op. cit., p. 110) e Janko (op. cit., p. 37) em que tais textos primitivos foram provavelmente escritos no alfabeto jônico. Mas discordo da ideia de que "o" texto panatenaico fora importado da Jônia. Para um relato dessa ideia, ver P. Mazon, *Introduction à l'Iliade*, p. 269-270, 276-278; para variações dessa ideia, ver M.S. Jensen, op. cit., p. 132 ("Se descendentes de Homero ou [de Creófilo] possuíam o texto verdadeiro, autorizado, eles, sem dúvida, teriam mantido uma cópia dele") e R. Janko, op. cit., p. 37 ("[Os pisistrátidas] provavelmente adquiriram o primeiro conjunto completo de volumes que cruzou o Egeu"). É suficiente dizer que a tradição de performance dos homéridas fora importada da Jônia, provavelmente de Quios.
128. Ver novamente J.A. Davison, The Transmission of the Text, em A. Heubeck et. al., *A Commentary on Homer's Odyssey*, p. 225 e 220 sobre o "texto panatenaico" e a "recensão pisistrática", respectivamente.
129. R. Sealey, From Phemius to Ion, *Revue des études grecques*, v. 70, n. 355, p. 351.
130. Ibidem.
131. Ibidem, p. 349-350.
132. Ver p. 49-50 supra.
133. R. Sealey, From Phemius to Ion, *Revue des études grecques*, v. 70, n. 355, p. 349. (Grifo nosso.)
134. Ver mais comentários em G. Nagy, *Pindar's Homer*, p. 21, 23. Ver também capítulo 2, nota 58, supra.
135. Ver p. 48-49 supra.
136. R. Merkelbach, op. cit. Ele também argumenta que Aristarco conhecia a história de uma recensão pisistrática, mas que não acreditava nela.
137. Ver especialmente ibidem, p. 34.
138. Ibidem. Para uma reavaliação do conceito de *zersingen*, ver H. Bausinger, *Formen der "Volkspoesie"*, p. 46, 268-276.
139. R. Merkelbach, op. cit., p. 34-35.
140. Para uma breve análise dos argumentos, ver G. Nagy, *Pindar's Homer*, p. 21-24, 28-29.
141. R. Merkelbach, op. cit., p. 36.
142. S. West, op. cit., p. 36, 39.
143. Ibidem, p. 35-38, 40.
144. Ver M.S. Jensen, op. cit., p. 132.
145. R. Merkelbach, op. cit., p. 24, 27-31.
146. G. Nagy, *Pindar's Homer*, p. 170, com comentários.
147. Ver p. 47-48 supra.
148. G. Nagy, *Pindar's Homer*, p. 159.
149. Ver p. 48 supra.
150. Ver p. 49-50 supra.
151. R. Merkelbach, op. cit., p. 28-31, especialmente com referência a Solon 10 de Plutarco, *Retórica* 1375b30 de Aristóteles, Apolodoro via Estrabão 9.1.10, Diógenes Laércio 1.48 e Scholia B à *Ilíada* 11.557.
152. K. Kannicht, Poetry and Art: Homer and the Monuments Afresh, *Classical Antiquity*, v. 1, p. 78.
153. K. Friis Johansen, *The Iliad in Early Greek Art*.
154. Ibidem, p. 53-54, fig. 8 na p. 52.
155. Ibidem, p. 79.
156. Ibidem, p. 80.
157. M.S. Jensen, op. cit., p. 104, seguindo K Friis Johansen, op. cit., p. 266.
158. Ibidem.
159. K. Friis Johansen, op. cit., p. 90, citado também por M.S. Jensen, op. cit., p. 104.
160. Para K. Fittschen (*Untersuchungen zum Beginn der Sagendarstellung bei den Griechen*), que reavalia as representações iconográficas gregas mais antigas correspondentes ao épico, as próprias variações servem como prova para a ausência de temas distintamente "iliádicos"; com base nessa reavaliação, K. Kannicht (op. cit., p. 85) conclui que "a *Ilíada*, como um assunto artístico, é virtualmente negligenciada na arte do século VII" (como já vimos, entretanto, Kannicht, na p. 78, admite que a tradição narrativa odisseica acerca do Ciclope é fortemente representada no século VII). Tais conclusões pressupõem um texto fixo para a *Ilíada* (ver M.S. Jensen, op. cit., p. 106: "Somente a partir de [cerca de] 520 as representações áticas parecem refletir a *Ilíada que conhecemos*" [grifo nosso]). Além disso, discordo da sequência do argumento de Kannicht, concedendo, a partir dessas conclusões, que a *Ilíada*, diferentemente de outros épicos, resistiu a representações iconográficas porque ela era extraordinariamente artística; ver G. Nagy, *Pindar's Homer*, p. 73, n. 105.
161. Para uma discussão acerca das evidências de pinturas em vasos como um critério para determinar a fixação de tradições homéricas, especialmente em Atenas, ver S. Lowenstam, The Arming of Achilleus on Early Greek Vases, *Classical Antiquity*, p. 12, em particular n. 216; também S. Lowenstam, The Uses of Vase-Depictions in Homeric Studies, *Transactions of the American Philological Association*, v. 122. Ver A. Ballabriga, La Question Homérique: Pour une réouverture du débat, *Revue des études grecques*, v. 103, n. 490-491, p. 19, referindo-se a C. Brillante, Episodi iliadici nell'arte figurata e conoscenza dell'*Iliade* nella Grecia arcaica, *Rheinisches Museum für Philologie*, v. 126, n. 2, p. 119. Ver também os comentários acerca da Panatenaia em G. Nagy, *Pindar's Homer*, p. 21-23, 28, 54, 73, 75, 160, 174 e 192. Sobre os pisistrátidas e a Panatenaia, ver novamente H.A. Shapiro, Oracle-Mongers in Peisistratid Athens, Mousikoi Agones e Hipparchos and the Rhapsodes, *Kernos*, v. 3.
162. M. Janko, Homer, *Hesiod and the Hymns*, p. 228-231; ver também a formulação modificada em *The Iliad: A Commentary*, p. 19.
163. I. Morris, The Use and Abuse of Homer, *Classical Antiquity*, v. 5, esp. p. 93 e 104.
164. Ibidem. Já citei, em outro contexto, a observação de Janko (*Hesiod and the Hymns*, p. 191): "É difícil recusar a conclusão de os textos [a *Ilíada* e a *Odisseia*] foram fixados na época em que cada um deles foi composto, seja por memorização por repetição, seja por textos orais ditados".

165. Ver p. 19-20 supra.
166. Ver mais argumentos em G. Nagy, *Pindar's Homer*, p. 53.
167. Ver G. Nagy, *Pindar's Homer*, p. 52-81. Não precisamos postular, entretanto, que cada performance se tornou idêntica a cada performance anterior. Reconhecidamente, poderia ter havido uma *ideologia* de reperformance idêntica rumo ao fim desse processo de fixação textual sem a escrita. Mas uma ideologia da fixidez não impede a recomposição-em-performance, mesmo se a taxa de recomposição tenha desacelerado. Ver mais em G. Nagy, *Pindar's Homer*, p. 52-81. Sobre o termo descritivo *cristalização*, ver G. Nagy, *Pindar's Homer*, p. 53, 60, 414, n. 4, e G. Nagy, *Greek Mythology and Poetics*, p. 42 (com referência a G. Nagy, *The Best of the Achaeans*, p. 5-9), 47, 51-52, 61 e 78-79 (ver E.S. Sherratt, "Reading the Texts": Archaeology and the Homeric Question, *Antiquity*, v. 64, n. 245, p. 820-821). Para um uso similar da imagem, apesar de pouco idêntica, descrevendo a formação das tradições épicas do Quirguistão, ver W. Radloff, *Proben der Volksliteratur der nördlichen türkischen Stämme V: Der Dialekt der Kara-Kirgisen*: "Como novos cristais que se desenvolvem em uma solução de sódio saturada durante a evaporação e agrupam-se em volta de um grande centro de cristal no fluido, ou como finas limalhas de ferro que se agrupam em volta do polo magnético, todas as lendas e contos, todas as memórias históricas, histórias e canções são fortemente atraídas aos centros épicos e tornam-se, ao ser quebradas em pedaços, partes de uma figura abrangente." Ver também E.F. Cook, *The Odyssey at Athens: Myths of Cultural Origin*, p. 4: "A cristalização da tradição odisseica em um texto escrito, o crescimento do ritual cívico ateniense e o processo de formação estatal na Ática foram desenvolvimentos simultâneos e mutualmente fortificadores."
168. Ver R. Sealey, From Phemius to Ion, *Revue des études grecques*, v. 70, n. 355 e argumentação paralela em M.S. Jensen, op. cit., p. 96-106 e A. Ballabriga, op. cit., p. 28.
169. Ver especialmente G. Nagy, *Pindar's Homer*, p. 80. Ao datar o estágio definitivo em 550 a.C., sigo, pelo menos em parte, a discussão de R. Sealey, From Phemius to Ion, *Revue des études grecques*, v. 70, n. 355 (ver esp. a p. 348), que também situa na metade do sec. VI a.C. o seguinte: (1) a decisão, por Periandro de Corinto, da guerra entre os atenienses e os mitilenses de Lesbos por Sigeion (p. 320); (2) a era em que Pítaco, Alceu e Safo prosperaram (p. 324-325);

e (3) a era em que Íbico prosperou (p. 327). Eu devo acrescentar que até mesmo a noção de uma fase *definitiva* deixa margem para variação em fases ainda mais tardias da tradição de performance. Os fragmentos de papiros dos poemas homéricos dos sec. III e II a.C. sugerem, na opinião de Sealey (*Women and Law in Classical Greece*, p. 128), que "haviam *Ilíadas* e *Odisseias* que eram bem mais longas do que a *Ilíada* e a *Odisseia* bizantina; os textos longos podem muito bem ter excedido os últimos em um quarto de seu tamanho ou até mais".
170. G.S. Kirk, *The Songs of Homer*, p. 88-98 e *Homer and the Oral Tradition*, p. 130-131. Para uma crítica ao modelo de Kirk, ver M.S. Jensen, op. cit., p. 113-114. Concordo com os argumentos de Jensen contra a premissa "devolucionária" de Kirk. O próprio modelo de Jensen, como vimos, postula um ditado que foi supostamente comissionado pelos pisistrátidas. Seu candidato como o homem que ditou o texto é Cinetos (sobre ele, ver G. Nagy, *Pindar's Homer*, p. 22-23, 73-75). Para ainda outro modelo, ver A. Ballabriga (op. cit.), que retém a ideia de um "Homero criativo" em uma extremidade do espectro cronológico mas rejeita a ideia de Kirk acerca de uma decadência ao postular um "rapsodo criativo na outra extremidade". Seu candidato como tal "rapsodo criativo" é Cinetos (ver esp. suas p. 21 e 28). Para outra crítica ao modelo de Kirk, a partir de mais um ângulo, ver M.L. West, Archaische Heldendichtung: Singen und Schreiben, em W. Kullman; M. Reichl, *Der Übergang von der Mündlichkeit zur Literatur bei den Griechen*, p. 36-37.
171. Ver R. Sealey (*Women and Law in Classical Greece*, p. 133), que defende que "a *Ilíada* e a *Odisseia* não têm uma data de composição. Elas passaram a existir durante um longo período que começou muito antes do final da Era de Bronze e durou até o sec. VI ou mais".
172. Sobre as evidências de pinturas de vaso como um critério para determinar a fixação das tradições homéricas, especialmente em Atenas, ver novamente S. Lowenstam, The Arming of Achilleus on Early Greek Vases, *Classical Antiquity*, v. 12, em particular a p. 216.
173. Ver G. Nagy, *Theognis and Megara*, p. 33-34.
174. S. West, op. cit., p. 34.
175. Ver G. Nagy, *Pindar's Homer*, p. 29, n. 66.
176. Idem, *Pindar's Homer*, p. 25-26 e 363-364, n. 133.
177. Idem, *Greek Mythology and Poetics* (p. 269-275, com referência a Filocoro FGH 328 F 216. Sobre o modelo evolucionário no caso de tradições elegíacas em geral, ver G. Nagy, *Theognis and Megara*, p. 46-51.

4. O MITO COMO "EXEMPLUM" DE HOMERO

1. Por exemplo, R. Öhler, *Mythologische Exempla in der älteren griechischen Dichtung*.
2. M.M. Willcock, Mythological Paradeigma in the *Iliad*, *The Classical Quarterly*, v. 14, n. 2. Ver B.K. Braswell, Mythological Innovation in the *Iliad*, *The Classical Quarterly*, v. 21, n. 21.
3. Idem, Ad Hoc Invention in the *Iliad*, *Harvard Studies in Classical Philology*, v. 81, p. 43.

4. T.S. Kuhn, *The Structure of Scientific Revolutions* (ed. bras.: A Estrutura das Revoluções Científicas. São Paulo: Perspectiva, 2013).
5. Ver especialmente T.S. Kuhn, op. cit., p. 66.
6. Ibidem.
7. Na presente versão, espero que eu tenha transcendido a versão anterior (G. Nagy, Mythological Exemplum in Homer, em R. Hexter, D. Selden, *Innovations of Antiquity*) ao utilizar polêmicas terminadas muito menos frequentemente.
8. M.M. Willcock, Ad Hoc Invention in the *Iliad*, *Harvard Studies in Classical Philology*, v. 81, p. 53.
9. Ibidem, p. 43, n. 10.
10. M.M. Willcock, Mythological Paradeigma in the *Iliad*, *The Classical Quarterly*, v. 14, n. 2, p. 143. Podemos notar a redação cautelosa de R.P. Martin, *The Language of Heroes*, p. 129 ao descrever a "invenção" de Diomedes na *Ilíada*, VI.215-231.
11. Willcock está usando *autoschediasmata* no sentido de "improvisações".
12. M.M. Willcock, Ad Hoc Invention in the *Iliad*, *Harvard Studies in Classical Philology*, v. 81, p. 43, p. 53.
13. W. Kullmann, *Die Quellen der* Ilias.
14. Idem, *Das Wirken der Götter in der Ilias: Untersuchungen zur Frage der Entstehung des homerischen "Götterapparats"*, p. 14. A posição de Kullmann é modificada à medida que sua discussão prossegue (p. 14-16) no tocante a aceitar uma variante de leitura relatada por Zenódoto (*scholia* A para a *Ilíada*, I. 400) no final do verso da *Ilíada*, I.400: Φοῖβος Ἀπόλλων, "Febo Apolo", ao invés de Παλλὰς Ἀθήνη, "Palas Atena". Kullmann infere que Παλλὰς Ἀθήνη era um substituto inovador de um antigo Φοῖβος Ἀπόλλων. Até aí, mesmo para Kullmann, há ao menos uma inovação parcial, contra a tradição, nesse verso enquanto transmitido. Sobre o papel de Hera, Posêidon e Atena na *Ilíada*, XXIV.25-26, ver especialmente J.V. O'Brien, *The Transformation of Hera*, p. 91-94.
15. J. Griffin, *Homer on Life and Death*, p. 185.
16. Ibidem, p. 185, n. 17.
17. Tradução minha, com pequenas modificações, de W. Burkert, Mythisches Denken, em H. Poser, *Philosophie und Mythos*, p. 16-39.
18. E.R. Leach, Critical Introduction, em M. Steblin-Kamenskij, *Myth*, p. 6.
19. Ibidem, p. 6-7.
20. Ibidem, p. 4.
21. C. Lévi-Strauss, O Estudo Estrutural do Mito, em *Antropologia Estrutural*, A Gesta de Asdiwal, em *Antropologia Estrutural II*, e os quatro volumes das *Mitológicas: O cru e o cozido, Do Mel às Cinzas, A Origem das Maneiras à Mesa* e *O Homem Nu*.
22. E.R. Leach, op. cit., p. 7.
23. G.S. Kirk, *Myth, Its Meaning and Functions* e *The Nature of Greek Myths*.
24. M. Detienne, primeiro capítulo de *Dionysos mis à mort* (p. 17-47); ver especialmente os comentários nas páginas 24-25 em relação a Kirk. Em certo ponto de seu livro sobre mitos, G.S. Kirk (*Myth,*

Its Meaning and Functions, p. 179) discorre acerca dos heróis da Grécia antiga: "Os gregos são *um caso especial* [grifo nosso]. Na mitologia da maioria dos outros povos, heróis [...] são ou imperceptíveis ou ausentes."
25. J. Griffin, op. cit., p. 173.
26. Ver ibidem, p. 175, n. 66.
27. Ibidem, p. 174-175. O mito bororo é descrito como tendo uma "qualidade misteriosa, quase poética" (G.S. Kirk, *Myth, Its Meaning and Functions*, p. 63).
28. R.P. Martin, op. cit., especialmente p. 12-42. Ver F. Létoublon, Comment faire des choses avec des mots grecs, em *Philosophie du langage et grammaire dans l'antiquité*, seguindo sua obra anterior, Défi et combat dans l'*Iliade*. *Revue des études grecques*, v. 96, n. 455, p. 27-48. Ver também L. Muellner, *The Meaning of Homeric* ΕΥΧΟΜΑΙ *through Its Formulas*.
29. L.R. Waugh, Marked and Unmarked: A Choice between Unequals in Semiotic Structure, *Semiotica*, v. 38, n. 3-4 Há uma discussão ampliada desses termos em G. Nagy, *Pindar's Homer*, p. 5-6.
30. R.P. Martin, op. cit., p. 29.
31. Grifo nosso.
32. Ver discussão estendida em G. Nagy, *Pindar's Homer*, p. 8-9, 31 e s.
33. R.P. Martin, op. cit., p. 10-26.
34. Ibidem, p. 12.
35. Ibidem.
36. Ibidem, p. 26-30. Com referência aos seis tipos de atos-fala dramatizados que listei anteriormente como exemplos a serem encontrados nos poemas homéricos – ou seja, investidas formais, ameaças, lamentos, incentivos, profecias, rezas (ver nota 28 supra) – podemos notar a observação de Martin (p. 38) no sentido de que a reza nunca é explicitamente designada como *mûthos* na dicção homérica. Em minha discussão anterior acerca dos atos-fala homéricos dramatizados (G. Nagy, *Pindar's Homer*, p. 38), listei, não obstante, a reza como pertencente implicitamente à categoria homérica de *mûthos*. Uma razão para fazer essa ligação é a de que o verbo homérico *eúkhomai* significa não somente "investida" no contexto marcial ou "declaração" no contexto jurídico, mas também "reza" no contexto sacral (ver L. Muellner, op. cit.). Ver a discussão de *apeiléō*, "fazer uma promessa, promessa em investida, ameaça" em G. Nagy, The Name of Apollo: Etymology and Essence, em J. Solomon, *Apollo: Origins and Influences*.
37. R.P. Martin, op. cit., p. 29.
38. Ibidem.
39. Ibidem, p. 29.
40. G. Nagy, *Pindar's Homer*, p. 30 e novamente p. 31.
41. R.P. Martin, op. cit., p. 30-37; "Toda fala chamada de 'palavras aladas' significa motivar o ouvinte a fazer algo" (p. 31).
42. Veja discussão ampla sobre as passagens relevantes em G. Nagy, *Pindar's Homer*, p. 65-68, 134, 203, n. 17, e 423-424.

43. Há uma discussão detalhada em G. Nagy, *Pindar's Homer*, p. 58-61.
44. R.P. Martin, op. cit., p. 44.
45. Ibidem, p. 80. Martin acrescenta: "Como regra geral, as personagens na *Ilíada* não lembram nada simplesmente pelo prazer da memória. A recordação tem um objetivo exterior". Martin (p. 81, n. 60) cita W. Moran, Mimnḗskomai and "Remembering" Epic Stories in Homer and the Hymns, p. 204 "acerca da introdução da poesia não homérica com o verbo *mémnēmai*". Podemos notar com interesse aqui a ideia de "não homérico".
46. Sobre a função do mito de Meleagro conforme relatado por Fênix a Aquiles e ao resto da audiência, ver G. Nagy, *Pindar's Homer*, p. 196-197, 205, 253, 310, n. 164, seguindo G. Nagy, *The Best of the Achaeans*, p. 105-111.
47. Ver discussão ampla em R.P. Martin, op. cit., p. 77-88; de especial interesse é a p. 78.
48. Ibidem, p. 40.
49. G. Nagy, *Pindar's Homer*, p. 65-66.
50. Ibidem, p. 66-68.
51. Na verdade, *alēthéa muthḗsasthai*, "falar coisas verdadeiras", é atestada como uma variante *textual* de *alēthéa gērúsasthai*, "anunciar coisas verdadeiras", na *Teogonia* de Hesíodo, 28: ver G. Nagy, *Pindar's Homer*, p. 68, n. 84.
52. Ibidem.
53. Ibidem.
54. Ibidem.
55. Ibidem, p. 52-81. Sobre a equivalência que eu descrevi como pan-helênico e o que está explicitamente descrito como olímpica na poesia grega arcaica, ver G. Nagy, *Greek Mythology and Poetics*, p. 46 (também p. 10 e 37); também J.S. Clay, *The Politics of Olympus: Form and Meaning in the Major Homeric Hymns*, p. 9-10. Para mais sobre o pan-helenismo como uma construção hermenêutica, ver p. 22-23 supra. Para uma crítica, com bibliografia, de várias soluções que postulam uma distinção entre musas heliconíades locais e o que eu chamo de musas olímpicas pan-helênicas, ver W.G. Thalmann, *Conventions of Form and Thought in Early Greek Epic Poetry*, p. 134-135. Minha própria formulação difere das soluções anteriores ao permitir uma sobreposição pré-concebida, em termos da própria *Teogonia*, entre as musas olímpicas e as heliconíades. A categoria especializada de olímpica, como uma construção pan-helênica, deve ser vista como potencialmente incluída pela categoria heliconíade: "A relação de Hesíodo com as musas heliconíades representa uma esfera poética mais antiga e mais ampla, que o poeta, então, simplifica em uma esfera mais nova e mais estreita de uma teogonia pan-helênica por meio da sintetização das musas heliconíades com as olímpicas" (G. Nagy, *Greek Mythology and Poetics*, p. 60). O princípio operador, parece, é o de que versões locais podem incluir aspectos pan-helênicos, enquanto versões pan-helênicas excluem claramente aspectos locais (ibidem). Assim, a objeção mencionada por Thalmann (op. cit., p. 134-135), relativa à que as musas são chamadas de olímpicas já na *Teogonia*, v. 25, antes de sua transferência formal ao Olimpo, não é um obstáculo à minha formulação. As musas do monte Hélicon já são potencialmente olímpicas; assim que se tornam explicitamente olímpicas, entretanto, elas são exclusivamente olímpicas.
56. G. Nagy, *Greek Mythology and Poetics*, p. 66.
57. Há um ensaio admirável da semântica de *alēthḗs* e de várias interpretações em T. Cole (Archaic Truth), que resiste à formulação de Heidegger acerca de um valor-verdade "objetivo" inerente à palavra (a verdade não "escondida" no que é percebido). A própria interpretação de Cole é uma reformulação de soluções anteriores insistindo em um valor-verdade "subjetivo" (a verdade não "esquecida" por aquele que a percebe). Ele sugere (p. 12) que "o esquecimento excluído pela *alētheia* envolve primeiramente o processo de transmissão – e não a compreensão mental da qual a transmissão está baseada". Assim, *alētheia* refere-se "não simplesmente à não omissão de pedaços da informação através do esquecimento ou do fracasso em notar ou ignorar, mas também a não deixar nada, dito ou não dito, escapar sem estar atento às suas consequências e implicações".
58. J.-P. Vernant, *Mythe et pensée chez les Grecs*, p. 108-136 (de um capítulo publicado originalmente em 1965).
59. Ver W.G. Thalmann, op. cit., p. 147, parafraseando Vernant. Adotei sua tradução de Vernant de "le fond de l'être" como "a essência do ser", descrita como "a realidade que jaz além do mundo sensível".
60. M. Detienne, *Les Maîtres de vérité dans la Grèce archaïque*, p. 9-27.
61. W.G. Thalmann, op. cit, p. 148 (também p. 230, n. 31), seguindo M. Detienne, *Les Maîtres de vérité dans la Grèce archaïque*, p. 75-79.
62. Ibidem, p. 148.
63. Ibidem, seguindo M. Detienne, *Les Maîtres de vérité dans la Grèce archaïque*, e P. Pucci, The Song of the Sirens, *Arethusa*, v. 12.
64. G. Nagy, *Pindar's Homer*, p. 58, seguindo M. Detienne, *Les Maîtres de vérité dans la Grèce archaïque*, p. 22-27.
65. Ibidem, p. 59-61.
66. E.R. Leach, op. cit., p. 5-7.
67. G. Nagy, *Pindar's Homer*, p. 68, n. 84.
68. R.P. Martin, op. cit., p. 13. Ver também G. Nagy, *The Best of the Achaean*, p. 236 e 272, baseando-se nos argumentos de H. Koller, Epos; e G. Nagy, *The Best of the Achaeans*, p. 270-274 (ver R.P. Martin, op. cit., p. 16) sobre *épea* na *Ilíada*, xx, 200, 204, 249, 250 e 256 designando enunciados poéticos.
69. G. Nagy, *Pindar's Homer*, p. 52-81.

70. Ver p. 86-87 supra.
71. G. Nagy, *Pindar's Homer*, p. 31-32.
72. Ibidem; ver D. Ben-Amos, Analytical Categories and Ethnic Genres, *Folklore Genres*.
73. G. Nagy, Review of Detienne (análise de M. Detienne, *Dionysos mis à mort*). Veja mais detalhes em G. Nagy, *Pindar's Homer*, p. 31-32, 66-67.
74. Ibidem.
75. J. Griffin, Speech in the *Iliad*, *The Classical Review*, v. 41, n. 1, p. 1.
76. G. Nagy, Early Greek Views of Poets and Poetry, em M. Griffith et al. (ed.), *Cabinet of the Muses: Essays on Classical and Comparative Literature in Honor of Thomas R. Rosenmeyer*, p. x.
77. Ibidem.
78. Ibidem. Talvez a "onomatopeia" implícita no *mu* de *múō* tem a ver com a mecânica do fechamento, não com o som em si.
79. Ibidem.
80. Ibidem, citado por J. Griffin, Speech in the *Iliad*, p. 1.
81. A referência torna-se clara em uma versão menos abreviada do meu argumento, que é citado junto com este comentário: "O mesmo argumento, com ilustração idêntica, aparece novamente, mais inesperadamente, no capítulo de abertura de G. Nagy a *The Cambridge History of Literary Criticism*... p. 3" (J. Griffin, Speech in the *Iliad*, p. 1). Essa versão mais longa introduziu o argumento, conforme citado acima, com esta redação explícita: "Para uma ilustração da semântica subjacente ao uso dessas palavras gregas, consideremos Sófocles" (G. Nagy, Early Greek Views of Poets and Poetry, em M. Griffith et al. (ed.), *Cabinet of the Muses: Essays on Classical and Comparative Literature in Honor of Thomas R. Rosenmeyer*, p. 3; ver também G. Nagy, Review of Detienne, citado por R.P. Martin [op. cit., p. 13, n. 42]. Eu estava falando do conceito geral de fala marcada conforme refletida em *Édipo em Colono* (1545-1546, 1641-1644, 1761-1763), não da palavra específica *múō* e outras formas a ela relacionadas (ver G. Nagy, *Pindar's Homer*, p. 32). Pode ser defendido que Teseu age como um sacerdote-chefe, um *árkhōn basileús*, quando ele concede (verso 67) a Édipo o direito de residir na Ática (*katoikiô*, 637); ver S.T. Edmunds, *Homeric Nepios*, p. 141; também C. Calame, *Thésée et l'imaginaire athénien: Légende et culte en Grèce antique* e o prefácio de P. Vidal-Naquet (p. 9-13, especialmente p. 10).
82. Ver G. Nagy, *Pindar's Homer*, p. 31-32.
83. E.R. Leach, op. cit., p. 5.
84. M.L. Lang, Reverberation and Mythology in the *Iliad*, em C.A. Rubino; C.W. Shelmerdine (eds.), *Approaches to Homer*. Ver mais *insights* em L.M. Slatkin, The Wrath of Thetis, *Transactions of the American Philological Association*, v. 116, p. 1-24; ver Slatkin, Genre and Generation in the *Odyssey*, especialmente p. 261-262. A obra de Slatkin pode ser usada como contrapeso à asserção de M.M. Willcock, Ad Hoc Invention in the *Iliad*, *Harvard Studies in Classical Philology*, v. 81, p. 50, de que "o poeta[...] precisava de uma razão pela qual Zeus devesse estar obrigado a Tétis e, portanto, *inventou* uma" [ênfase minha].
85. M.L. Lang, op. cit., p. 149.
86. Ibidem, p. 151.
87. Ibidem, p. 147. Acerca da eventual marginalização do *mûthos* no período clássico, ver p. 89-90 supra; ver também a discussão em G. Nagy, *Pindar's Homer*, p. 57 e s.
88. R.P. Martin, op. cit., p. 85.
89. Ibidem.
90. E.R. Leach, op. cit., p. 5.
91. Ibidem. Ver B. Malinowski, *Myth in Primitive Psychology*.
92. Ibidem, seguindo P.-Y. Jacopin, La Parole génerative de la mythologie des Indiens Yukuna.
93. B. Johnson, *The Critical Difference: Essays in the Contemporary Rhetoric of Reading*, p. 56, em resposta a J.L. Austin, *How to Do Things with Words*.
94. R.P. Martin, op. cit..
95. M. Parry, *The Making of Homeric Verse: The Collected Papers of Milman Parry* [especialmente *L'Épithète traditionnel dans Homère*, *Les Formules et la métrique d'Homère*; Studies in the Epic Technique of Oral Verse-Making I: Homer and Homeric Style e Studies in the Epic Technique of Oral Verse-Making II: The Homeric Language as the Language of an Oral Poetry, *Harvard Studies in Classical Philology*, v. 43; e A.B. Lord, *The Singer of Tales*.
96. Sob essa luz, então, podemos considerar a semântica de *mímēsis* no sentido de "re-encenação" ou "atuação" de um dado mito: ver a discussão em G. Nagy, *Pindar's Homer*, p. 42-44, 346, 349, 373-375, 381 e 387. Ver R.P. Martin, op. cit., p. 7, n. 25, citando J. Herington, *Poetry into Drama: Early Tragedy and the Greek Poetic Tradition*, p. 13: "A poesia homérica[...] parece ter sido desenhada desde o início para ser *atuada*".
97. Retirado de G. Nagy, *The Best of the Achaeans*, p. 42-43. A noção de "referência cruzada", à qual aludi nesse texto, é de fato manuseável no estudo da poesia oral desde que consideremos que quaisquer referências a outras histórias em uma dada história teriam de ser diacrônicas por natureza. Sobre tal sistema de referências cruzadas diacrônicas entre as tradições da *Ilíada* e da *Odisseia*, ver G. Nagy, *Pindar's Homer*, p. 53-54, n. 8; ver também P. Pucci, *Odysseus Polytropos*, p. 240-242.
98. J. Griffin, *Homer on Life and Death*, p. xiii.
99. Ibidem, p. xiii-xiv.
100. Ibidem, p. xiii. Para um argumento mais extremo em oposição à herança oral da poesia homérica, ver D.M. Shive, Naming Achilles, analisado em G. Nagy, Review of Shive.
101. J. Griffin, *Homer on Life and Death*, p. xiv.
102. Ibidem.

103. R. Finnegan, *Oral Poetry*.
104. Ibidem, p. 2.
105. Ver p. 10-12 supra.
106. Essa linha de pensamento é mais desenvolvida em J. Griffin, Speech in the *Iliad*, em que é discutido que os épicos homéricos tiraram de cena a maioria dos elementos "fantásticos, miraculosos e românticos" (p. 40) característicos do Ciclo Épico porque Homero foi um poeta superior ou único. Para uma explanação diferente de tal "tirada de cena", ver G. Nagy, *The Best of the Achaeans*, p. 8, § 14, n. 1. Ver W. Kullmann, Gods and Men in the *Iliad* and *Odyssey*, Harvard Studies in Classical Philology, v. 89, p. 1-23, especialmente p. 15-18.
107. J. Griffin, Speech in the *Iliad*, *The Classical Review*, v. 41, n. 1, p. 177.
108. Ibidem.
109. Uma análise modelo, com ênfase no herói, é A. Brelich, *Gli eroi greci*. Ver A.M. Snodgrass, *An Archaeology of Greece*, especialmente p. 160 e 165.
110. Para um estudo comparativo da posição de Esopo como herói, em termos de tradições mitopoéticas da Grécia antiga, ver G. Nagy, *The Best of the Achaeans*, p. 279-308.
111. M.M. Willcock, Ad Hoc Invention in the *Iliad*, Harvard Studies in Classical Philology, v. 81, p. 45.
112. Ver a redação "seleção de detalhe" na discussão de R.P. Martin, op. cit., p. 130, n. 78.
113. Somente com tal premissa, a de que a poesia homérica é em si um *exemplum* mitológico, posso apreciar a seguinte formulação constante em O. Andersen, Myth, Paradigm, and "Spatial Form" in the *Iliad*, em J.M. Bremer et al. *Homer: Beyond Oral Poetry*, p. 3: "Paradigmas mitológicos inseridos na *Ilíada* afetam a transformação de eventos singulares em variantes de um padrão atemporal".
114. E.R. Leach, op. cit., p. 6-7.
115. G. Nagy, *The Best of the Achaeans*, p. 3. A palavra *tema* (e *temático*) é usada aqui como uma referência abreviada à unidade básica nos padrões de assuntos tradicionais do mito. Um modelo para uma aplicação lógica dessa palavra está em A.B. Lord, op. cit., p. 68-98.
116. Ibidem, p. 4-5.
117. Ver um sumário do contexto em ibidem, p. 42-58.
118. Ver D.L. Page, *History and the Homeric Iliad*, p. 298. Uma análise da amplitude completa de soluções propostas a esse problema é dada por M.W. Edwards (*Homer, Poet of the Iliad* , p. 219), concluindo que "parece improvável que qualquer pessoa poderá ser convencida pela explicação de qualquer um". Para soluções que exploram a possibilidade de que os duais se refiram a dois grupos distintos, não a indivíduos, ver I.J. F. Jong, Silent Characters in the *Iliad*, p. 117-118, com referência a R. Gordesiani, Zur Interpretation der Duale in 9. Buch der Ilias. Na p. 118, Jong cita *Ilíada*, XVII.387, como uma referência a aqueus e troianos por meio do dual.

119. G. Nagy, *The Best of the Achaeans*, p. 49. Ver S.L. Schein, *The Mortal Hero: An Introduction to Homer's Iliad*, p. 125-126 n. 35. Todo o problema pode ser ligado ao intento embutido na fala de Fênix a Aquiles, sobre a qual ver S. Schein, *The Mortal Hero*, p. 112-116 e 126, n. 37.
120. M. Lynn-George (*Epos*, p. 54) nota a não especificidade dos duais na *Ilíada*, IX.182 e seguintes, acrescentando que eles "parecem sinalizar uma relação ao invés de nomeação, referindo-se à passagem no canto I na qual Briseida fora tomada de Aquiles (I.327)"; nesse contexto, ele cita as observações argutas de C.P. Segal (The Embassy and the Duals of Iliad, *Greek, Roman, and Byzantine Studies*, v. 9, p. 182-198). Ofereço uma qualificação: os duais da *Ilíada*, IX.182 e proximidades não se referem aos duais da *Ilíada*, I.327 mesmo porque eles se referem aos precedentes dos duais atestados na *Ilíada*, I.327. Quando Odisseu relata a Agamêmnon a resposta negativa de Aquiles, ele apela para Ájax e aos dois mensageiros como testemunhas (IX.688-689). Concordo com a observação feita por de I.J. F. Jong (op. cit., p. 118) acerca desse detalhe: "A função dessas duas personagens silenciosas [os mensageiros] é, portanto, autorizar a embaixada: *vis-à-vis* Aquiles, eles são uma característica oficial à delegação que veio de Agamêmnon; *vis-à-vis* Agamêmnon, eles garantem que Odisseu relate a resposta de Aquiles fielmente".
121. Sobre o tema da necessidade de Aquiles ser necessário, ver R.J. Rabel, The Theme of Need in Iliad 9 –11, *Phoenix*, v. 45, p.285; ver também M. Lynn-George, op. cit., p. 123-131.
122. G. Nagy, *The Best of the Achaeans*, p. 52-53. Ver também p. 22-25 acerca do *neîkos* ("discussão") entre Aquiles e Odisseu conforme relembrada na *Odisseia*, VIII.75, adequando-se à discussão entre Aquiles e Agamêmnon na *Ilíada*, I (relembrada em termos de *neîkos* em II.376: ibidem, 131). Discuto detalhadamente (ibidem, 42-58) que as reclamações da discussão entre Aquiles e Odisseu mencionadas na *Odisseia*, VIII.75 ressurgem por toda a *Ilíada*, especialmente no canto IX. A evidência interna que aduzo vem não somente da *Odisseia*, VIII.73-82 e da *scholia*, mas também da *Ilíada*, IX. Para argumentos valorosos em acréscimo àqueles que oferecí, ver R.P. Martin (op. cit., p. 97-98, 121, 123 e 211-212), que também examina algumas convergências nos motivos de Agamêmnon e Odisseu como rivais heroicos de Aquiles.
123. Não há razão para assumir que "os dois" aqui inclua Odisseu, *pace* W.F. Wyatt, The Embassy and the Duals in Iliad IX, *American Journal of Philology*, v. 106, especialmente p. 403. Esse verso pode facilmente ser interpretado como concernente às pessoas mais Odisseu, que agora lidera: ver G. Nagy, *The Best of the Achaeans*, p. 53, § 16 n. 3. Ainda, discordo da afirmação de Wyatt (p. 406) de que as palavras de Fênix em

NOTAS

IX.520-523 refiram-se somente a Ájax e a Odisseu, e não também a Fênix.
124. G. Nagy, *The Best of the Achaeans*, p. 51-52. Ver *Odisseia*, VIII.475-476, em que Odisseu parece estar se comportando como um anfitrião em uma situação em que é convidado. É tradicional para Odisseu até mesmo falar fora de turno, como vemos na análise formular da *Odisseia*, XIV.439, feita por L. Muellner (op. cit., p. 21).
125. Por que Odisseu enche sua própria taça ao invés de esperar que Aquiles o faça? Talvez aqui também tenhamos uma violação de etiqueta.
126. G. Nagy, *Greek Mythology and Poetics*, p. 202-222, uma versão reescrita de G. Nagy, *Sema* and *Noesis*: Some Illustrations, *Arethusa*.
127. G. Nagy, *Greek Mythology and Poetics*, p. 208 e 217-219, acerca da *Odisseia* XVII.281 e *Ilíada* XXIII.305, respectivamente.
128. C.H. Whitman, *Homer and the Heroic Tradition*, p. 191-192. Ver R.P. Martin, op. cit., p. 116-117 e 123. Ver também M. Lynn-George, op. cit., p. 90-92.
129. G. Nagy, *Pindar's Homer*, p. 52-53. Ver R.P. Martin, op. cit., p. 197, n. 82 e 210-212.
130. Sobre a troca retórica feita por Aquiles do discurso em segunda pessoa (como ainda na *Ilíada*, IX.311) "a uma descrição em terceira pessoa de uma figura ambígua de contraste", a quem ele se refere simplesmente como *keînos* ("aquele") no canto IX.312, ver R.P. Martin (op. cit., p. 210), que continua para citar um paralelo a essa técnica na Partênia 2.16 de Píndaro (p. 210, n. 4). A observação de Martin acerca de *keînos* ("aquele") como o derradeiro *ekhthrós* ("odioso") fornece apoio valoroso à minha interpretação da *Nemeia* 8.23 de Píndaro em G. Nagy, *The Best of the Achaeans*, p. 255, em que eu considero o anônimo *keînos* como uma referência a Odisseu como o rival ardiloso que é responsável pela morte de Ájax.
131. Ver M.W. Edwards, op. cit., p. 229: "Por fim, Ájax fala. Dirigindo-se a Odisseu, ele se refere a Aquiles como se ele não estivesse ali". Quando Ájax se refere a si mesmo e a Odisseu como *phíltatoi* ("os mais estimados") a Aquiles (IX.642), eu argumentaria que esse herói, diferentemente de Aquiles, nesse ponto, falha em perceber os motivos de Odisseu.

132. R.P. Martin, op. cit., p. 233-239 (ver D.F. Reynolds, *Heroic Poets, Poetic Heroes: The Ethnography of Performance in Arabic Oral Tradition*). Nessas páginas, Martin fornece como exemplo uma abundância de evidências comparativas, recolhidas de uma variedade de tradições orais vivas, para o padrão de assimilação da perspectiva do narrador à perspectiva dramatizada de uma dada personagem na narração.
133. Ibidem, p. 236-237 (*pace* J. Griffin, *Homer: Iliad IX*, p. 52). Ele abre espaço para a possibilidade de que os duais sejam uma exclusão, sem qualquer insulto pretendido, de Fênix ao invés de Odisseu (p. 236).
134. Ibidem, p. 235-236.
135. Ver W.J. Verdenius, Review of Nagy 1979 (resenha de G. Nagy, *The Best of the Achaeans*).
136. Sobre isso, ver p. 5-6, 9-10 e 99-100 supra.
137. W.J. Verdenius, op. cit., p. 181. (Grifos nossos.)
138. F. Solmsen, Review of Nagy, *Echos du Monde Classique/Classical Views*, v. 27, p. 83 (resenha de G. Nagy, *The Best of the Achaeans*). Solmsen defende (p. 82) que as construções do dual na *Ilíada*, IX.182 e 183 "não podem ser um desdém já que Aquiles não está presente" e, portanto, que os duais na saudação de Aquiles em IX.197-198 também não podem ser desdéns. Como eu já argumentei, entretanto, ninguém afirmaria que os duais em IX.182 e 183 teriam de ser interpretados como um desdém: para repetir, eles seriam apenas uma "preparação" para o potencial de um desdém posterior, que se torna ativo somente no momento da saudação de Aquiles (*pace* J. Griffin, *Homer: Iliad IX*, p. 52). Também discordo do raciocínio de W.F. Wyatt, op. cit., p. 401, n. 5 e 403, n. 8.
139. J. Griffin, Review of J.S. Clay, *The Wrath of Athena*, p. 134 (análise do texto de Clay).
140. Ver C.H. Whitman, op. cit., p. 139-142 e G. Nagy, *The Best of the Achaeans*, p. 321-322.
141. G. Scheibner, *Der Aufbau des 20. und 21. Buches der Ilias*, p. 120-121.
142. Ibidem.
143. A. Ernout e A. Meillet, *Dictionnaire étymologique de la langue latine: Histoire des mots*: "Exemplum est proprement l'objet distingué des autres et mis à part pour servir de modele".
144. Ver G. Nagy, *Theognis and Megara*, p. 32-36.

EPÍLOGO

1. Impresso em G. Hobson, *The Remembered Earth: An Anthology of Contemporary Native American Literature*, p. 69.
2. Explorei detalhadamente os aspectos rituais da canção performática ou poesia em G. Nagy, *Pindar's Homer*, p. 29-46; para variações sobre o tema do fogo como um símbolo de sacrifício e ritual em geral, ver G. Nagy, *Greek Mythology and Poetic*, p. 143-180.
3. C. Lévi-Strauss, *Race and History*, p. 23.
4. Ibidem.
5. R. Pfeiffer, *History of Classical Scholarship*, p. 159.
6. Suetônio, *De grammaticis et rhetoribus*, c. 10 (ver R. Pfeiffer, op. cit., p. 158, n. 8).
7. G. Murray, *The Interpretation of Ancient Greek Literature*, p.19. (Grifos nossos.)
8. Sobre a função do mito de Meleagro conforme relatado por Fênix a Aquiles e ao resto da audiência,

ver G. Nagy, *Pindar's Homer*, p. 196-197, 205, 253 e 310, n. 164, continuando G. Nagy, *The Best of the Achaeans*, p. 105-111.
9. R.P. Martin, *The Language of Heroes*, p. 44. Ver p. 122-123 acima.
10. Ibidem, p. 80.
11. Ver novamente p. 122-123 supra.
12. R.P. Martin, op. cit., p. 77-88.
13. O caso acusativo de um objeto de um verbo de lembrança parece denotar um objetivo exterior, quando oposto ao caso genitivo, denotando objetivo interior. O genitivo, como um partitivo, implica a lembrança de parte de algo. O acusativo implica uma *lembrança completa*.

Bibliografia

CEG HANSEN, Peter A. (ed.). *Carmina epigraphica graeca saeculorum VIII–V a.Chr.n.* Berlin: De Gruyter, 1983.
DELG CHANTRAINE, Pierre. *Dictionnaire étymologique de la langue grecque.* Paris: Méridiens Klincksieck, 1968-1980. 4 v. (O volume IV é constituído por dois tomos.)
EG PAGE, Denys L.(ed.). *Epigrammata graeca.* Oxford: Oxford University Press, 1975.
LSJ LIDDELL, Henry G.; SCOTT, Robert; JONES, Henry S. (eds.). *Greek-English Lexicon.* 9th. ed. Oxford: Clarendon, 1940.
OEI BLACKBURN, Stuart H. et al. (eds.). *Oral Epics in India.* Berkeley: University of California Press, 1989.
PMG PAGE, Denys L. (ed.). *Poetae melici graeci.* Oxford: Oxford University Press, 1962.

ADAMS, Douglas Q. "Ἥρως and "Ἡρᾶ: Of Men and Heroes in Greek and Indo-European. *Glotta.* Gottigen, v. 65, n. 3-4, 1987.
ALLEN, Thomas W. (ed.). *Homer: The Origins and the Transmission.* Oxford: Clarendon, 1924.
_____. *Homeri Opera.* Oxford: Clarendon, 1912. V. 5.
ALLEN, William S. *Vox graeca: The Pronunciation of Classical Greek.* 3rd ed. London: Cambridge, 1987.
ALONI, Antonio. *Tradizioni arcaiche della Troade e composizione dell' "Iliade".* Milan: Unicopli, 1986.
_____. L'intelligenza di Ipparco: Osservazioni sulla politica dei Pisistratidi. *Quaderni di storia,* Bari, v. 10, 1984.

ANDERSEN, Ørsted. Myth, Paradigm, and "Spatial Form" in the "Iliad". In: BREMER, Jan M.; KALFF, Jurriaan; JONG, Irene. *Homer: Beyond Oral Poetry*. Amsterdam: Grüner, 1987.
____. Odysseus and the Wooden Horse. *Symbolae Osloenses*, Oslo, v. 52, n. 1, 1977.
____. Some Thoughts on the Shield of Achilles. *Symbolae Osloenses*, Oslo, v. 51, n.1, 1976.
APTHORP, M.J. *The Manuscript Evidence for Interpolation in Homer*. Heidelberg: Winter, 1980.
AUSTIN, John L. *How to Do Things with Words*. London: Oxford University Press, 1962.
AUSTIN, Norman. The Wedding Text in Homer's *Odyssey*. *Arion: A Journal of Humanities and Classics*, Boston, v. 1, n. 2, Apr. 1991.
____. *Archery at the Dark of the Moon: Poetic Problems in Homer's Odyssey*. Berkeley: University of California, 1975.
BADER, Françoise. *La Langue des dieux, ou l'hermétisme des poètes indo-européens*. Pisa: Giardini, 1989. (Testi linguistici 14.)
BAKKER, Egbert J. Activation and Preservation: The Interdependence of Text and Performance in an Oral Tradition. *Oral Tradition*, v. 8, n. 1, 1993.
BALLABRIGA, Alain. La Question Homérique: Pour une réouverture du débat. *Revue des études grecques*, Paris, v. 103, n. 490-491, jan. 1990.
BASS, Georde F. A Bronze-Age Writing-Diptych from the Sea off Lycia. *Kadmos*, Berlin, v. 29, 1990.
BASSO, Keith H. The Gift of Changing Woman. *Anthropological Papers*, Washington, v. 3, n. 76, 1966.
BATCHELDER, Ann G. *The Seal of Orestes: Self-Reference and Authority in Sophocles' Electra*. Lanham: Rowman & Littlefield, 1994.
BAUMAN, Richard. *Story, Performance, and Event: Contextual Studies of Oral Narrative*. Cambridge: Cambridge University, 1986.
____ et al. *Verbal Art as Performance*. Rowley: Newbury, 1977.
BAUSINGER, Hermann. *Formen der "Volkspoesie"*. 2nd ed. Berlin: Schmidt, 1980.
BEATON, Roderick. *Folk Poetry of Modern Greece*. Cambridge: Cambridge University, 1980.
BEN-AMOS, Dan. Analytical Categories and Ethnic Genres. *Folklore Genres*. Austin: University of Texas, 1976.
BENVENISTE, Emile. *Le Vocabulaire des institutions indo-européennes*. Paris: Minuit, 1969. 2 v.
BERGREN, Ann L.T. *The Etymology and Usage of* PEIRAR *in Early Greek Poetry*. New York: New York Interbook, 1975.
BERS, Victor. *Enallage and Greek Style*. Leiden: Brill, 1974.
BERTOLINI, Francesco. Il palazzo: L'epica. In: CAMBIANO, Giuseppe; CANFORA, Luciano e LANZA, Diego (eds.). *Lo spazio letterario della Grecia antica*. Roma: Salerno, 1992. V. 1.
BEYE, Charles R. *Ancient Greek Literature and Society*. 2nd ed. Ithaca: Ithaca University Press, 1987.
BIEBUYCK, Daniel. *Hero and Chief: Epic Literature from the Banyanga, Zaïre Republic*. Berkeley: University of California Press, 1978.
____. The African Heroic Epic. *Journal of the Folklore Institute*, Bloomington, v. 13, n. 1, 1976.
BIEBUYCK, Daniel; KAHOMBO, Mateene. *The Mwindo Epic from the Banyanga*. Berkeley: University of California Press, 1969.

BIRD, Charles S. Poetry in the Mande: Its Form and Meaning. *Poetics*, [s. l.], v. 5, n. 2, Jun. 1976.
BLACKBURN, Stuart. H. Patterns of Development for Indian Oral Epics. *Oral Epics in India*. Berkeley: University of California Press, 1989.
_____. *Singing of Birth and Death: Texts in Performance*. Philadelphia: University of Philadelphia Press, 1988.
BLACKBURN, Stuart H.; FLUECKIGER, Joyce B. Introduction. *Oral Epics in India*. Berkeley: University of California Press, 1989.
BLOOM, Harold (ed.). *Modern Critical Views: Homer*. New York: Chelsea, 1986.
BOHANNAN, Laura. A. A Genealogical Charter. *Africa: Journal the International African Institute*, Cambridge, v. 22, n. 4, Out. 1952.
BOLLING, George M. *Ilias Atheniensium*. Lancaster: American Philological Association, 1950.
BOWRA, Cecil Maurice. *Heroic Poetry*. London: Macmillan, 1952.
_____. *The Athetized Lines in the Iliad*. Baltimore: Linguistic Society of America, 1944.
_____. *The External Evidence for Interpolation in Homer*. Oxford: Clarendon, 1925.
BOYD, Timothy W. Libri Confusi. *Classical Journal of the Middle West and South*. Proto, v. 91, n. 1, out.-nov. 1995.
_____. Where Ion Stood, What Ion Sang. *Harvard Studies in Classical Philology*, Cambridge, v. 96, 1994.
BRASWELL, Bruce K. Mythological Innovation in the *Iliad*. *The Classical Quarterly*, Cambridge, v. 21, n. 1, Mai. 1971.
BRELICH, Angelo. *Gli eroi greci: Un problema storico-religioso*. Roma: Ateneu, 1958.
BREMER, Jan M.; KALFF, Jurriaan; JONG, Irene. *Homer: Beyond Oral Poetry. Recent Trends in Homeric Interpretation*. Amsterdam: Grüner, 1987.
BRILLANTE, Carlo. Episodi iliadici nell'arte figurata e conoscenza dell'*Iliade* nella Grecia arcaica. *Rheinisches Museum für Philologie*, Köln, v. 126, n. 2, 1983.
BURKERT, Walter. *The Orientalizing Revolution: Near Eastern Influence on Greek Culture in the Early Archaic Age*. Cambridge: Harvard University Press, 1992.
_____. The Making of Homer in the Sixth Century b.c.: Rhapsodes versus Stesichorus. In: BELLOLI, Andrea (ed.). *Papers on the Amasis Painter and His World*. Malibu: The J. Paul Getty Museum. 1987.
_____. *Greek Religion*. Cambridge: Harvard University Press, 1985.
_____. *Die Orientalisierende Epoche in der griechischen Religion und Literatur*. Heidelberg: Winter, 1984.
_____. *Homo Necans: The Anthropology of Ancient Greek Sacrificial Ritual and Myth*. Berkeley: University of California Press, 1983.
_____. Kynaithos, Polycrates, and the Homeric Hymn to Apollo. In: BOWERSTOCK, Glen; BURKERT, Walter; PUTNAM, Michael J. *Arktouros: Hellenic Studies Presented to Bernard Knox*. Berlin: De Gruyter, 1979.
_____. Mythisches Denken. In: POSER, Hans (ed.). *Philosophie und Mythos*. Berlin: De Gruyter, 1979.
_____. Die Leistung eines Kreophylos: Kreophyleer, Homeriden und die archaische Heraklesepik. *Museum Helveticum*, Zurich, v. 29, n.2, Jan. 1972.
CALAME, Claude. *The Craft of Poetic Speech in Ancient Greece*. Ithaca: Cornell University Press, 1995.
_____. *Thésée et l'imaginaire athénien: Légende et culte en Grèce antique*. Prefácio de P. Vidal-Naquet. Lausanne: Payot, 1990.

_____. *Le Récit en Grèce ancienne*. Paris: Méridiens Klincksieck, 1986.
_____. Entre oralité et écriture: Énonciation et énoncé dans la poésie grecque archaïque. *Semiotica*, Amsterdam, v. 43, n. 3-4, 1983.
CANTILENA, Mario. *Ricerche sulla dizione epica*. Roma: Ateneu, 1982. V. 1.
CAREY, Christopher. Review of *Pindar's Homer: The Lyric Possession of an Epic Past*. *American Journal of Philology*, Baltimore, v. 113, n. 2, Jul. 1992.
CASWELL, Caroline. P. *A Study of Thumos in Early Greek Epic*. Leiden: E.J. Brill, 1990.
CATENACCI, Carmine. Il finale dell'*Odissea* e la recensio pisistratide dei poemi omerici. *Quaderni urbinati di cultura classica*, Roma, v. 44, n. 2, 1993.
CHADWICK, John. *The Mycenaean World*. Cambridge: Harvard University Press, 1976.
CHENU, Marie-Dominique. Auctor, Actor, Autor. *Bulletin du Cange: Archivum latinitatis medii aevi*, Paris, v. 2, 1927.
CLADER, Linda L. *Helen: The Evolution from Divine to Heroic in Greek Epic Tradition*. Leiden: Lugduni Batavorum, 1976.
CLARK, Matthew. Enjambment and Binding in Homeric Hexameter. *Phoenix*, Victoria, v. 48, n. 2, Jul. 1994.
CLAUS, Peter J. Behind the Text: Performance and Ideology in a Tulu Oral Tradition. *Oral Epics in India*. Berkeley: University of California Press, 1989.
CLAY, Jenny S. *The Politics of Olympus: Form and Meaning in the Major Homeric Hymns*. Princeton: Princeton University Press, 1989.
_____. *The Wrath of Athena: Gods and Men in the* Odyssey. Princeton: Princeton University Press, 1984.
COLE, Thomas. 1983. Archaic Truth. *Quaderni urbinati di cultura classica*. Roma: Bizzarri, 1983. V. 13.
COOK, Erwin F. *The Odyssey at Athens: Myths of Cultural Origin*. Ithaca: Cornell University Press, 1995.
CRAMER, John A. (ed.). *Anecdota graeca e codicibus manuscriptis Bibliothecae Regiae Parisiensis*. Oxford: E Typographeo Academico, 1839. V. 1.
CRANE, Gregory. *Calypso: Backgrounds and Conventions of the* Odyssey. Frankfurt: Athenäum, 1988.
DAVIDSON, Olga M. *Poet and Hero in the Persian Book of Kings*. Ithaca: Cornell University Press, 1994.
_____. A Formulaic Analysis of Samples Taken from the Shâhnâma of Ferdowsi. *Oral Tradition*, v. 3, 1988.
_____. The Crown-Bestower in the Iranian Book of Kings. *Acta Iranica, Hommages et Opera Minora 10: Papers in Honour of Professor Mary Boyce*. Leiden: Brill, 1985.
_____. Indo-European Dimensions of Herakles in *Iliad* 19.95 – 133. *Arethusa*. Baltimore: Johns Hopkins University Press, 1980. V. 13.
DAVIES, Malcom. The Judgement of Paris and *Iliad* Book XXIV. *Journal of Hellenic Studies*, London, v. 101, Nov. 1981.
DAVISON, John A. *From Archilochus to Pindar: Papers on Greek Literature of the Archaic Period*. London: Macmillan, 1968.
_____. The Transmission of the Text. In: WACE, Allan; STUBBINGS, Frank (eds.). *A Companion to Homer*. London: Macmillan, 1962.
_____. The Homeric Question. In: WACE, Allan; STUBBINGS, Frank (eds.). *A Companion to Homer*. London: Macmillan, 1962.

BIBLIOGRAFIA

_____. Notes on the Panathenaia. *Journal of Hellenic Studies*, London, v. 78, Nov. 1958.

_____. Peisistratus and Homer. *Transactions of the American Philological Association*. Baltimore: Johns Hopkins University Press, 1955. V. 86.

_____. Quotations and Allusions in Early Greek Poetry. In: CAMPBELL, Joseph. *Eranos*. Princeton: Princeton University Press, 1955. V. 53.

DAY, Joseph W. Rituals in Stone: Early Greek Grave Epigrams and Monuments. *Journal of Hellenic Studies*, London, v. 109, Nov. 1989.

DELRIEU, Anne; HILT. Dominique; LÉTOUBLON, Françoise. Homère à plusieurs voix: Les Techniques narratives dans l'épopée grecque archaïque. LALIES, Paris, v. 4. Set. 1984.

DENNISTON, John D.; DOVER, Kenneth J. *The Greek Particles*. 2nd ed. Oxford: Clarendon, 1954.

DETIENNE, Marcel (ed.). *Les Savoirs de l'écriture – En Grèce ancienne*. Lille: Presses Universitaires de Lille, 1988.

_____. *L'Invention de la mythologie*. Paris: Gallimard, 1981.

_____. *Dionysos mis à mort*. Paris: Gallimard, 1977.

_____. *Les Maîtres de vérité dans la Grèce archaïque*. 2nd ed. Paris: Librarie Générale Française, 1973.

DIXON, Keith. A Typology of Mediation in Homer. *Oral Tradition*, v. 5, n. 1. Jan. 1990.

DOANE, Alger N.; PASTERNACK, Carol B. (eds.). *Vox intexta: Orality and Textuality in the Middle Ages*. Madison: University of Wisconsin Press, 1991.

DOUGHERTY, Carol; KURKE Leslie (eds.). *Cultural Poetics in Archaic Greece: Cult, Performance, Politics*. Cambridge: Cambridge University Press, 1993.

DUBUISSON, Daniel. Anthropologie poétique: Prolégomènes à une anthropologie du texte. *L'Homme*. Paris: EHESS, 1989.

DUCROT, Oswald; TODOROV, Tzvetan. *Encyclopedic Dictionary of the Sciences of Language*. Baltimore: Johns Hopkins University Press, 1979.

DURANTE, Marcello. *Sulla preistoria della tradizione poetica greca*. Roma: Ateneu, 1976. V. 2.

EAGLETON, Terry. *Literary Theory: An Introduction*. Oxford: Blackwell, 1983.

EBERT, Joachim (ed.). *Griechische Epigramme auf Sieger an gymnischen und hippischen Agonen*. Berlin: Akademie Verlag, 1972.

EDMUNDS, Lowell. *Theatrical Space and Historical Place in Sophocles'* Oedipus at Colonus. Lanham: Rowman & Littlefield, 1996.

EDMUNDS, Susan T. *Homeric Nepios*. New York: Garland, 1990.

EDWARDS, Anthony T. KLEOS AFUITON and Oral Theory. *The Classical Quarterly*. Cambridge: Cambridge University Press, 1988. V. 38.

_____. *Odysseus against Achilles: The Role of Allusion in the Homeric Epic*. Ann Arbor: University Microfilms International, 1985.

_____. Achilles in the Underworld: *Iliad, Odyssey*, and *Aithiopis*. *Greek, Roman, and Byzantine Studies*, Roma, v. 26, 1985.

EDWARDS, Glynn P. *The Language of Hesiod in Its Traditional Context*. Oxford: Blackwell, 1971.

EDWARDS, Mark. W. *Homer, Poet of the* Iliad. Baltimore: Johns Hopkins University Press, 1987.

EDWARDS, Viv; SIENKEWICZ, Thomas J. *Oral Cultures Past and Present: Rappin' and Homer*. Oxford: Blackwell, 1990.

ELWELL-SUTTON, Lawrence P. *The Persian Metres*. Cambridge: Cambridge University Press, 1976.

ERNOUT, Alfred; MEILLET, Antoine. *Dictionnaire étymologique de la langue latine: Histoire des mots*. 4th ed. Paris: Klincksieck, 1959.

FIGUEIRA, T.J. The Theognidea and Megarian Society. In: FIGUEIRA, Thomas J.; NAGY, Gregory (eds.). *Theognis of Megara: Poetry and the Polis*. Baltimore: Johns Hopkins University, 1985.

FIGUEIRA, Thomas J.; NAGY, Gregory (eds.). *Theognis of Megara: Poetry and the Polis*. Baltimore: Johns Hopkins University, 1985.

FINKELBERG, Margalit. Ajax's Entry in the Hesiodic Catalogue of Women. *The Classical Quarterly*. Cambridge: Cambridge University Press, 1988. V. 38.

____. Is KLEOS AFUITON a Homeric Formula? *The Classical Quarterly*. Cambridge: Cambridge University Press, 1986. V. 36.

FINLEY, Moses I. *The World of Odysseus*. 2nd ed. London: Phaidon Press, 1977.

FINNEGAN, Ruth. Tradition, But What Tradition and For Whom? *Oral Tradition*, v. 6, n.1. Jan. 1991.

____. *Oral Poetry: Its Nature, Significance, and Social Context*. Cambridge: Cambridge University Press, 1977.

____. What Is Oral Literature Anyway? Comments in the Light of Some African and Other Comparative Material. In: STOLZ, Benjamin A.; SHANNON, Richard (eds.). *Oral Literature and the Formula*. Ann Arbor: University of Michigan, 1976.

____. *Oral Literature in Africa*. Oxford: James Currey, 1970.

FITTSCHEN, Klaus. *Untersuchungen zum Beginn der Sagendarstellung bei den Griechen*. Berlin: Hassling, 1969.

FLUECKIGER, Joyce B. Caste and Regional Variants in an Oral Epic Tradition. *Oral Epics in India*. Berkeley: University of California Press, 1989.

FOLEY, John M. *Immanent Art: From Structure to Meaning in Traditional Oral Epic*. Bloomington: Indiana University Press, 1991.

____ (ed.). *Oral-Formulaic Theory: A Folklore Casebook*. New York: Garland, 1990.

____ (ed.). *Oral Tradition in Literature: Interpretation in Context*. Columbia: University of Missouri Press, 1986.

____. *Oral-Formulaic Theory and Research: An Introduction and Annotated Bibliography*. New York: Garland, 1985.

____ (ed.). *Oral Traditional Literature: A Festschrift for Albert Bates Lord*. Bloomington: Slavica, 1981.

FORD, Andrew. The Classical Definition of RACVIDIA. *Harvard Studies in Classical Philology*. Cambridge: Harvard University Press, 1988. V. 83.

FOUCAULT, Michel. Qu'est-ce qu'un auteur? *Bulletin de la Société Française de Philosophie*, Paris, v. 63, n. 1, 1969.

FOWLER, Robert. Review of Nagy 1979. *Echos du Monde Classique/Classical Views*. Calgary: University of Calgary Press, 1983. V. 27.

FRAENKEL, Eduard. Zur Form der AINOI. *Rheinisches Museum für Philologie*. Köln: University of Köln, 1920. V. 73.

FRAME, Douglas. *The Myth of Return in Early Greek Epic*. New Haven: Yale University, 1978.

FRANCIS, E.D. Virtue, Folly, and Greek Etymology. In: RUBINO, Carl A.; SHELMERDINE, Cynthia W. (eds.). *Approaches to Homer*. Austin: University of Texas Press, 1983.

FRIIS JOHANSEN, Knud. *The* Iliad *in Early Greek Art.* Copenhagen: Munksgaard, 1967.
FRONTISI-DUCROUX, Françoise. *La Cithare d'Achille: Essai sur la poétique de l'Iliade.* Roma: Ateneu, 1986.
GAGARIN, Michael. 1983. Antilochus' Strategy: The Chariot Race in *Iliad* 23. *Harvard Studies in Classical Philology.* Cambridge: Harvard University Press, 1983. V. 78.
GENTILI, Bruno. *Poesia e pubblico nella grecia antica: Da Omero al v secolo.* Roma: Laterza, 1985.
GENTILI, Bruno; GIANNINI, Pietro. Preistoria e formazione dell'esametro. *Quaderni urbinati di cultura classica.* Roma: Bizzarri, 1977. V. 26.
GOLDHILL, Simon. *The Poet's Voice: Essays on Poetics and Greek Literature.* Cambridge: Cambridge University Press, 1991.
GOODY, Jack R. *The Domestication of the Savage Mind.* Cambridge: Cambridge University Press, 1977.
_____. *The Myth of the Bagre.* Oxford: Clarendon, 1972.
GOODY, Jack; WATT, Ian. The Consequences of Literacy. *Literacy in Traditional Societies.* Cambridge: Cambridge University Press, 1968.
GOOLD, George P. The Nature of Homeric Composition. *Illinois Classical Studies.* Chicago: University of Illinois, 1977.
GORDESIANI, Rismag. Zur Interpretation der Duale im 9. Buch der Ilias. *Philologus,* Berlin, v. 124, n. 1-2. Jan. 1980.
GRIFFIN, Jasper. *Homer:* Iliad *IX.* Oxford: Clarendon, 1995.
_____. Speech in the *Iliad. The Classical Review,* Oxford, v. 41, n. 1. Apr. 1991.
_____. Homer and Excess. In: BREMER, Jan M.; KALFF, Jurriaan; JONG, Irene. *Homer: Beyond Oral Poetry.* Amsterdam: Grüner, 1987.
_____. Review of *The Wrath of Athena. Times Literary Supplement,* London, v. 134, n. 4.219, 10. Feb. 1984.
_____. *Homer on Life and Death.* Oxford: Oxford University Press, 1980.
_____. The Epic Cycle and the Uniqueness of Homer. *Journal of Hellenic Studies,* London, v. 97, Nov. 1977.
GRIFFITH, Mark. Contest and Contradiction in Early Greek Poetry. In: GRIFFITH, Mark; MASTRONARDE, Donald J. (ed.). *Cabinet of the Muses: Essays on Classical and Comparative Literature in Honor of Thomas R. Rosenmeyer.* Atlanta: Scholars Press, 1990.
_____. Personality in Hesiod. In: D'EVELYN, Thomas; PSOINOS, Paul; WALSH, Thomas (eds.). *Studies in Classical Lyric: A Homage to Elroy Bundy.* Classical Antiquity. Berkley: University of California Press, 1983. V. 2.
GROTTANELLI, Cristiano; PARISE, Nicola (eds.). *Sacrificio e società nel mondo antico.* Roma/Bari: Laterza, 1988.
HAFT, Adele J. The City-Sacker Odysseus. *Transactions of the American Philological Association.* Baltimore: Johns Hopkins University Press, 1990. V. 2.
HAINSWORTH, John. B.; HATTO, Arthur T. (eds.). *Traditions of Heroic and Epic Poetry.* London: Modern Humanities Research Association, 1989. V. 2.
HARRIS, Wiliam V. *Ancient Literacy.* Cambridge: Cambridge University Press, 1989.
HARRISON, Jane. E. *Themis: A Study of the Social Origins of Greek Religion.* 2nd ed. Cleveland: World Pub., 1927.
HATTO, Arthur T. Kirghiz: Mid-Nineteenth Century. In: HATTO, Arthur T. (ed.). *Traditions of Heroic and Epic Poetry.* London: Modern Humanities Research Association, 1980.

HAVELOCK, Eric A. *Preface to Plato.* Cambridge: Belknap, 1963.
_____. *The Literate Revolution in Greece and Its Cultural Consequences.* Princeton: Princeton University Press, 1982.
HEATH, Malcom. The Ancient Grasp. *Times Literary Supplement.* London: Oxford University Press, 1990.
HELD, Dirk t. D. Why "Individuals" Didn't Exist in Classical Antiquity. *New England Classical Newsletter and Journal.* Amherst: University of Massachusetts, 1991. V. 18.
HENDEL, Ronald S. Of Demigods and the Deluge: Toward an Interpretation of Genesis 6:1– 4. *Journal of Biblical Literature.* Atlanta: The Society of Biblical History, 1987. V. 106.
HERINGTON, Cecil J. *Poetry into Drama: Early Tragedy and the Greek Poetic Tradition.* Berkeley: University of California Press, 1985.
HERZFELD, Michael. *The Poetics of Manhood.* Princeton: Princeton University Press, 1985.
_____. Interpretation from Within: Metatext for a Cretan Quarrel. In: ALEXIOU, Margaret; LAMBROPOULOUS, Vassilis. *The Text and Its Margins.* New York: Pella, 1985.
HEUBECK, Alfred; WEST, Stephanie; HAINSWORTH, John B. (eds.). *A Commentary on Homer's Odyssey.* Oxford: Clarendon, 1988. V. 1.
HILLERS, Delbert R.; MCCALL, Marsh H. Homeric Dictated Texts: A Reexamination of Some Near Eastern Evidence. *Harvard Studies in Classical Philology.* Cambridge: Harvard University Press, 1976. V. 80.
HINTENLANG, Hubert. *Untersuchungen zu den Homer-Aporien des Aristoteles.* Heidelberg: Hänsel-Hohenhausen, 1961.
HOBSON, Geary (ed.). *The Remembered Earth: An Anthology of Contemporary Native American Literature.* Albuquerque: University of New Mexico Press, 1981.
HOLOKA, James P. Homer. Oral Poetry Theory, and Comparative Literature: Major Trends and Controversies in Twentieth-Century Criticism. In: LATACZ, Joachim (ed.). *Zweihundert Jahre Homer-Forschung.* Berlin: De Gruyter, 1991.
HOOKER, James T. *The Language and Text of the Lesbian Poets.* Innsbruck: Universitat Innsbruck, 1977.
HORROCKS, Geoffrey C. *Space and Time in Homer: Prepositional and Adverbial Particles in the Greek Epic.* New York: Arno, 1981.
HOUSEHOLDER, Fred W.; NAGY, Gregory. 1972a. Greek. In: SEBEOK, Thomas A. (ed.). *Current Trends in Linguistics.* The Hague: Mouton, 1972. V. 9.
_____. *Greek: A Survey of Recent Work.* The Hague: Mouton, 1972.
HUOT, Sylvia. Chronicle, Lai, and Romance: Orality and Writing in the Roman de Perceforest. In: DOANE, A.N.; PASTERNACK, Carol B. (eds.). *Vox intexta: Orality and Textuality in the Middle Ages.* Madison: University of Wisconsin Press, 1991.
_____. *From Song to Book: The Poetics of Writing in Old French Lyric and Lyrical Narrative Poetry.* Ithaca: Cornell University Press, 1987.
IMMERWAHR, Henry R. Book Rolls on Attic Vases. *Classical, Mediaeval and Renaissance Studies in Honour of B.L. Ullman.* Roma: Edizioni di storia e letteratura, 1964. V. 1.
INNES, Gordon. *Sunjata: Three Mandinka Versions.* London: University of London, 1974.

IVANOV, Viacheslav V. On the Etymology of Latin Elementa. *Elementa: Journal of Slavic Studies and Comparative Cultural Semiotics*. Switzerland: Hardwood Academic Publishing, 1993. V. 1.

_____. Origin, History and Meaning of the Term "Semiotics". *Elementa: Journal of Slavic Studies and Comparative Cultural Semiotics*, [S.l.], v. 1, 1993.

JACOBY, Felix (ed.). *Die Fragmente der griechischen Historiker*. Leiden: Brill, 1923.

JACOPIN, Pierre-Yves. On the Syntactic Structure of Myth, or the Yukuna Invention of Speech. *Journal of the Society of Cultural Anthropology*, Washington, v. 3, n. 2, 1988.

_____. *La Parole générative de la mythologie des Indiens Yukuna*. Switzerland: University of Neuchâtel, 1981.

JANKO, Richard. *The Iliad: A Commentary*. Cambridge: Cambridge University Press, 1992. V. 4.

_____. The *Iliad* and Its Editors: Dictation and Redaction. *Classical Antiquity*. Berkley: University of California Press, 1990. V. 9.

_____. *Homer, Hesiod and the Hymns: Diachronic Development in Epic Diction*. Cambridge: Cambridge University Press, 1982.

JENSEN, Minna Skafte. *The Homeric Question and the Oral-Formulaic Theory*. Copenhagen: Copenhagen Museum Tesculanum, 1980.

JOHNSON, Barbara. *The Critical Difference: Essays in the Contemporary Rhetoric of Reading*. Baltimore: Johns Hopkins University, 1980.

JOHNSON, John W. Yes, Virginia, There Is an Epic in Africa. *Research in African Literatures*, Bloomington, v. 11, n. 3, Autumm 1980.

_____. *The Epic of Son-Jara: A West African Tradition*. Bloomington: Indiana University Press, 1986.

JONG, Irene. Silent Characters in the *Iliad*. In: BREMER, Jan M.; KALFF, Jurriaan; JONG, Irene. *Homer: Beyond Oral Poetry*. Amsterdam: Grüner, 1987.

KANNICHT, Richard. Poetry and Art: Homer and the Monuments Afresh. *Classical Antiquity*. Berkley: University of California Press, 1982. V. 1.

KASTER, Robert A. (ed.). *De grammaticis et rhetoribus/C. Suetonius Tranquillus*. Oxford: Clarendon, 1995.

KAZANSKY, Nicolaj N. K etimologii teonima GERA. In: NEROZNAK, Vladimir et al. (eds.). *Paleobalkanistika i antichnost*. Moskva: Nauka, 1989.

KELLY, Stephen T. *Homeric Correption and the Metrical Distinctions between Speeches and Narrative*. New York: Garland, 1990.

KIPARSKY, Paul. Oral Poetry: Some Linguistic and Typological Considerations. STOLZ, Benjamin A.; SHANNON, Richard (eds.). *Oral Literature and the Formula*. Ann Arbor: University of Michigan, 1976.

KIRK, Geoffrey S. (ed.). *The Iliad: A Commentary*. Cambridge: Cambridge University Press, 1985. V. 1.

_____. *Homer and the Oral Tradition*. Cambridge: Cambridge University Press, 1976.

_____. *The Nature of Greek Myths*. Harmondsworth: Penguin, 1974.

_____. *Myth, Its Meaning and Functions*. Berkeley: California University Press, 1970.

_____. *The Songs of Homer*. Cambridge: Cambridge University Press, 1962.

KLEINGÜNTHER, Adolf. *Protos Heuretes: Untersuchungen zur Geschichte einer Fragestellung*. Leipzing: Dietrich, 1933.

KOLLER, Hermann. Epos. *Glotta*, Gottigen, v. 50, n. 1-2, 1972.

KOTHARI, Komal. Performers, Gods, and Heroes in the Oral Epics of Rajasthan. *Oral Epics in India*. Berkeley: University of California Press, 1989.

KRAFT, Wayne B. Improvisation in Hungarian Ethnic Dancing: An Analog to Oral Verse Composition. *Oral Tradition*, v. 4, n. 3, 1989.

KUHN, Thomas S. *The Structure of Scientific Revolutions*. 2nd ed. Chicago: University of Chicago Press, 1970.

KULLMANN, Wolfgang. Gods and Men in the *Iliad* and *Odyssey*. *Harvard Studies in Classical Philology*. Cambridge: Harvard University Press, 1985. V. 89.

———. *Die Quellen der Ilias. Hermes Einzelschriften 14*. Wiesbaden: F. Steiner, 1960.

———. *Das Wirken der Götter in der Ilias: Untersuchungen zur Frage der Entstehung des homerischen "Götterapparats"*. Berlin: Akademie, 1956.

KURKE, Leslie. *The Traffic in Praise: Pindar and the Poetics of Social Economy*. Ithaca: Cornell University Press, 1991.

LACHTERMAN, David. R. *Noos* and *Nostos*: The *Odyssey* and the Origins of Greek Philosophy. *La Naissance de la raison en Grèce*, Actes du Congrès de Nice, May 1987.

LAMBERTON, Robert. *Hesiod*. New Haven: Yale University Press, 1988.

LANG, Mabel L. Reverberation and Mythology in the *Iliad*. In: RUBINO, Carl A.; SHELMERDINE, Cynthia W. (eds.). *Approaches to Homer*. Austin: University of Texas Press, 1983.

LATHUILLÈRE, Roger. *Giron le courtois: Étude de la tradition manuscrite et analyse critique*. Genève: Librairie Droz, 1966.

LEACH, Eleanor R. Critical Introduction. In: STEBLIN-KAMENSKIJ, Mihail. *Myth*. Ann Arbor: Karoma, 1982.

LEHRS, Karl. *De Aristarchi studiis Homericis*. 3rd ed. Leipzig: Apud S. Hirzelium, 1882.

LÉTOUBLON, Françoise. Comment faire des choses avec des mots grecs. *Philosophie du langage et grammaire dans l'antiquité*. Bruxelles: Ousia, 1986.

———. Défi et combat dans l'*Iliade*. *Revue des études grecques*, Paris, v. 96, n. 455, 1983.

LÉVI-STRAUSS, Claude. La Visite des âmes. *Paroles données*. Paris: Plon, 1984.

———. *The Way of the Masks*. Seattle: University of Washington Press, 1982.

———. *La Voie des masques*. Paris: Plon, 1979.

———. *L'Homme nu*. Paris: Plon, 1971.

———. *L'Origine des manières de table*. Paris: Plon, 1968.

———. The Structural Study of Myth. *Structural Anthropology*. New York: Basic Books, 1967.

———. The Story of Asdiwal. In: LEACH, Edmund. *The Structural Study of Myth and Totemism*. London: Routledge, 1967.

———. *Du miel aux cendres*. Paris: Plon, 1966.

———. *Le Cru et le cuit*. Paris: Plon, 1964.

———. *Race et histoire*. Paris: Unesco, 1952.

LLOYD-JONES, Hugh. *Becoming Homer*. New York: New York Review of Books, May 1992.

LOHMANN, Dieter. *Die Komposition der Reden in der* Ilias. Berlin: De Gruyter, 1970.

LOHSE, Gerhard. Untersuchungen über Homerzitate bei Platon. *Helikon*, Budapest, v. 4, 1964.

LORAUX, Nicole. Poluneikes eponumos: Le Nom des fils d'Oedipe, entre épopée et tragédie. In: CALAME, Claude. *Métamorphoses du mythe en Grèce antique*. Geneva: Labor et Fides, 1988.

LORD, Albert B. *The Singer Resumes the Tale*. Ithaca: Cornell University Press, 1995.

———. *Epic Singers and Oral Tradition*. Ithaca: Cornell University Press, 1991.

BIBLIOGRAFIA

_____. Perspectives on Recent Work on Oral Literature. In: FOLEY, John. *Oral-Formulaic Theory: A Folklore Casebook*. New York: Garland, 1990.
_____. Perspectives on Recent Work on the Oral Traditional Formula. In: FOLEY, John. *Oral-Formulaic Theory: A Folklore Casebook*. New York: Garland, 1990.
_____. *The Singer of Tales*. Cambridge: Milman Perry Collection of Literature, 1960.
_____. Homer's Originality: Oral Dictated Texts. *Transactions of the American Philological Association*. Baltimore: Johns Hopkins University Press, 1953. V. 84.
_____. Composition by Theme in Homer and Southslavic Epos. *Transactions of the American Philological Association*. Baltimore: Johns Hopkins University Press, 1951. V. 82.
_____. Homer and Huso II: Narrative Inconsistencies in Homer and Oral Poetry. *Transactions of the American Philological Association*. Baltimore: Johns Hopkins University Press, 1938. V. 69.
LOWENSTAM, Steven. The Arming of Achilleus on Early Greek Vases. *Classical Antiquity*. Berkley: University of California Press, 1993. V. 12.
_____. *The Scepter and the Spear: Studies on Forms of Repetition in the Homeric Poems*. Lanham: Rowman & Littlefield, 1993.
_____. The Uses of Vase-Depictions in Homeric Studies. *Transactions of the American Philological Association*, Baltimore, v. 122, 1992.
_____. *The Death of Patroklos: A Study in Typology*. Königstein: Hain, 1981.
LOWRY, Eddie R. *Thersites: A Study in Comic Shame*. New York: Garland, 1991.
LUDWICH, Arthur. *Die Homervulgata als voralexandrinisch erwiesen*. Leipzig: B.G. Teubner, 1898.
LYNN-GEORGE, Michael. *Epos: Word, Narrative and the Iliad*. New York: Palgrave Macmillan, 1988.
_____. Review of *Homer on Life and Death*. *Journal of Hellenic Studies*, London, v. 102, Nov. 1982.
MCCLARY, Susan. Terminal Prestige: The Case of Avant-Garde Music Composition. *Cultural Critique*. Minneapolis: University of Minessota Press, 1989. V. 12.
MAILLARD, J. 1959. Coutumes musicales au moyen âge d'après le Tristan en prose. *Cahiers de civilisation médiévale*, Poitiers, v. 2, n. 7, 1959.
MALINOWSKI, Bronislaw. *Myth in Primitive Psychology*. London: Kegan Paul, 1926.
MARQUARDT, Patricia. Penelope "polytropos". *American Journal of Philology*, Baltimore, v. 106, n. 1, 1985.
MARTIN, Richard P. The Seven Sages as Performers of Wisdom In: DOUGHERTY, Carol; KURKE Leslie (eds.). *Cultural Poetics in Archaic Greece: Cult, Performance, Politics*. Cambridge: Cambridge University Press, 1993.
_____. *The Language of Heroes: Speech and Performance in the Iliad*. Ithaca: Cornell University Press, 1989.
_____. Hesiod, Odysseus, and the Instruction of Princes. *Transactions of the American Philological Association*, Baltimore, v. 114, 1984.
_____. The Oral Tradition. In: MAGILL, Frank (ed.). *Critical Survey of Poetry, 1746-1768. Foreign Language Series*. La Cañada: [S.n.], 1984.
_____. *Healing, Sacrifice and Battle: Amechania and Related Concepts in Early Greek Poetry*. Innsbruck: Universitat Innsbruck, 1983.
MAZON, Paul; CHANTRAINE, Pierre; COLLART, Paulor; LANGUMIER, René. *Introduction à l'Iliade*. Paris: Les Belles Lettres, 1943.
MEILLET, Antoine. *La Méthode comparative en linguistique historique*. Paris: H. Champion, 1925.

MERKELBACH, Reinhold. Die pisistratische Redaktion der homerischen Gedichte. *Rheinisches Museum für Philologie*. Köln: University of Köln, 1952. V. 95.

MERKELBACH, Reinhold; WEST, Martin L. (eds.). *Fragmenta Hesiodea*. Oxford: Typographeo Clarendoniano, 1967.

MILLER, Andrew M. *From Delos to Delphi: A Literary Study of the Homeric Hymn to Apollo*. Leiden: Brill, 1986.

MILLER, D. Gary. *Homer and the Ionian Epic Tradition*. Innsbruck: Universität Innsbruck, 1982.

____. *Improvisation, Typology, Culture, and "The New Orthodoxy": How Oral Is Homer?* Washington, D.C: University Press of America, 1982.

MINNIS, Alastair J. *Medieval Theory of Authorship: Scholastic Literary Attitudes in the Later Middle Ages*. London: Scholar Press, 1984.

MONROE, James T. Prolegomena to the Study of Ibn Quzman: The Poet as Jongleur. *El Romancero hoy: Historia, Comparatismo, Bibliografía crítica*. Madrid: Gredos, 1979.

____. Oral Composition in Pre-Islamic Poetry. *Journal of Arabic Literature*. Leiden: Brill, 1972. V. 3.

MONSACRÉ, Heléne. *Les larmes d'Achille*. Paris: Michel, 1984.

MOON, Warren G. (ed.). *Ancient Greek Art and Iconography*. Madison: University of Wisconsin Press, 1983.

MORAN, William. Mimneskomai and "Remembering" Epic Stories in Homer and the Hymns. *Quaderni urbinati di cultura clássica*, Roma, V. 20, 1975.

MORRIS, Ian. Tomb Cult and the "Greek Renaissance": The Past and the Present in the Eighth Century b.c. *Antiquity*. Cambridge: Cambridge University Press, 1988. V. 62.

____. The Use and Abuse of Homer. *Classical Antiquity*. Berkeley: University of California Press, 1986. V. 5.

MUELLNER, Leonard. The Simile of the Cranes and Pygmies: A Study of Homeric Metaphor. *Harvard Studies in Classical Philology*, Cambridge, v. 93, 1990.

____. *The Meaning of Homeric* ΕΥΧΟΜΑΙ *through Its Formulas*. Innsbruck: Universität Innsbruck, 1976.

MURRAY, Gilbert. *The Rise of the Greek Epic*. 4th ed. Oxford: Oxford University Press, 1934.

____. *The Interpretation of Ancient Greek Literature: An Inaugural Lecture Delivered Before the University of Oxford, January 27, 1909*. Oxford: Clarendon, 1909.

MURRAY, Penelope. Poetic Inspiration in Early Greece. *Journal of Hellenic Studies*, London, v. 101, Nov. 1981.

NAGLER, Michael N. Dread Goddess Endowed with Speech. *Archeology News*, Boston, V. 6, 1977.

____. *Spontaneity and Tradition: A Study in the Oral Art of Homer*. Berkeley: California University Press, 1974.

NAGY, Gregory. *Poetry as Performance: Homer and Beyond*. Cambridge: Cambridge University Press, 1996.

____. An Evolutionary Model for the Making of Homeric Poetry: Comparative Perspectives. In: CARTER, Jane; MORRIS, Sarah. *The Ages of Homer: A Tribute to Emily Townsend Vermeule*. Austin: University of Texas Press, 1995.

____. The Name of Achilles: Questions of Etymology and "Folk Etymology". *Illinois Classical Studies*. Chicago: University of Chicago Press, 1994.

____. The Name of Apollo: Etymology and Essence. In: SOLOMON, Jon. *Apollo: Origins and Influences*. Tucson: University of Arizona Press, 1994.

____. Alcaeus in Sacred Space. In: PRETAGOSTINI, Roberto. *Tradizione e innovazione nella cultura greca da Omero all' età ellenistica: Scritti in onore di Bruno Gentili*. Roma: Gruppo Editoriale Internazionale, 1993.

____. Homeric Questions. *Transactions of the American Philological Association*. Baltimore, V. 122, 1992

____. Mythological Exemplum in Homer. In: HEXTER, Ralph; SELDEN, Daniel. *Innovations of Antiquity*. New York/London: Routledge, 1992.

____. Introduction. In: HOMER, *The Iliad*. New York: Random House, 1992. Everyman's Library n. 60.

____. Authorisation and Authorship in the Hesiodic Theogony. In: ATHANASSAKIS, Apostolo. *Essays on Hesiod*. Victoria: Aureau, 1992. V. 2.

____. *Pindar's Homer: The Lyric Possession of an Epic Past*. Baltimore: Johns Hopkins University Press, 1990.

____. *Greek Mythology and Poetics*. Ithaca: Cornell University Press, 1990.

____. Death of a Schoolboy: The Early Greek Beginnings of a Crisis in Philology. *Comparative Literature Studies*, Pennsylvania, v. 27, n. 1, 1990.

____. Early Greek Views of Poets and Poetry. In: KENNEDY, George A. *Cambridge History of Literary Criticism*. Cambridge: Cambridge University Press, 1989. V. 1.

____. Review of *Naming Achilles*. *Phoenix*. Victoria: Classical Association of Canada, 1988. V. 46.

____. Ancient Greek Praise and Epic Poetry. In: FOLEY, John M. (ed.). *Oral Tradition in Literature: Interpretation in Context*. Columbia: University of Missouri Press, 1986.

____. Poetic Visions of Immortality for the Hero. In: BLOOM, Harold (ed.). *Modern Critical Views: Homer*. New York: Chelsea, 1986.

____. The Worst of the Achaeans. In: BLOOM, Harold (ed.). *Modern Critical Views: Homer*. New York: Chelsea, 1986.

____. Sema and Noesis: Some Illustrations. *Arethusa*. Baltimore: Johns Hopkins University Press, 1983.

____. Review of *L'invention de la mythologie*. *Annales économies sociétés civilisations*, Paris, v. 37, n. 4, 1982.

____. An Evolutionary Model for the Text Fixation of Homeric Epos. In: FOLEY, John (ed.). *Oral Traditional Literature: A Festschrift for Albert Bates Lord*. Bloomington: Slavica, 1981.

____. *The Best of the Achaeans: Concepts of the Hero in Archaic Greek Poetry*. Baltimore: Johns Hopkins University, 1979.

____. *Comparative Studies in Greek and Indic Meter*. Cambridge: Cambridge University Press, 1974.

NAGY, Joseph F. Orality in Medieval Irish Narrative. *Oral Tradition*, v. 1, n.2, 1986.

____. *The Wisdom of the Outlaw: The Boyhood Deeds of Finn in Gaelic Narrative Tradition*. Berkeley: University of California Press, 1985.

____. Close Encounters of the Traditional Kind in Medieval Irish Literature. In: FORD, Patrick. *Celtic Folklore and Christianity: Studies in Memory of William W. Heist*. Santa Barbara: McNally & Loftin, 1983.

NETTL, Bruno. *The Study of Ethnomusicology: Twenty-Nine Issues and Concepts*. Urbana: University of Illinois Press, 1983.

____. *Folk and Traditional Music of the Western Continents*. Englewood Cliffs: Prentice Hall, 1965.

____. *Theory and Method in Ethnomusicology*. New York: Free Press of Gencloe, 1964.

_____. *Music in Primitive Culture*. Cambridge: Cambridge University Press, 1956.
O'BRIEN, Joan V. *Transformation of Hera: A Study of Ritual, Hero, and the Goddess in the* Iliad. Lanham: Rowman & Littlefield, 1993.
ÖHLER, Robert. *Mythologische Exempla in der älteren griechischen Dichtung*. Aarau: H.R. Sauerlander, 1925.
OKPEWHO, Isidore. *The Epic in Africa: Toward a Poetics of the Oral Performance*. New York: Columbia University Press, 1979.
ONG, Walter J. Text as Interpretation: Mark and After. In: FOLEY, John (ed.). *Oral Tradition in Literature: Interpretation in Context*. Columbia: University of Missouri Press, 1986.
_____. *Orality and Literacy*. London: Routledge, 1982.
_____. *Fighting for Life: Contest, Sexuality, and Consciousness*. Ithaca: Cornell University Press, 1981.
_____. *Interfaces of the Word: Studies in the Evolution of Consciousness and Culture*. Ithaca: Cornell University Press, 1977.
_____. African Talking Drums and Oral Noetics. *New Literary History*. Ithaca: Johns Hopkins University Press, 1977. V. 8.
OPLAND, Jeff. Xhosa: The Structure of Xhosa Eulogy and the Relation of Eulogy to Epic. In: HAINSWORTH, John. B.; HATTO, Arthur T. (eds.). *Traditions of Heroic and Epic Poetry*. London: Modern Humanities Research Association, 1989. V. 2.
_____. Lord of the Singers. *Oral Tradition*, v. 3, 1988.
PAGE, Denys L. (ed.). *Supplementum lyricis graecis*. Oxford: Clarendon, 1974.
_____. *History and the Homeric* Iliad. Berkeley: University of California Press, 1959.
_____. *Sappho and Alcaeus: An Introduction to the Study of Ancient Lesbian Poetry*. Oxford: Clarendon, 1955.
_____. *The Homeric* Odyssey. Oxford: Clarendon, 1955.
PALMER, Leonard R. *The Greek Language*. London: Bristol, 1980.
_____. A Mycenaean "Akhilleid"? In: MUTH, Robert; Gerhard, Pfohl. *Serta philologica Aenipontana*. Innsbruck: Universität Innsbruck, 1979.
PARRY, Adam M. Have We Homer's *Iliad*? *Yale Classical Studies*. New Heaven: Yale University Press, 1966. V. 20.
PARRY, Milman. *The Making of Homeric Verse: The Collected Papers of Milman Parry*. New York: Oxford University Press, 1971.
_____. Studies in the Epic Technique of Oral Verse-Making, II: The Homeric Language as the Language of an Oral Poetry. *Harvard Studies in Classical Philology*, Cambridge, v. 43, 1932.
_____. Studies in the Epic Technique of Oral Verse-Making, I: Homer and Homeric Style. *Harvard Studies in Classical Philology*, Cambridge, v. 41, 1930.
_____. *L'Épithète traditionnelle dans Homère: Essai sur un problème de style homérique*. Paris: Les Belles Lettres, 1928.
_____. *Les Formules et la métrique d'Homère*. Paris: Les Belles Lettres, 1928.
PARRY, Milman; LORD, Albert; BYNUM, David (eds.). *Serbo-Croatian Heroic Songs*. Cambridge: Cambridge Universe Press, 1974. V. 3.
PAVESE, Carlo O. *Studi sulla tradizione epica rapsodica*. Roma: Ateneu, 1974.
PEABODY, Berkley. *The Winged Word*. Albany: State University of New York, 1975.
PEARSALL, Derek. Texts, Textual Criticism, and Fifteenth-Century Manuscript Production. In: YEAGER, Robert. *Fifteenth-Century Studies*. Hamden: Archon, 1984.
PELLICCIA, Hayden N. *The Structure of the Archaic Greek Hymns*. Ann Harbor: University Microfilms International, 1985.

BIBLIOGRAFIA

PERADOTTO, John. *Man in the Middle Voice: Name and Narration in the* Odyssey. Princeton: Princeton University Press, 1990.

PETEGORSKY, Dan. *Context and Evocation: Studies in Early Greek and Sanskrit Poetry*. Doctoral dissertation, Berkeley. Ann Harbor: University Microfilms International, 1982.

PETROPOULOS, J.C. B. *Heat and Lust: Hesiod's Midsummer Festival Scene Revisited*. Lanham: Rowman & Littlefield, 1994.

PFEIFFER, Rudolph. *History of Classical Scholarship: From the Beginnings to the End of the Hellenistic Age*. London: Oxford University Press, 1968.

PHILLIPS, C. Robert, III. Classical Scholarship against Its History. *American Journal of Philology*, Baltimore, v. 110, n. 4, 1989.

PICKENS, Rupert T. (ed.). *The Songs of Jaufre Rudel*. Toronto: Pontificial Institute of Medieval Studies, 1978.

____. Jaufre Rudel et la poétique de la mouvance. *Cahiers de civilisation médiévale*, Poitiers, v. 20, n. 80, 1977.

PINNEY, Gloria F. Achilles Lord of Scythia. In: MOON, Warren G. (ed.). *Ancient Greek Art and Iconography*. Madison: University of Wisconsin Press, 1983.

PÖTSCHER, Walter. Hera und Heros. *Rheinisches Museum für Philologie*, Köln, v. 104, n. 4, 1961.

POWELL, Barry B. *Homer and the Origin of the Greek Alphabet*. Cambridge: Cambridge University Press, 1991.

POZZI, Dori C.; WICKERSHAM, John (eds.). *Myth and the Polis*. Ithaca: Cornell University Press, 1991.

PUCCI, Pietro. *Odysseus Polytropos: Intertextual Readings in the* Odyssey *and the* Iliad. Ithaca: Cornell University Press, 1987.

____. The Proem of the Odyssey. *Arethusa*. Baltimore: Johns Hopkins University Press, 1982.

____. The Song of the Sirens. *Arethusa*. Baltimore: Johns Hopkins University Press, 1979. V. 12.

RABEL, Robert J. The Theme of Need in *Iliad* 9–11. *Phoenix*. Victoria: Classical Association of Canada, 1991. V. 45.

RADLOFF, Wasili. *Proben der Volksliteratur der nördlichen türkischen Stämme*. Sankt-Peterburg: Akademia Nauk, 1885. V. 5.

____. Apollo as a Model for Achilles in the *Iliad*. *American Journal of Philology*, Baltimore, v. 111, n. 4, 1990.

____. Preface to Radloff 1885. Translated by G.B. Sherman and A.B. Davis. *Oral Tradition*, v. 5, 1990.

RAIBLE, Wolfgang (ed.). *Zwischen Festtag und Alltag: Zehn Beiträge zum Thema 'Mündlichkeit und Schriftlichkeit'*. Tübingen: Narr, 1988.

RAPHALS, Lisa Ann. *Knowing Words: Wisdom and Cunning in the Classical Traditions of China and Greece*. Ithaca: Cornell University Press, 1992.

REDFIELD, James M. *Nature and Culture in the* Iliad: *The Tragedy of Hector*. Chicago: University of Chicago Press, 1975.

REICHL, Karl. *Turkic Oral Epic Poetry: Traditions, Forms, Poetic Structure*. New York: Garland, 1992.

____. Oral Tradition and Performance of the Uzbek and Karakalpak Epic Singers. In: HEISSIG, Walther. *Fragen der mongolischen Heldendichtung*. Wiesbaden: Harrassowitz, 1985. V. 3.

RENOIR, Alain. Oral-Formulaic Rhetoric and the Interpretation of Texts. In: FOLEY, John. (ed.). *Oral Tradition in Literature: Interpretation in Context*. Columbia: University of Missouri Press, 1986.

REYNOLDS, Dwight F. *Heroic Poets, Poetic Heroes: The Ethnography of Performance in Arabic Oral Tradition*. Ithaca: Cornell University Press, 1995.

RISCH, Ernst. Die ältesten Zeugnisse für KLEOS APHTITITON. *Zeitschrift für Vergleichende Sprachforschung*, Gottingen, v. 100, 1987.

____. *Kleine Schriften*. Berlin: De Gruyer, 1981.

RITOÓK, Zsigmond. Vermutungen zum Ursprung des griechischen Hexameters. *Philologus*, Berlin, v. 131, n. 1-2, 1987.

ROBB, Kevin. Poetic Sources of the Greek Alphabet: Rhythm and Abecedarium from Phoenician to Greek. In: HAVELOCK, Eric; HERSHBELL, Jackson. *Communication Arts in the Ancient World*. New York: Hasting Haus, 1978.

RÖSLER, Wolfgang. Persona reale o persona poetica? L'interpretazione dell' 'io' nella lirica greca. *Quaderni urbinati di cultura classica*, Roma, v. 19, n. 1, 1985.

____. *Dichter und Gruppe: Eine Untersuchung zu den Bedingungen und zur historischen Funktion früher Lyrik am Beispiel Alkaios*. München: Fink, 1980.

ROSEN, Ralph. Review of Gregory Nagy, *Pindar's Homer*. *Classical Review*, Pennsylvania, v. 2, n. 1, 1991.

ROTH, Catherine P. *Mixed Aorists*. *Homeric Greek*. New York: Garland, 1990.

RUBINO, Carl A.; SHELMERDINE, Cynthia W. (eds.). *Approaches to Homer*. Austin: University of Texas Press, 1983.

RUIJGH, Cornelius J. *Études sur la grammaire et le vocabulaire du grec mycénien*. Amsterdam: A.M. Hakker, 1967.

SACKS, Richard. *The Traditional Phrase in Homer: Two Studies in Form, Meaning and Interpretation*. Leiden: Brill, 1987.

SAÏD, Edward W. *Orientalism*. New York: Random House, 1978.

SAPIR, Edward. *Language: An Introduction to the Study of Speech*. New York: Harcourt, Brace and Company, 1921.

SCHAPERA, Isaac. *Praise Poems of Tswana Chiefs*. Oxford: Oxford University Press, 1965.

SCHEIBNER, Gerhard. *Der Aufbau des 20. und 21. Buches der Ilias*. Leipzig: Noske, 1939.

SCHEID, John; SVENBRO, Jasper. *Le Métier de Zeus: Mythe du tissage et du tissu dans le monde gréco-romain*. Paris: La Decouverte, 1994.

SCHEIN, Seth L. *The Mortal Hero: An Introduction to Homer's Iliad*. Berkeley: University of Californa Press, 1984.

SCHMITT, Rüdiger. *Dichtung und Dichtersprache in indogermanischer Zeit*. Wiesbaden: Harrassowitz, 1967.

SCHNAPP-GOURBEILLON, A. Homère, Hipparche et la bonne parole. *Annales: Économies, sociétés, civilisations*. Paris: Ehess, 1988.

SCHOMER, Karine. Paradigms for the Kali Yuga: The Heroes of the Alha Epic and Their Fate. *Oral Epics in India*. Berkeley: University of California Press, 1989.

SCODEL, Ruth. The Autobiography of Phoenix. *American Journal of Philology*, Baltimore, v. 103, n. 2, 1982.

SEAFORD, Richard. *Reciprocity and Ritual: Homer and Tragedy in the Developing City-State*. Oxford: Clarendon, 1994.

SEALEY, Raphael. *Women and Law in Classical Greece*. Chapel Hill: University of North California Press, 1990.

____. From Phemius to Ion. *Revue des études grecques*, Paris, v. 70, n. 355, 1957.

SEARLE, John R. *Speech-Acts: An Essay in the Philosophy of Language*. Cambridge: Cambridge University Press, 1979.

SEGAL, Charles P. Kleos and Its Ironies in the Odyssey. L'Antiquité classique, Bruxelles, v. 52, n. 1, 1983.
_____. The Embassy and the Duals of Iliad IX. Greek, Roman, and Byzantine Studies, Roma, v. 9, 1968.
SEYDOU, Christiane. The African Epic: A Means for Defining the Genre. Folklore Forum, Bloomington, v. 16, 1983.
SHANNON, R.S. The Arms of Achilles and Homeric Compositional Technique. Leiden: Brill, 1975.
SHAPIRO, H. Alan. Hipparchos and the Rhapsodes. In: DOUGHERTY, Carol; KURKE Leslie (eds.). Cultural Poetics in Archaic Greece: Cult, Performance, Politics. Cambridge: Cambridge University Press, 1993.
_____. Mousikoi Agones: Music and Poetry at the Panathenaic Festival. In: NEILS, Jenifer. Goddess and Polis: The Panathenaic Festival in Ancient Athens. Princeton: Princeton University Press, 1992.
_____. Oracle-Mongers in Peisistratid Athens. Kernos. Liège, v. 3, 1990.
_____. Painting, Politics, and Genealogy: Peisistratos and the Neleids. In: MOON, Warren G. (ed.). Ancient Greek Art and Iconography. Madison: University of Wisconsin Press, 1983.
SHERRATT, E.S. Reading the Texts': Archaeology and the Homeric Question. Antiquity, Cambridge, v. 64, n. 245, 1990.
SHIVE, David M. Naming Achilles. New York: Oxford University Press, 1987.
SIENKEWICZ, Thomas J. The Greeks Are Indeed Like the Others: Myth and Society in the West African Sunjata. In: POZZI, Dori C.; WICKERSHAM, John (eds.). Myth and the Polis. Ithaca: Cornell University Press, 1991.
SINOS, Dale S. Achilles, Patroklos, and the Meaning of Philos. Innsbruck: Universität Innsbruck, 1980.
SLATKIN, Laura M. The Power of Thetis: Allusion and Interpretation in the Iliad. Berkeley: University of California Press, 1991.
_____. Genre and Generation in the Odyssey. Métis: Revue d'anthropologie du monde grec ancien, Paris, v. 1, n. 2, 1986.
_____. The Wrath of Thetis. Transactions of the American Philological Association, Baltimore, v. 116, 1986.
SLOTKIN, Edgar M. Medieval Irish Scribes and Fixed Texts. Éigse: A Journal of Irish Studies, Geimhreadh, v. 17, n. 4, 1978.
SMITH, John D. Worlds Apart: Orality, Literacy, and the Rajasthani Folk Mahabharata. Oral Tradition, v. 5, n. 1, 1990.
_____. Scapegoats of the Gods: The Ideology of the Indian Epics. Oral Epics in India. Berkeley: University of California Press, 1989.
_____. Old Indian: The Two Sanskrit Epics. In: HATTO, Arthur T. (ed.). Traditions of Heroic and Epic Poetry. London: Modern Humanities Research Association, 1980.
SMITH, Mary C. The Warrior Code of India's Sacred Song. New York: Garland, 1992.
SMITH, Wilfred. C. What Is Scripture? A Comparative Approach. Minneapolis: Fortress, 1993.
SNODGRASS, Anthony M. An Archaeology of Greece: The Present State and Future Scope of a Discipline. Berkeley: University of California Press, 1987.
_____. The Dark Age of Greece: An Archaeological Survey of the Eleventh to the Eighth Centuries. Edinburgh: Edinburgh University Press, 1971.
SOLMSEN, Felix. Review of Nagy 1979. American Journal of Philology, Baltimore, v. 102, 1981.

STIEWE, Klaus. Die Entstehungszeit der hesiodischen Frauenkataloge. *Philologus*, Berlin, v. 106, n. 1-2, 1962.
STODDART, Robert. *Pindar and Greek Family Law*. New York: Garland. 1990.
STOLZ, Benjamin A.; SHANNON, Richard (eds.). *Oral Literature and the Formula*. Ann Arbor: University of Michigan, 1976.
SULTAN, Nancy. Private Speech, Public Pain: The Power of Women's Laments in Ancient Greek Poetry and Tragedy. In: MARSHALL, Kimberly. *Rediscovering the Muses: Women's Musical Traditions*. Boston: Northeastern University Press, 1993.
SVENBRO, Jasper. *Phrasikleia: Anthropologie de la lecture en Grèce ancienne*. Paris: La Decouverte, 1988.
_____. Il taglio della poesia: Note sulle origini sacrificali della poetica greca. In: GROTTANELLI, Cristiano; PARISE, Nicola (eds.). *Sacrificio e società nel mondo antico*. Bari: Laterza, 1988.
_____. The "Voice" of Letters in Ancient Greece: On Silent Reading and the Representation of Speech. In: HARBSMEIER, Michael. *Culture and History*. Copenhagen: Akademisk Forlag, 1987.
_____. La Découpe du poème: Notes sur les origines sacrificielles de la poétique grecque. *Poétique: Revue de théorie et d'analyse littéraires*, Paris, v. 58, 1984.
_____. A Mégara Hyblaea: Le Corps géomètre. *Annales économies sociétés civilisations*. Paris, v. 37, n. 5-6, 1982.
_____. *La Parole et le marbre: Aux origines de la poétique grecque*. Lund: Studentlitteratur, 1976.
TAMBIAH, Stanley J. *Culture, Thought, and Social Action: An Anthropological Perspective*. Cambridge: Harvard University Press, 1985.
_____. A Performative Approach to Ritual. *Proceedings of the British Academy*. London: Oxford University Press, 1981. V. 65.
TAPLIN, Oliver. *Homeric Soundings: The Shaping of the Iliad*. Oxford: Clarendon, 1992.
_____. Homer's Use of Achilles' Earlier Campaigns in the *Iliad*. In: BOARDMAN, John; VAPHOPOULOU-RICHARDSON, C.E. *Chios*. Oxford: Clarendon, 1986.
TAYLOR, Michael W. *The Tyrant Slayers: The Heroic Image in Fifth Century B.C. Athenian Art and Politics*. 2nd ed. Salem: Ayer: 1991.
THALMANN, William G. *Conventions of Form and Thought in Early Greek Epic Poetry*. Baltimore: Johns Hopkins University Press, 1984.
THOMAS, Rosalind. *Oral Tradition and Written Record in Classical Athens*. Cambridge: Cambridge University Press, 1989.
TOMPKINS, Daniel P. Review of *Myth and the Polis*. *Classical Review*, Pennsylvania, v. 3, 1992.
TURNER, Eric G. *Athenian Books in the Fifth and Fourth Centuries*. 2nd ed. London: H.K. Lewis, 1977.
TURPIN, Jean-Claude. L'Expression 'aidos kai nemesis' et les actes de langage. *Revue des études grecques*, Paris, v. 93, n. 442, 1980.
ULF, Christoph. Die Abwehr von Internem Streit als Teil des 'politischen' Programms der Homerischen Epen. *Grazer Beiträge*, Graz, v. 17, 1990.
VENERI, Antonello. Oralistica e questione omerica. In: VEGETTI, Mari. *Oralità, scrittura, spettacolo*. Torino: Bollati Boringhieri, 1983.
VERDENIUS, Wilhem. J. Review of *The Best of the Achaeans*. *Mnemosyne*. Baltimore: Johns Hopkins University Press, 1985. V. 38.

VERDIER, Christian. *Les Eolismes non-épiques de la langue de Pindare.* Innsbruck: Universität Innsbruck, 1972.

VERMEULE, Emily. Priam's Castle Blazing. In: MELLINK, Mechtend. *Troy and the Trojan War.* Pennsylvania: Bryn Mawr, 1986.

VERNANT, Jean-Pierre. *Mythe et pensée chez les Grecs.* 2d ed. Paris: La Découverte, 1985.

VINE, Brent. On the Metrics and Origin of Rig-Vedic na 'like, as'. *Indo-Iranian Journal,* Leiden, v. 20, n. 3-4, 1978.

_____. On the Heptasyllabic Verses of the Rig-Veda. *Zeitschrift für Vergleichende Sprachforschung,* Gottigen, v. 91, n. 2, 1977.

VISSER, Edzard. *Homerische Versifikationstechnik: Versuch einer Rekonstruktion.* Frankfurt: P. Lang, 1987.

VODOKLYS, Edward. J. *Blame-Expression in the Epic Tradition.* New York: Garland, 1992.

WADE-GERY, Henry T. *The Poet of the Iliad.* Cambridge: Cambridge University Press, 1952.

WADLEY, Susan S. Choosing a Path: Performance Strategies in a North Indian Epic. *Oral Epics in India.* Berkeley: University of California Press, 1989.

WATKINS, Calvert. A propos de MHNIS. *Bulletin de la Société Française de Philosophie,* Paris, v. 72, n. 1, 1977.

_____. Indo-European Metrics and Archaic Irish Verse. *Celtica,* Dublin, v. 6, 1963.

WAUGH, Linda R. Marked and Unmarked: A Choice between Unequals in Semiotic Structure. *Semiotica,* Amsterdam, v. 38, n. 3-4, 1982.

WEBSTER, Thomas B.L. *From Mycenae to Homer.* 2 ed. New York: Routledge, 1964.

WEST, Martin L. Archaische Heldendichtung: Singen und Schreiben. In: KULLMANN, Wolfgang; REICHL, Michael. *Der Übergang von der Mündlichkeit zur Literatur bei den Griechen.* Tübingen: Gunter Tarr, 1990.

_____. The Rise of the Greek Epic. *Journal of Hellenic Studies,* London, v. 108, Nov. 1988.

_____. *Hesiod: Works and Days.* Oxford: Clarendon, 1978.

WEST, Stephanie (ed.). The Transmission of the Text. In: HEUBECK, Alfred; WEST, Stephanie; HAINSWORTH, John B. (eds.). *A Commentary on Homer's Odyssey.* Oxford: Clarendon, 1988. V. 1.

_____. *The Ptolemaic Papyri of Homer.* Köln: VS, 1967.

WHITLEY, James. Early States and Hero-Cults: A Re-Appraisal. *Journal of Hellenic Studies,* London, v. 108, Nov. 1988.

WHITMAN, Cedric H. *Homer and the Heroic Tradition.* Cambridge: Harvard University Press, 1958.

WICKERSHAM, John. Myth and Identity in the Archaic Polis. In: POZZI, Dori C.; WICKERSHAM, John (eds.). *Myth and the Polis.* Ithaca: Cornell University Press, 1991.

WILAMOWITZ-MOELLENDORFF, Ulrich von. *Homerische Untersuchungen.* Berlin: Weidmann, 1884.

WILLCOCK, Malcolm M. Ad Hoc Invention in the *Iliad. Harvard Studies in Classical Philology.* Cambridge: Harvard University Press, 1977. V. 81.

_____. Mythological Paradeigma in the *Iliad. The Classical Quarterly,* Cambridge, v. 14, n. 2, Nov. 1964.

WYATT, William F. The Embassy and the Duals in *Iliad* IX. *American Journal of Philology,* Baltimore, v. 106, 1985.

ZINK, Michel. *La Pastourelle: Poésie et folklore au Moyen Age.* Paris: Bordas, 1972.
ZUMTHOR, Paul. *La Poésie de la Voix dans la civilisation médiévale.* Paris: Universidad de France, 1984.
____. *Introduction à la poésie orale.* Paris: Seuil, 1983.
____. *Essai de poétique médiévale.* Paris: Seuil, 1972.
ZWETTLER, Michael J. *The Oral Tradition of Classical Arabic Poetry.* Columbus: Ohio State University, 1978.

Índice Remissivo

Agamêmnon 52, 101-104, *136n120 e n122*.
Ájax 75, 101, 101-104, *136n120 e n123, 137n130-131*.
Alceu 34, 77, *132n169*.
alēthés (verdade), *alēthéa* (verdadeiro) 89-93, *134n51 e n57*.
Alexandria XVII, XIX, 22, 66, 68.
alfaiate. metáforas de 58, 63, *129n84*.
Anacreonte *128n50*.
anagnóstēs 130n117.
analíticas, abordagens de Homero 7, 59, 64-65, 83, 96-97. Ver também unitaristas, abordagens a Homero.
Andrômaca 35, 86, *125n131*.
Antologia Grega 127n29.
antropologia, aplicações da XXIII-XXIV, 3-5, 16, 31, 82, 84-86, 92, 94-95, 96, 98, 100, 111.
aoidós (cantor) 34, 37, 55, 57, 59-62, 62.
Apolo 60, *133n14*.
Apolodoro *131n151*.
Apolônio de Rodes XVII.
Aquiles XVI, 29, 52-53, 75, 76, 82, 89, 95, 101-106, 113-114, *123n79, 125n151, 134n46, 136n119, 137n8*.
Argos 75.
Aristarco XVII, 25, 60, 66-68, 82, *129n71, 130n106, 131n136*.
Aristófanes de Atenas XIX.
Aristófanes de Bizâncio 67.
Aristóteles XVI, 21, 93

Poética (1447a13) 21; (1448b27) 38; (1459b1-7) 22; *Retórica* (1375b30) *131n151*; (F 166) XVI; (F 611.10) 47.
Arquíloco, datando de 78; (F 286-287) 106.
Asclepíades de Mirleia 66.
Atena 83, 95, *133n14*.
Atenas 25, 32, 41-42, 47-50, 54, 65-66, 70, 74, 78, *130n126, 131n161, 132n172*.
atenienses 42, 48, 65, 66, 71, 73-74, 94, *130n117, 132n167 e n169*.
Atenodoro *127n29*.
Athenaeus (3a) 42; (634c) XVIII.
Ático 69.
ato-fala, conceitos de 20, 43, 86-91, 92, 96, 105, 113, *121n30, 133n36*.
Aubignac, abade de *121n41*.
audiência, e relacionamento com o *performer* 12, 17-18, 20-19, 23-24, 25, 28, 32, 34, 36-39, 39-40, 51, 89, 96, 100, 113-114, *117n116 e n120, 122n57, 125n133 e n140*.
autor, conceitos de XV, 7, 13, 16, 22, 27, 57, 61, 65, 78-79, *119n49 e n57, 128n49*.

Bagre 23.
Bíblia 127n23.
Biblioteca de Alexandria XVII, 22, 66.
Biblioteca de Pérgamo *127n29*.
"big-bang", modelos para a gênese do épico 45, 48, 56, 63, 64, *129n89*.
bororo 85-86, 98, *133n27*.

Calímaco 47, 112, 127n25.
carpinteiro, metáforas de 61-63.
Cícero 48, 49, 66, 72, 127n30-31.
Ciclo, épico 9, 22, 24, 61-62, 83, 97, 136n106.
"Cinco Eras de Homero" 24-25.
Cínetos (Kynaithos) de Quíos 128n62, 132n170.
Cípria 22, 53, 97.
composição-em-performance 5, 7, 15-18, 19-20, 23, 44.
composição (vs. performance) XV, XIX, 5-9, 11-13, 15-21, 23, 24, 27, 35, 40, 41-44, 50, 55, 56, 61, 63-64, 71-72, 77-78, 86, 96-97, 100, 116n27, 117n27, 118n51, 119n4, 120n7-8 e n22, 122n50 e n59, 124n121, 128n47, 132n167.
Corão 127n23.
coser, metáforas do 56-61, 63, 64, 129n73.
creófidas 47, 49, 127n25 e n36.
Creófilo de Samos 47, 127n25, 131n127.
cristalização, metáfora da 132n167.
culpa, poética da 39, 121n30. Ver também elogio.

Demétrio de Falero 25.
dēmiourgós (artesão itinerante) 34, 62, 124n117.
Demódoco 129n63.
diacrônica, "inclinação" 117n27.
diacrônico (vs. sincrônico) XXIII, 5, 8, 9, 10, 12, 55-56, 60, 112, 116n24, 117n27, 119n28 e n56, 128n53, 135n97.
Diêuquidas 73, 74.
diferenciação, poéticas de 37, 98, 136n106.
difusão-em-performance 16.
difusão (vs. composição e performance) 5, 9, 13, 16, 17, 21-24, 25-26, 28, 29-30, 31-34, 38, 40, 71, 77, 78, 117n17, 120n11, 123n61.
Diógenes Laércio 49, 50, 54, 65, 71-72, 73, 127n37, 128n51, 131n151.
Disputa de Homero e Hesíodo 128n62.
ditado, modelos de 17-19, 23, 60, 70, 77, 120n9-n10, n16 e n22, 121n33 e n41, 129n70, 132n170.
Draupadī 124n109.

economia, tendência à 6, 11, 118n52.
Éforo de Cime 127n25.
Eliano 48, 49, 52.
épico "monumental" 16, 17, 51, 63-64, 78, 86, 123n64, 127n38.
epigrama, evidência de poesia oral 2, 19-20.
episódio, conceitos de 37, 51-52, 55, 60, 71, 129n71.
épos (épea, enunciação poética) 54, 57-58, 59, 61, 87-88, 93, 128n50-51, 134n68.
Eratóstenes XVII, 112.
escólios (scholia) referentes a Dionísio Trácio 56.
escólios (scholia) referentes à Ilíada (1.399-406) 83; (1.400) 83, 133n14; (II.557) 131n151.

escólios (scholia) referentes a Píndaro (Nemeia 2.1d) 56, 60, 128n62.
Esopo 99, 136n110.
Esparta 46-50, 52, 72.
Estrabão 127n25, 128n62, 131n151.
estudiosos alexandrinos XVII, 22, 60, 66-68, 130n125.
etimologia, conceitos de XXIII.
Eustácio de Tessalônica 59.
exemplar, conceitos de 107.
exemplum, conceitos de 81, 94, 96, 99, 102, 103, 106-107, 136n113, 137n143.
expansão (vs. redução) 50-51, 128n40.

Fêmio 61, 117n27.
Fênix 75, 89, 101-104, 113, 134n46, 136n119, 137n123, n133 e n8.
Ferdowsi 46.
Filocoro 60, 132n177.
filologia, conceitos de XI, XVII-XX, XXI-XXIII, 112-114.
fixação do texto 17, 23, 26, 27, 45, 50, 56, 64, 77, 122n57, 123n64, 131n161, 132n167 e n172.
fluido (vs. rígido/estático/estável), estágios na evolução do épico 24, 27, 77, 119n56, 132n167.
"forma original e primeira" 97.
fórmula, conceitos de 6, 10-11, 90, 98, 100, 118n44, n48 e n51, 137n124.

Górgias 126n12.
Grote, George 121n41.
Guiron le courtois 46.

Heitor XVI, 20, 35, 86, 121n30.
Helena 53, 126n12.
Hera 29, 83, 95, 123n79 e n83, 133n14.
Héracles 28, 29, 106, 123n79.
Heródoto (1.31.5) 123n83; (2.123.3) 43, 126n11; (4.195.2) 43; (5.90.2) 42, 47, 126n3; (6.14.1) 43; (6.26.1-2) XVIII; (6.27.1) XVIII; (6.27.2) XVIII. (6.31-32) XVIII; (7.6.3) 47-48, 73-74; (7.6.5) 74. (7.142.1) 42; (7.214.3) 43.
herói, conceitos de 26-31, 32-33, 35-37, 52, 63, 89, 96, 98, 102-103, 104-105, 106, 113, 124n99 e n109, 125n133 e n151; hḗrōs (herói) 123n79.
herói cultural 8, 50, 63-64, 74, 79, 94, 118n31.
Hesíodo 60, 78, 97, 120n8, 122n50, 134n51; como rapsodo 60-61; como rival de Homero 601; datação de 781; musas de 134n55.
Teogonia (25) 134n551; (27-28) 90; (28) 90-91.
Trabalhos e os Dias, Os (528) 121n40; (F 357) 60.
Hino (homérico) a Apolo 57, 118n33, 128n62; a Deméter 90, 123n80.
Hiparco 48, 54, 128n49-50, 129n70.
Hipônates 112.

ÍNDICE REMISSIVO

homérídas ("filhos de Homero"), Homērídai 47, 49, 57-59, 127n25 e n36, 131n127.

Homero (Hómēros) 8-9, 21-22, 57-58, 61-62, 79, 118n33, 121n36, 128n62; como herói cultural 79; como rapsodos 60-61; como rival de Hesíodo 60.

Ilíada (I) 82-83, 136n122; (I.273) 89, 113; (I.320-321) 102; (I.327) 102, 136n120; (I.334) 102; (I.338) 102; (I.341) 102; (I.396-406) 82, 83, 95; (I.400) 133n14; (II) 74; (II.376) 136n122; (II.530) 121n40; (II.653-670) 75; (IV.110) 62; (V.231) 62; (V.722) 61; (VI.168) 2; (VI.176) 2; (VI.178) 2; (VI.381) 89; (VI.382) 89-90; (VII.89-90) 2, 20; (IX) 101, 102, 105, 114, 136n122; (IX.168) 101; (IX.168-170) 101; (IX.170) 101; (IX.182) 101-102, 136n120, 137n138; (IX.182-183) 105, 137n138; (IX.196-198) 102; (IX.197) 102; (IX.197-198) 104-106; (IX.198) 103; (IX.223) 104; (IX.224) 104; (IX.225-306) 104; (IX.259) 89; (IX.311) 137n130; (IX.312) 103, 137n130; (IX.312-313) 103, 104; (IX.413) 116n17; (IX.520-523) 136n123; (IX.527) 89; (IX.527-528) 113; (IX.529) 113; (IX.624-636) 104; (IX.642) 137n131; (IX.688-689) 136n120; (X.249-250) 125n152; (XIX. 95-133) 28; (XVII. 1-113) 75; (XVII.387) 136n119; (XVIII.54-60) 123n80; (XX.200) 134n68; (XX.204) 134n68; (XX.249) 134n68; (XX.250) 134n68; (XX.256) 134n68; (XXI) 106; (XXI.237) 106; (XXIII.305) 104, 137n127; (XXIII.340) 61; (XXIII.712) 62; (XXIV.25-26) 133n14; (XXIV.29-30) 39; (XXIV, 540) 29.

Odisseia (I) 117n27; (III) 25; (VIII.73-82) 136n122; (VIII, 74) 129n63; (VIII.75) 136n122; (VIII.475-476) 137n124; (XIV.439) 137n124; (XVII.281) 104, 137n127; (XVII, 381-385) 34; (XVII.381-385) 62, 124n117.

imanência 128n53.
improvisação, conceitos de 12, 72-73, 119n56 e n1.
inovação, conceitos de 6, 12, 56, 84, 95, 119n53, 133n14.
inscrições poéticas 19-20, 41, 77, 121n23-25 e n30.
Íon, rapsodo 64.
Isócrates 127n37.

Kṛṣṇa 27, 123n72, 124n89.
kýklos, "ciclo, roda de carruagem" 22, 61.

Lachmann, Karl 121n41.
lamento, formas de 86, 125n151, 133n36.
langue (vs. parole) 117n9.
legisladores, modelos de 8-9, 47-50, 54, 72, 74, 128n51.
lēth- ("esquecer") 89-93, 113.
Licurgo de Atenas 25, 32, 65, 122n57, 127n37, 130n117.

Licurgo de Esparta 47-50, 52, 72, 127n25-26 e n33.
linguística, aplicações da XXIII-XXIV, 4, 5, 87, 93-94, 116n20, 117n8, 119n53.
Lord, Albert B. XXIV, 1-2, 4, 5, 7-8, 11, 15-18, 22, 96-98, 116n27, 119n56 e n2, 120n7 e n9, 136n115.
louvação, poética da 37-40, 121n30, 125n148. Ver também culpa.

Mahābhārata 27, 33, 123n72-74.
Manding 38, 125n148.
marcado. Ver não marcado (vs. marcado).
Meleagro 89, 113, 134n46, 137n9.
memorização, conceitos de 119n56.
mimese (mímēsis) 128n61, 135n96.
mnē- (evocar, lembrar) 89, 91-92, 113-114.
modelos evolucionários 23-26, 26-27, 28, 40, 45, 48, 52, 55-56, 64, 70, 71, 73, 74, 77-79, 119n57, 121n41, 130n109, 132n177.
mouvance, conceitos de 44.
"mudança de paradigma" 82.
Mulher em Transformação 53.
musas XVII-XVIII, 90, 125n151, 134n55.
museum de Alexandria XVI, XVII, XIX. Ver também Biblioteca de Alexandria.
mûthos, significações e aplicações 86-91, 92-96, 113.

não marcado (vs. marcado) 87-88, 90-91, 93.
Nepos 69.
Nestor 25, 101, 103, 122n58, 125n152.
numerus versuum, conceito de 130n110.

O
ocasião, modelos de XIX, XXII, 24, 33, 35-37, 39-40, 42, 45, 51, 83, 86, 99-100, 125n140, 128n50.
Odisseu 75-76, 101-105, 136n120, n122-3, 137n124-125, n130-131 e n133.
Onomácrito 48, 73, 74.
Ovídio 62.

Pābūjī 29, 39, 46, 51, 124n99.
paideía XIX, XXII.
pan-a-ṓrios 29.
Panatenaia 25-26, 32, 45, 49, 54-55, 64, 65, 70, 70-71, 71, 73, 74, 77, 122n58, 128, 131n127 e n161.
Panécio de Rodes XVII.
pan-helênicos, modelos 22-25, 29, 32-33, 90-91, 93, 122n57, 126n160, 134n55.
pan-indianos, modelos 26, 30-33, 123n61.
papiros "excêntricos" 67, 130n109.
papiros "selvagens" 67, 130n109.
paradigma, conceitos de 81-82, 84, 96, 98, 136n113.
paranagignṓskō (ler em voz alta como modelo) 130n117.
parole (vs. langue) 117n9.

Parry, Milman XXIV, 1-2, 6, 7-8, 10-11, 15-17, 22, 96-98, *118n44* e *n51, 119n2, 130n109*.
Pátroclo XVI, 52, 75.
Paulus ex Festo 107.
Pausânias *127n29*.
Pequena Ilíada 22.
performance (vs. composição) XVII-XIX, XXII-XXIV, 1, 4-9, 12-13, 15-21, 23-26, 28-32, 34-39, 39-40, 41-45, 49-51, 54-58, 60, 63-65, 70-74, 76-79, 81, 85-88, 96, 109, 111, 113, *117n16* e *n27, 118n52, 120n8* e *n21, 122n57* e *n59, 124n123, 125n140, 126n5, 127n37, 128n50-51* e *n53, 129n63* e *n70, 130n117-118, 131n127, 132n167* e *n169*.
performativo, conceitos de 43, 45, 96, *117n16*.
Pérgamo 66, *127n29* e *n32*.
Péricles *127n37*.
Píndaro 38, 91, *125n151*.
Ístmica (8.56-60) *125n151*.
Olímpica (I.29-30) 89; (I.30) 90; (7.19) 75.
Partênia (2.16) *137n130*; (F 179) 58.
Pítica (2.1) *128n62*; (2.1-3) 57, 59; (3.112-114) 61; (VII.23) 90; (VII.23-25) 89; (8.23) *137n130*.
pisistrátidas 25, 41-44, 47-50, 54, 66, 70-72, 74, 76, *122n58, 129n70, 130n126, 131n127* e *n161, 132n170*.
Pisístrato, filho de Nestor 25, *122n58*.
Pisístrato, o ateniense 25, 41-42, 48-50, 52, 54, 56, 69, 71, 72-73, *127n32, 129n70*.
Pítaco *132n169*.
Platão XV, 112.
Fedro (252b) *128n62*.
Hiparco (228b) 48, 71-72, *127n37, 128n32*; (228b-c) 54, *128n49-50*; (228d) *126n5*.
Íon 55; (533c) 61; (533d-536d) 64, *118n33*.
Protágoras XIX.
República (600d) 60.
Plutarco
Vida de Licurgo (4) 49; (4.4) 47.
Vida de Péricles (13.6) *127n37*.
Vida de Solon (10) *131n151*.
Vida dos Dez Oradores (841f) *130n117*.
Polícrates 42.
ponderação (equilibrada vs. desequilibrada) 51-53, 55, 60.
Porfírio XVI.
Posêidon 83, 95.
"prestígio terminal" XIX.
Proclo 22, 66, 83.
prooímion (prelúdio) 57-58, *125n140, 129n63*.

Quintiliano *129n68*.
Quios XVIII, 47, 49, 57, *127n25, 129n62, 131n127*.
     como local de nascimento de Homero XVIII, 58, *115*.
Quirguistão 37, *120n22, 132n167*.

Rajastão 28, 29-30, 39, 46, *122n59-60, 127n23*.
Rāma 28, *124n89* e *nn99*.
Rāmāyana 27-28, *123n66* e *n74*.
rapsodo (*rhapsōidós*) 49-50, 54-61, 63-65, 71-73, 77-79, *127n37, 128n51* e *n61-62, 129n73, 130n117-118, 132n170*.
"recensão pisistrática" 42, 45, 48, 49, 65, 66-67, 69, 70, 71, 72, 73, *127n32, 131128* e *n136*.
recomposição-em-performance 44, 45, 55, *120n21, 132n167*.
redução (vs. expansão) 50-51, *128n40*.
referência cruzada, mecânica da (em poética oral) 55, 95, *122n50, 128n53, 135n97*.
"regra panatenaica" 49, 55, 71.
replicante 64.
Rig-Veda 61-62.
roda, metáforas da 61-62, 63.
Rodes 75.
Rolando, Canção de 73.
roteiro, conceitos de 17, 18, 19, 44, 65, *120n21*.

Safo 35-36, *132n169*.
Samos 42, 47, 49, *127n25-26*.
Santo Graal 46.
scriptorium 67-68.
Sete Sábios 48-49, 72, *127n130*.
Shāhnāma 46.
Sigeu (Sigeion) *132n169*.
Simônides *128n50, 129n66*.
sincrônico (vs. diacrônico) 5, 8, 9, 10, 12, 56, *117n27*.
Sófocles XIX; como compositor e performer XIX, *115n13*.
Édipo em Colono 94, *135n81*.
Sólon 49, 50, 54, 71, 72, 73, 74, *128n51*.
souffleur, modelo de *130n117*.
Suetônio XVII, 112.
Sunjata 38, *125n142, n148* e *n151*.

Táin Bó [Rebanho de Gado de] *Cúailnge* 46.
Tales *127n30*.
tecelagem, metáforas de 58, 62-63, *129n73*.
tema, conceitos de 6, 10-11, 37, 50, 97, 100, 105.
Teógnis 78, *124n121*.
têxteis, metáforas 58, 63.
textos, conceitos de XVII, XIX, XXII, 4-5, 7-8, 16-19, 21, 23, 24-26, 27, 33, 40, 41-42, 43-47, 48-49, 51, 55-56, 58-60, 64-79, 97, 100-101, *116n2, 119n1, n5, n7, n10-12, 120n21, 121n33, 123n64, 124n114, 127n23, 128n47, 130n109, n125* e *n127, 131n160* e *n 164, 132n167* e *n169-170*.
textualização 23, 26, 45, 70, 71, 74, 76, 77, *130n126*.
textus 58.

ÍNDICE REMISSIVO

Tirteu 78.
tiv, povo 3, 122n46.
"todas as gramáticas gotejam" 116n20.
trabalho de campo, conceitos de 4-5, 5, 7, 15, 18, 26, 84, 119n2, 130n109.
tradição, conceitos de XXIII-XXIV, 2-4, 7, 9, 12, 13, 23-24, 84, 97, 99, 103, 106-107, 111, 117n8 e n11, 118n34, 119n53, 133n14, 137n124.
tradições africanas 2, 15, 37-39, 124n117.
tradições eslavas meridionais 5, 7, 15, 18.
tradições orais XVIII, 1-8, 10-13, 15-18, 21, 23, 25-28, 31-33, 36-38, 39-40, 43-44, 45-46, 50-51, 55, 71, 77-78, 85, 96-99, 109, 116n2, 119n56 e n1, 120n7 e n10, 121n33, 122n59-60, 123n73-74, 127n23, 128n53, 130n109, 131n164, 135n97 e n100, 137n132.
tradições orais das mulheres (Índia) 35-36, 125n151.
transcrição, conceitos de 19-20, 25, 41-45, 70, 77, 78, 85.

Tucídides 57.
Tzetzes, João 48, 74, 127n29.

unidade, conceitos de (na poesia oral) XV, 7, 12, 16, 23, 25, 32, 55, 58, 59, 71-72, 78, 100.
unitaristas, abordagens a Homero 7, 59, 65, 97. Ver também analíticas, abordagens de Homero.

variante, conceitos de 36, 67, 68, 90, 97, 101, 106, 119n53, 133n14, 136n113.
variante livre, conceito de 119n53.
vaso François 75.
vedas 127n23.
Virgílio 62.

Wolf, Friedrich August 121n41.

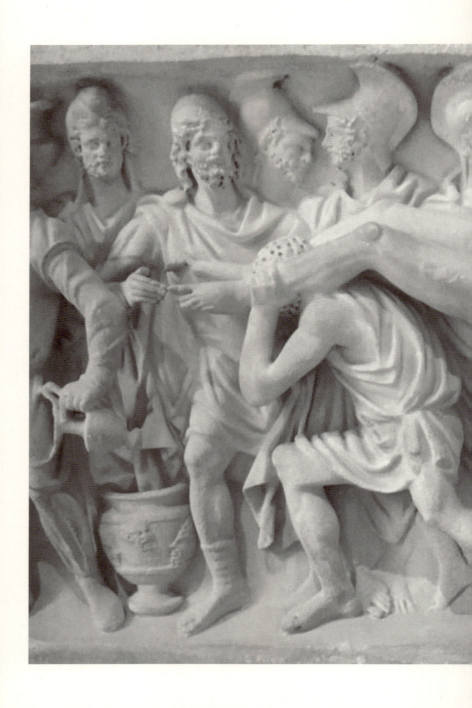

O corpo de Heitor é trazido de volta a Troia (detalhe). Cena do livro XXIV da Ilíada. *Obra romana esculpida em mármore, ca. 180-200 d.C.*